LES

ORDURES DE PARIS

PAR

FLÉVY D'URVILLE

PARIS

LIBRAIRIE SARTORIUS

27, RUE DE SEINE, 27

1874

DERNIERS PARUS

SOUS PRESSE

PARIS — IMP. SIMON RAÇON ET COMP., RUE D'ERFURTH, 1.

LES

ORDURES DE PARIS

FLÉVY D'URVILLE

LES

ORDURES

DE PARIS

PARIS

LIBRAIRIE SARTORIUS

27, RUE DE SEINE, 27

—

1874

Tous droits réservés

LES

ORDURES DE PARIS

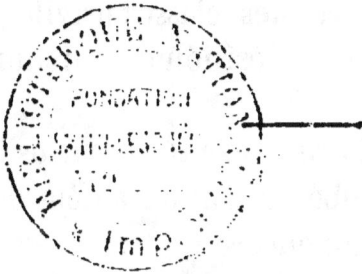

> N'oublions pas que fermer les yeux en face
> du péril n'est pas le moyen de le conjurer.
> (MAISONNEUVE.)

Cette épigraphe est toute la justification du
titre de cet ouvrage. Il semblera peut-être un
peu vert, mais la lecture des chapitres suivants
prouvera qu'il n'a malheureusement rien d'exagéré.

A ceux qui le trouveraient trop brutal, nous
répondrons que cacher le mal, c'est le protéger,
tandis que le dévoiler dans sa plus révoltante
nudité, c'est faire œuvre d'assainissement.

Il nous a semblé utile de révéler sans pitié et

1

sans détours le vice insolent et le vice hypocrite, qui, sous des formes différentes, mais avec
les mêmes moyens, trouvent toujours des victimes dans les niais et des adeptes dans la population interlope. Il nous a paru bon de clouer au
pilori les turpitudes des déclassés ordinaires,
comme celles de certaines classes privilégiées,
que leur fortune et leur position devraient river
au devoir.

De tout temps, Paris a excité la curiosité de
l'observateur, et l'abbé Galiani en a déjà donné
une définition, exacte encore :

« Paris est le café de l'Europe. C'est le rêve de
tous ceux qui ont une soif ardente du plaisir et
de tous ceux qui ambitionnent la fortune; c'est
le refuge de tous ceux qui ont un malheur, une
faute, un crime à cacher. »

Ces lignes précisent parfaitement la cause du
mélange de la population parisienne; les uns
poursuivent le bonheur par les voies les plus
étranges, et les plus indirectes; les autres font
taire leurs remords et secouent leur honte, en
déclarant une guerre à outrance à la société,
qu'ils accusent de leur avoir refusé une place
dans son sein, et la part de jouissances qu'ils
espéraient.

Aussi, les fanges parisiennes sont-elles la
sphère naturelle des *Déclassés*; ce mot reviendra

souvent sous notre plume, car il désigne fidèle-
ment les éléments dont se compose le chaos où
grouillent pêle-mêle les *ordures* que nous allons
passer en revue, stigmatisant leur côté le plus
saillant par des observations nettes, précises et
saisies sur le vif, dans toute leur crudité et leur
horreur.

Les *Déclassés* sont la plaie, toujours plus enva-
hissante, d'une époque de décadence; ils ne sont
cependant pas le produit de notre siècle seulement, car Jacques Sanguin, prévôt des marchands en 1592, sous Henri IV, les a déjà signalés :

« La bonne ville de Paris renferme deux po-
pulations bien dissemblables et d'esprit et de
cœur. Le vrai populaire, né et élevé à Paris,
est le plus laborieux du monde, voire le plus
intelligent; mais l'autre est le rebut de toute la
France. Chaque ville des provinces a son égout
qui amène ses impuretés à Paris.

« Par exemple, une fille se fait-elle engrosser
à Rouen, vite elle prend le coche et vient débar-
quer à Paris, où elle ensevelit sa honte. Elle met
au monde un petit estre, et c'est le Parisien qui
nourrit cet enfant que le Normand a eu le plaisir
de faire; puis on dict : *le Parisien ayme la Cotte!*

« Un homme a-t-il volé à Lyon, pour échapper à la police, il vient se cacher à Paris, et

comme le mestier de voleur est le plus lucratif
par le temps qui court, il coupe des bourses de
plus belle. S'il est pris, voici ce qui arrive : c'est
le Parisien qui est le volé, qui nourrit le Lyon-
nais qui est le voleur, et l'on dict en province :
Il n'y a que des bandits à Paris!

« Un Marseillais a-t-il assassiné, Paris est son
refuge et son impunité; s'il occit encore quelqu'un, c'est-à-dire un Parisien, la province dict :
*Il y a plus d'assassineurs à Paris que dans tout le
restant de la France!* »

Aussi, n'est-ce pas tant le Parisien qui est coupable que l'habitant de Paris, et nous nous hâ-
tons de proclamer une fois pour toutes, avant
d'aller plus loin, qu'à côté de ses ignominies,
Paris nourrit les plus grandes vertus comme les
plus saints dévouements; c'est sa gloire, son
mérite, c'est le secret de sa grandeur incompa-
rable.

Il ne faudrait pas voir dans cette cité sans rivale, le critérium de tous les vices, une agglo-
mération d'êtres viciés et vicieux, en un mot la
capitale des sept péchés capitaux.

Ce serait un préjugé, trop exploité déjà par
les étrangers, qui, tout en venant jouir de ses
splendeurs, n'étudient ses mœurs que dans la
littérature d'une époque où il se dépense plus

d'esprit à déconsidérer le Parisien qu'il n'en serait besoin pour le réhabiliter.

Paris a les vices de tous les grands centres; et peut-être n'a-t-il pas atteint le niveau des capitales voisines, qui lui ont jeté la pierre, comme à une cité maudite, depuis les derniers événements.

Aussi avons-nous cherché, seulement, à dévoiler les dangers et les séductions des gredins de toutes catégories qui le souillent, afin de bien isoler la crapule des honnêtes gens; car, à Paris surtout, l'honnêteté est l'objectif contre lequel le vice dresse ses batteries : la vertu le gêne.

La fange, comme certaines maladies, est contagieuse; elle semble exercer une attraction fatale sur les malheureux qui la côtoient, car des dehors séduisants dissimulent sa laideur.

On devient même vicieux par curiosité, mais à ses dépens : l'expérience, « *cette vieille tortue,* » arrive toujours trop tard, et la science du mal ne s'acquiert que quand il est fait.

A cette curiosité malsaine et dangereuse du nouveau venu, il faut donner un aliment; nous le ferons, et, pour cela, il nous faudra du courage, car si nous fouillons les égoûts de la capitale, nous voulons les dépouiller des attraits dont le vice les couvre, et mettre à nu leurs ordures.

Nous jetterons hardiment notre crochet sur

1.

toutes celles que nous rencontrerons en remuant ces couches misérables et malheureuses qui grossissent tous les jours, comme une verrue hideuse, à la face du Paris moderne.

Nous jetterons dans un moule brutal les types et les mœurs d'un monde malsain, produit d'un fumier social dont les siècles précédents n'avaient qu'une faible idée.

A côté de quelques malheureux que le sort accable de ses rigueurs et qui tôt ou tard tomberont dans la boue, défilera la gredinerie humaine, cherchant dans la corruption moderne une veine d'exploitation que lui devait bien la suppression des diligences. Nous pénétrerons dans les antres malsains où s'élaborent les marchés d'amour. On assistera enfin au défilé de vilains masques, de personnages odieux, grouillant dans des bas-fonds que nous n'avons pas inventés, hélas, et où les mots d'ordre sont :

« Misère, Vol, Prostitution ! »

Les *ordures!* c'est un titre brutal, mais approprié au sujet; d'autres expressions aussi vertes reviendront souvent dans ce livre ; maintes fois l'argot lui-même viendra à notre secours, car il est des choses *du monde* que nous allons essayer d'esquisser qui ne peuvent s'exprimer que dans son langage: la réalité imposait sa cruelle nudité.

Disons-le hautement : ce n'est pas le scandale que nous cherchons; mais l'autopsie morale d'une cité comme Paris doit nécessairement mettre à nu bien des choses repoussantes, et c'est à peine si, dans ce douloureux travail, nous rencontrerons une honnête figure, égarée là, comme une perle sur un fumier.

Ajoutons, pour terminer, que tous nos renseignements statistiques et autres sont de la plus scrupuleuse exactitude, puisés aux sources officielles et le fruit de longues et de tristes observations.

1

LE PARISIEN

La société parisienne. — Soif effrénée du plaisir. — Facilité des relations. — Influence de la littérature et du théâtre. — Égoïsme général. —· Dupes et dupeurs. — Dissolution de la famille. — La *Cascade.*

Égoïste par intérêt, tolérant par indifférence, rien ne fait au Parisien. Absorbé, ahuri par le soin de ses affaires, il marche, court, bouscule, sans rien approondir.

N'a-t-il pas la bourse, le théâtre, la politique, le choix d'une femme ou d'un restaurant qui le préoccupent? a-t-il une minute à perdre pour se demander d'où viennent ces *chançards* qui surgissent tout à coup comme les champignons sur le fumier?

S'ils sont bien mis, et même mieux mis que tout le monde, s'ils *sont dans le mouvement,* parlent politique et femmes, le léger étonnement que cause leur apparition spontanée cesse bientôt; leur aplomb, leur amabilité et le luxe de leurs relations imposent le silence et même le respect.

Les relations, tel est le grand secret de la vie parisienne; le moindre prétexte les noue; un peu de feu offert ou demandé à son voisin, une banale excuse si on l'a heurté au passage, suffisent pour que l'on échange force poignées de mains; en quelques jours on est intime.

Pourquoi ? — « Mon Dieu, il paraît si bon garçon ! puis, c'est un *malin* qu'il faut cultiver, il y a peut-être à *brasser* des affaires avec lui ! »

Et que fait au boulevardier qu'un intrus exploite les uns, gruge les autres, si sa journée est bien remplie, si les cours de la bourse suivent ses prévisions, si sa *lolotte* le reçoit bien.

Que lui fait d'avoir serré la main d'un chevalier d'industrie, d'un *faiseur ?* n'a-t-il pas des maximes philosophiques pour se consoler de son erreur ? « Fallait pas qu'il y aille ! » lui répondrait-on, en lui riant au nez, s'il contait sa mésaventure. Il se tait donc, allume un cigare, ouvre un journal et soupire : « Qu'est-ce que ça me fait ! » puis n'y pense plus.

Aussi la population se partage-t-elle en deux camps: les *dupes* et les *dupeurs*. Les honnêtes gens sont plus que les autres étreints par la misère, les misérables tiennent le haut du pavé : la vertu marche à pied, le vice roule carrosse !

On est sans cesse coudoyé par une foule de *carottiers*, de charlatans et de *rebouteurs*, par tout un monde de coquins très-forts sur le Code pénal, et qui, s'exposant tous les jours à passer en Cour d'assises, ou en police correctionnelle, se contentent de glaner dans la zone qui sépare le crime du châtiment.

Le Parisien est ainsi constamment, sans que sa conscience, en proie aux faiblesses de l'inertie et sans ressort, cherche à réagir, livré aux influences les plus délétères; les théâtres et la littérature sont un dissolvant de toute morale, et mettent en scène, sous des formes séduisantes, toutes les ordures : pour la licence des mœurs et des idées, pas de bornes; la curiosité malsaine d'un public taré les encourage dans cette voie.

La presse, en général, affectionne les scandales, s'occupe des filles et de leurs toilettes ; elle inocule partout le poison du vice et du crime; ses attaques violentes battent en brèche ce qu'il y a de plus respectable, de plus sacré ; les croyances les plus populaires sont livrées aux sarcasmes d'écrivains de bas étage, qui prêchent le matérialisme sur tous les tons, et sèment la haine : Paris renferme une foule de gens pour lesquels l'athéisme est la seule philosophie raisonnable, la force, quelque chose de supérieur au droit.

Sous l'action d'une vie tout extérieure, la famille se désagrége : ses joies intérieures sont hors de mode, ou délaisse le foyer domestique ; l'enfant n'a plus de mère, mais il a une nourrice; la jeune fille destinée à la maternité n'a plus ni la force physique ni la force morale nécessaires pour remplir le rôle qui lui incombe. La famille, elle-même, pratique la maxime : *Chacan pour soi!*

Aussi le père cascade, la mère minaude, la fille se
maquille et rêve toilettes, le fils s'abrutit avec des courtisanes : chacun est affolé de luxe et de sensualité.

Le luxe, ne trouvant plus de ressources suffisantes à
ses folles exigeances, dans les moyens directs et indi-
rects, a pris pour *souteneurs* l'adultère et la prostitution ;
la femme n'attend plus qu'on l'admire, elle s'exhibe.

« Oh ! femmes, s'écrie Alphonse Karr, soyez éco-
nomes, soyez avares de vous-mêmes, ne gaspillez pas
en menue monnaie d'indécentes et, croyez-le, de réfri-
gérantes nudités, des trésors qui appartiennent à l'a-
mour et qu'il faut lui réserver ! Fiez-vous à notre imagination, et croyez que la pudeur, la décence, la
chasteté, vous parent mille fois plus que les plus auda-
cieuses, et, je veux même le supposer, les plus triom-
phantes révélations. »

N'est-ce pas bien dit à l'adresse des mondaines qui
se livrent presque aussi facilement que les filles, et qui
leur font concurrence : si les filles se *vendent* et se
couchent, les mondaines ont des *faiblesses* et tombent.

La différence est toute dans la coquetterie de la chute,
dans les procédés du séducteur auquel chacune répond
avec des intonations différentes : la passionnée, oui ; la
capricieuse, oui et non ; la coquette, ni oui ni non ;
mais elles *y passent* toutes ; c'est affaire de patience
pour le Lovelace, de calcul pour la femme, que rien ne
fait reculer, ni le remords, ni la crainte du déshonneur.

Pour la mondaine, la *cocodette*, comme pour la fille,
l'amour n'est plus qu'un jeu où tout le monde triche

la pudeur devient fausseté; ètre décente, « c'est se
donner l'*air clérical.* »

De là ces introductions si fréquentes d'enfants étrangers au foyer conjugal, ces discussions attristantes dans
le partage des patrimoines ; de là, ces drames sanglants
et sinistres, où la mort punit l'adultère d'avoir préféré
aux baisers de son enfant les baisers d'un amant, aux
douces occupations de la maternité les péripéties d'un
amour défendu.

Que peut devenir la génération élevée dans un tel
milieu ? Abâtardie, étiolée, la jeunesse ne croit plus à
rien : Dieu n'est qu'un mot, la famille un ennui. Les
jeunes filles ne voient dans le mariage que la liberté,
comme le jeune homme ne voit dans sa fiancée que le
sac d'écus qu'elle apporte en dot. La jeune femme,
indigne de sa mission, n'est pas même, comme à la
campagne, une machine à enfants, car les enfants lui
font peur ; elle est à peine une machine à plaisir.

L'homme ne vaut guère mieux, la femme ainsi dégénérée est bien réellement son œuvre ; nous dirons
plus tard combien les réminiscences de sa vie de garçon, aidées de l'amour du luxe, causent de ravages
dans l'harmonie d'une vie commune, comment elles le
portent à souiller par des actes honteux et criminels
la couche nuptiale.

Tels sont les traits rapides qui nous paraissent caractériser justement la société parisienne, et qui expli-
queront les désordres gigantesques dans l'étude desquels nous allons entrer.

Cette étude est un champ trop vaste pour être par-

2

couru d'une seule haleine ; nous aborderons en com·
mençant les *ordures* sur lesquelles l'observateur super-
ficiel serait tenté de passer, parce que leurs dehors
conservent je ne sais quel reste d'élégance et de séduction.

Nous poursuivrons plus tard et ailleurs cette explo-
ration dans des régions plus ignobles encore, et nous
étalerons aux yeux des lecteurs les mystères les plus
imprévus de la *gouape* parisienne.

II

LA DÉBAUCHE ET LES IRRÉGULIERS
DE L'AMOUR

L'enfant prodige. — Son éducation, ses débuts dans la vie. —
L'*Amant de cœur*, comment on le devient, ses souffrances, sa dé-
gradation. — Le *Souteneur*, son rôle, son utilité, ses exigences. — Les *Floueurs*, les griefs des femmes contre eux et leurs
vengeance. — *La femme en commandite*. — Les *Vieux Garçons*
et les *Célibataires*; physionomie, démarches et habitudes, tentatives et procédés, les jeunes filles et les vieux séducteurs. —
L'adultère et les amis du mari. — Mœurs des *Maris coureurs*.
— Débauche des *Vieillards*. — Les *Ménages à trois*. — Suites de
la débauche. — Le *Chantage*. — Procédés de chantage. —
Suites physiques : Maladies et infirmités; exemples.

Examinons maintenant cette plaie redoutable de la
débauche qui trouve son application dans la prostitu-

tion à tous ses degrés. Nous avons dû l'étudier sous tous ses aspects, car, à l'exemple de la lèpre, elle s'est propagée sous mille formes diverses, toutes aussi ignominieuses les unes que les autres.

Elle emploie deux agents distincts, mais qui réunissent leurs effets en vue d'un même but : la jouissance désordonnée. L'homme et la femme sont fatalement associés dans cette œuvre ; leur rôle est différent, mais, de chaque côté, il est également honteux.

Chacun exploite cet infâme métier pour en tirer l'argent qui procure le plaisir du luxe et de la parade ; tous deux l'envisagent comme une opération commerciale.

Nous parlerons des hommes tout d'abord : à tout seigneur tout honneur ; leurs procédés sont, du reste, assez restreints pour que nous ayons plus promptement fini avec eux.

Nous les prendrons au berceau, car l'homme qui, plus tard, se livre à cette exploitation de l'ignominie, est en quelque sorte prédestiné par le tempérament et l'éducation qui a négligé de le corriger.

Près de sa mère, c'est une merveille ; au collége, c'est un bon enfant, *un petit lapin* ; à son entrée dans le monde, c'est un enfant de grande espérance ! Pourquoi ne peut-il jamais, hélas ! tenir les promesses de son adolescence !

Qu'il est charmant, ce petit prodige ! Quelle est heureuse, cette folle mère, d'écouter ses caprices, d'être son esclave, de l'admirer ! Toutes sont ainsi, mais elles ne savent pas combien ce fol amour prépare à leur enfant de déboires, (; hontes peut-être ; elles ignorent où elles mènent celui dont elles n'auront fait, à l'âge d'homme, qu'un enfant gâté.

La mère imprévoyante ne songe pas qu'en infatuant son fils du dogme de sa suprématie, dès qu'une pensée peut germer dans son esprit ; qu'en le faisant le roi du logis, en lui créant cette adolescence dorée, elle le rend égoïste, altier et impertinent. Il commence par griffer sa bonne, par vous battre peut-être, madame. Vous en riez, mais vous formez pour l'avenir l'être le plus désagréable que la terre ait porté ; votre élève ne verra autour de lui que des inférieurs, ne comprendra que ce qui flattera ses passions naissantes et arrivera au grand combat de la vie, lâche, mou, efféminé, sans aucune notion du devoir ni de ses obligations. — Habitué à tout voir plier devant sa volonté et son caprice, ce petit égoïste sera disposé à mépriser la loi, quelle que soit son origine, pour n'écouter que le code de ses volontés; il sera malheureux, s'il ne devient misérable.

Vous auriez mieux fait, ô bonne mère, mais trop imprudente, d'arrêter sévèrement ses premières révoltes, depuis ses énervements jusqu'à ces crises de nerfs que les enfants gâtés savent si bien jouer, et de ne pas vous laisser attendrir par des larmes sans raison ; car déjà la passion se réveille et parle, et cette jolie méchanceté, que vous admirez tant, n'est que le prélude des soucis de l'avenir, peut-être de ses remords. Enfant, vous l'embrassez pour ses mauvaises qualités, jeune homme, il vous fera pleurer, mais il sera trop tard !

Voyez plutôt ce petit crevé, abandonné à lui-même :
sa mère déjà est oubliée, c'est à peine s'il la respecte !
Au sortir de l'enfance, il se précipite dans le monde des
fantaisies, de la luxure et des femmes ; le pauvret prend
à la moindre contrariété des airs mélancoliques et rê-
veurs ! il a déjà ses petites dettes ; si sa maman le savait !
Plein d'anxiété, tremblant de tous ses membres, il
avouera peut-être sa faute, si des fournisseurs indis-
crets n'ont pas prévenu ses aveux : quelques larmes et
un baiser de la mère pardonneront la première, mais elle
ne sera pas la seule ; car il ne faut rien attendre de qui
n'avoue ses fautes que pour recommencer ses folies,
sans trouver la force de réfréner ses caprices.

Un régime de vigueur et de fermeté pouvait seul
corriger ce démon en herbe ; les larmes et les prières
sont inutiles : une éducation molle a déjà énervé son
cœur, sans fortifier sa raison.

La mère est punie tout d'abord, car son fils ne l'aime
déjà plus ; il ne montre de docilité que pour les camarades, conseillers de ses folies : Tout jeune homme
rencontre à ses débuts un être déjà vicié avec lequel
il *s'encanaille*, et qui, si l'autorité des parents n'y sait
aussitôt mettre fin, le conduira au mal par le chemin
du plaisir. C'est ainsi que se recrute l'élite de la jeunesse dorée, qui n'estime rien que selon le plaisir qu'elle
en tire ; qui, sous prétexte d'être pratique, se fait une
morale à son usage et de circonstance.

L'enfant ainsi élevé, sans principes, sans respect pour
sa mère, se traînera dans la boue au moindre revers ;
à tout prix il voudra prendre les allures de ces heureux

qui attirent l'attention, mais il oubliera de se mettre à l'abri du malheur par l'apprentissage du travail.

Captivé par le respect qui s'attache au succès et admis dans la compagnie des *jouisseurs*, le jeune homme efféminé rougira si le malheur le frappe, et, plutôt que d'abdiquer, cherchera par tous les moyens à conserver des dehors brillants. -- Bientôt compromis, peut-être criminel, il roulera dans l'abîme après avoir accepté toutes les transactions honteuses, il pensera même au suicide, mais, trop lâche pour avoir ce semblant de courage, il se trouvera parmi les déclassés des sphères élevées ; il sera entraîné dans les ignominies qu'ils commettent avec ou par les femmes, il rampera dans ce *grouillement* du demi-monde qui bientôt l'absorbera tout entier.

Tel est le fruit d'une éducation négligée dans la famille :

Il a dix-huit ou vingt ans ; ému par la bénédiction de son père, l'âme attendrie par les conseils de la famille, il vient à Paris, neuf, naïf peut-être, pour achever ses études. En bourrant les poches de son fils de lettres de recommandation, la pauvre mère lui a dit toute tremblante : « Prends bien garde aux *vilaines femmes*, que l'on dit si nombreuses à Paris. » Le père, inquiet lui-même, haussait les épaules cependant, et murmurait : « Il faut que jeunesse se passe. »

Si l'adolescent est joli garçon, s'il a ce *je ne sais quoi* dont les hommes ne se rendent pas compte et qui tient à la démarche, à la voix, au regard, à des riens qui n'échappent pas à l'œil des femmes, la séduction l'entourera bientôt, et, s'il n'est pas doué de sentiments solides, il tombera dans cet abâtardissement qui commence par les faiblesses et aboutit aux vilenies et au déshonneur. Ce qui peut en sortir de mieux, c'est le crevé d'abord, le boulevardier ensuite, et peut-être quelque chose de pis : le *souteneur.*

Entre l'oubli de sa dignité et la honte, il n'y a qu'une situation intermédiaire et transitoire : être l'*amant de cœur* d'une femme, le *chéri* de ces dames.

Excité par l'amour propre, le jeune homme pourra, s'il a un peu d'argent, tout d'abord devenir ce que le demi-monde appelle un *petit ami,* un bon enfant ; mais à Paris les économies ne font pas long feu ; si, par malheur, le novice n'a pas les fonds nécessaires pour *reconnaître* les avances amoureuses d'une fille, il se prépare une position indigne et irrégulière qui lui imprimera un stigmate ineffaçable.

Tel est le sort réservé à la plupart de ces enfants acclamés d'abord comme des prodiges ; ils ruinent leur santé et compromettent leur honneur, en aimant et en se laissant aimer *gratuitement.*

Bien peu de jeunes gens sont exempts de turpitudes de ce genre.

Comment devient-on l'amant de cœur d'une femme *qui vous gobe,* qui pour vos beaux yeux *manque ses affaires?* C'est bien simple, tellement simple, que c'est effrayant !

Que de rêves le jeune homme ne fait-il pas au sujet de la femme? N'est-elle pas jour et nuit l'objet de sa pensée ? n'exerce-t-elle pas sur son imagination une sorte de mirage où il entrevoit le ciel ?

Modeste, la bourse vide, timide et naïf, il n'ose approcher de celle dont le luxe éblouit son regard et trouble son cœur. Il ne s'est pas rendu un compte exact de ce qui paie ces étoffes brillantes et ces bijoux ; il croit naïvement qu'il ne parviendra jamais à se faire remarquer d'elle, et que pour lui plaire il faudrait la beauté d'Apollon ou l'opulence de Crésus. Il ne voit que la femme et oublie la courtisane.

L'illusion, le gaz, le *maquillage*, la sainte ardeur d'une première jeunesse donnent le vertige à son pauvre cœur et font prendre à ses yeux l'ombre pour la proie, un sourire provocateur pour celui de l'amour ; il éprouve presque du respect.

Avec peu, très peu d'argent, il est facile de fréquenter les lieux à femmes que tout novice est avide de connaître. Ces paradis où la musique, la joie et la jeunesse se donnent rendez-vous, semblent faits pour le plus grand bonheur des entrepreneurs de plaisirs publics. Les gardes municipaux de service jouissent par devoir du spectacle de la cascade échevelée et des saturnales que les règlements de police s'efforcent en vain de contenir dans la décence ; comme les nobles étrangères, ils ont, quoique mariés souvent, le privilége de contempler sans se compromettre ce que tout œil ne peut voir et de pouvoir dire : « J'ai vu. » C'est la jouissance du fruit défendu. Le brave militaire mord sa moustache en songeant à sa consigne, l'Anglaise s'écrie : « Shocking ! » et la morale est sauvée !

Le débutant se fait servir pour un prix modéré une
modeste consommation en baissant les yeux : passe une
femme qui le cote, et, s'il lui plaît, prend une table
voisine, s'approche insensiblement et sous un prétexte
quelconque entame la conversation : « Il le faut bien,
il est si bête ! » Cinq minutes après elle est contre lui ;
la bouquetière survient, ses deux ou trois francs d'économies sont noblement dépensés et la connaissance est
faite. Que ce soit au bal, au café ou aux promenades,
cette entrée en matière est toujours la même.

« Adieu, mon petit chéri, lui dit-elle enfin, nous
nous reverrons ; venez donc me voir, nous ferons une
partie de dominos, et nous causerons plus à notre aise ;
voici ma carte » :

```
┌─────────────────────────────────────────┐
│                                          │
│                                          │
│       BARONNE  DE  FONTAINEBLEAU         │
│                                          │
│                                          │
└─────────────────────────────────────────┘
```

Le malheureux rougit, pâlit ; la femme se rit de son
air bête, qui lui plaît ; le pauvret est perdu !
La première entrevue a lieu, mais rien n'est accordé.
La baronne joue à la femme du monde ; c'est à peine si
elle lui laisse effleurer sa main d'un timide baiser !
Quelle différence avec ceux qui posent tant sur la

cheminée et, sans en dire plus long, se mettent entièrement à leur aise !

La baronne raconte sa vie et bâtit un roman de circonstance : « On ne la rencontre jamais dans les « lieux publics ; c'est par hasard qu'elle était à cet « affreux bal, où il n'y a que des *femmes à la mendicité* ; « son amant, qu'elle décore comme une domestique du « titre de Monsieur, est en voyage ; que dirait-il s'il « savait que son petit chéri est là ? Le mot d'argent « surtout est écarté avec le plus grand soin, car Ma-« dame a ses petites économies et n'a besoin de per-« sonne... »

Nouveaux baisers, défense de parler à d'autres femmes, d'aller dorénavant au bal. L'accaparement commence ; c'est le jockey qu'on met au jeune étalon pour le dresser. — Après quinze jours de ce travail pré-paratoire, où l'élève n'a vu qu'une femme aimante et désintéressée, toujours bien reçu et rempli d'espoir, excité par ces assauts savamment prolongés, il a la foi, il languit après le moment où sa maîtresse se donnera comme par hasard et vaincue par l'amour, en soupirant : Je t'aime !

Le sacrifice est fait, la chaîne est rivée, et l'abdica-tion de sa volonté commence. Il est aimé, on le lui ré-pète, il est heureux, mais il est :

Amant de cœur !

Car il a oublié de laisser, en partant, son argent sur le coin de la cheminée. C'est tout ce que la femme demandait ; elle n'avait peur que d'être payée au tarif.

« Il ne l'a pas prise pour une fille ! »

Cette idée : « Il ne m'a pas payée », pour la femme qui peut avoir encore un reste de sensibilité, est le plus grand plaisir que puisse lui faire *ce petit*.

Et cependant elle n'est fille que pour se faire payer.

C'est une des contradictions de cette race ; elles ruinent les uns, les protecteurs, pour se donner avec plaisir et sans arrière-pensée à celui dont elles ont le désir ; elles qui ne sentent rien, elles sacrifieront tout à la possession de celui dont le contact peut réveiller en elles une sensibilité émoussée par l'abus, ou éteinte par le dégoût que leur inspirent les clients qu'elles doivent supporter..

Cette générosité n'est pas de bon aloi ; si d'abord la femme est de bonne foi, elle regrettera bien vite son temps et ses forces perdus, dès que le besoin d'argent se fera sentir, que l'habitude sera là et son caprice passé. Elle reprochera au malheureux toutes ses caresses ; elle le brutalisera s'il est trop aimant, elle s'en voudra d'une *toquade* et se fera payer à sa manière. L'amant de cœur sera son martyr : elle le supportera, il la supportera, ils se deviendront nécessaires, mais l'amour sera mort.

La fille méprisée par ceux qui la paient sent ainsi à un moment donné le besoin d'un cœur neuf ; rien ne séduit cette femme tarée et blasée comme l'air naïf et souriant d'une jolie figure chez un jeune homme ; elle dévore d'avance ce fruit vert et si rare. Ces petits airs de demoiselle sont l'idéal qu'elle rêve ; elle a un instinct ncroyable pour deviner ceux qui croiront en elle, qui

seront heureux d'être toujours sous ses jupes, d'être
près d'elle, en un mot, parce qu'elle est femme.

Aussi les rôles sont-ils intervertis, et le malheureux
possède *une maîtresse* dans toute l'acception du mot.

Il contracte avec elle une dette d'autant plus grande
qu'elle n'est que relative : cette femme pourra à toute
époque de sa vie lui jeter à la figure ce reproche insul-
tant : « Je ne t'ai rien coûté ! »

La femme qu'on ne paie pas coûte toujours trop
cher. Rien n'est dangereux comme ces belles désinté-
ressées, qui n'acceptent même pas un bouquet ; elles
sont bien plus ruineuses que celles qui tarifent leurs
faveurs, ou même entraînent à quelques folies.

La fille qui, de bonne foi, a fait crédit de son amour
à longue échéance, se reproche ensuite sa générosité
elle sait que tôt ou tard cette créance lui rentrera ; sans
faire signer de billet, elle tient le débiteur dans ses
mains, il est sa chose, son esclave.

Est-il donc heureux ? Non, car, hors des moments de
passion brutale et aveugle, le pauvret sent son abaissement, il comprend que son avenir est escompté et que
le moment du réveil sera abject.

Aussi voyez comme sa maîtresse traite *son petit
homme.*

C'est entre deux caresses qu'elle cherche à le déta-
cher de tout ce qui pourrait le séparer d'elle : des habitudes de travail, de sa famille. Le père devient un
tyran, la mère ridicule : « Tu es à moi seule, je le
veux, s'écrie-t-elle ; sois chez moi à telle heure ; tu ne
rentreras pas chez toi cette nuit, j'ai peur toute seule ; tu

3

nous *embêtes* avec ta famille, si tu la préfères, va-t-en ! o
Et il reste, car sa maîtresse lui est devenue nécessaire
et, par un triste amour-propre, il la préfère à tous et
s'affiche en public avec cette fille, qui semble le soutenir dans sa honte s'il faiblit ; le naïf enfant d'hier
met aujourd'hui tout son bonheur à braver l'opinion
publique, sa famille et les larmes de sa mère.

D'ailleurs, que ferait-il tout seul ? il n'a même plus
d'amis ; il a tout quitté par le conseil et l'ordre de sa
pieuvre. Les amis voient trop clair, ils donnent des
conseils, et sont les bêtes noires des *accapareuses*, qui
écartent le plus possible ces témoins gênants qui pourraient ouvrir les yeux de leur prisonnier.

Cet esclave, malmené, puis aimé à tour de rôle, noyé
dans les flots d'un amour perpétuel et irritant, bientôt
tombera plus bas que la fille, car il faut bien qu'elle
vive, et l'on ne vit pas d'amour ni d'eau fraîche ; ses
clients se fatiguent de se présenter inutilement, et de
voir leurs désirs se heurter à une porte toujours close,
et cependant sa bourse est vide.

Il faut donc *reprendre les affaires*, et chercher un
moyen de mener de front l'amour et la finance. Les
rendez-vous de rapport se donneront dehors pour commencer, et madame prétendra qu'elle sort pour prendre
un bain : les apparences seront ainsi sauvées ; ou bien
le petit sera envoyé en course à propos ; un beau jour
le prétendu amant arrive inopinément, ou bien le
besoin d'argent est trop sérieux, il est impossible de ne
pas profiter d'une bonne occasion de se remonter.

L'heure fatale a sonné, l'heure de la désillusion ; le

petit se cache et se faufile à pas de loup par un corridor détourné, comme il en existe toujours chez les femmes... Peut-être se fâchera-t-il un peu, mais cette colère ne sera pas de longue durée, car sa dignité est déjà éteinte; cette femme est un besoin, c'est son tout.

Si, au début, il a l'air triste de jouer ce rôle : « Tu sais bien, lui dit-elle, que je n'aime que toi. Tu es bête ! prends donc la vie comme elle est !... »

Voilà ce que devient fatalement l'amant de cœur; c'est la seconde métamorphose. — Comme la fille, il couche dans les draps de tout le monde ; c'est la honte acceptée quotidiennement, et il y a de ces liaisons qui durent plusieurs années !

A la dernière période, cet amour, naïf d'abord, puis honteux, devient d'une tolérance ignoble ; à ce moment, si l'adolescent abruti, sans conscience et sans honneur, sans position sociale, rivé à cette femme par des chaînes invincibles, n'est pas arraché malgré lui aux liens qui le retiennent, nous le retrouverons tombé plus bas encore, mais sa rédemption sera devenue impossible.

Puis, un jour qu'ils sont sortis ensemble, au moment de payer la dépense, le *petit* avoue qu'il n'a pas d'argent... Le porte-monnaie lui est glissé sous la table, le sacrifice est consommé ! L'homme n'existe plus, demain il exigera cet argent et se *fera entretenir*. Voilà comment se termine le roman commencé avec amour et naïveté, car si le rouge ne sait plus monter au visage de celui qui accepte un tel rôle, la rage lui vient au cœur ; méprisé, malheureux, soudé à la fille par l'habitude du vice, le jeune homme devient *souteneur*, il en fait son

métier et finit par vivre exclusivement des fonds qu'il
exige de sa maîtresse. Mais, avant d'être arrivé à ce
dernier degré d'ignominie, cette victime a souffert bien
des humiliations et bien des supplices.

L'amour est mort depuis longtemps entre ces deux
êtres qui, tout en se détestant, restent ensemble, par la
force de l'habitude et la crainte qu'ils s'inspirent mutuellement. Cet être avili et malheureux, maltraité
comme un chien, après avoir reçu le contre-coup des
déboires et de la mauvaise humeur de sa maîtresse,
sans avoir ni le droit ni le courage de se plaindre à
cette femme dont il a besoin pour assouvir ses désirs
et sa faim, soumis à la fille qui lui met comme à un
valet le marché à la main au moindre mot, forcé de se
taire, passera sa vie dans l'abrutissement et la servitude, et deviendra, dans un moment de rage aveugle
et de réaction, l'*exploiteur* dont nous venons de parler;
sa tolérance sera intéressée, et la femme sera punie à
son tour par la victime qu'elle a faite : ils souffriront
tous deux.

Sous n'importe quel costume, le *souteneur* est toujours le même; il est le plus grand châtiment de la
prostitution; qu'il soit aimé par la femme, ou qu'il
s'impose et qu'elle en ait peur, qu'il la caresse pour lui
demander de l'argent ou qu'il la maltraite pour lui en
extorquer, la malheureuse qui est sous sa domination est exploitée et tout l'argent qu'elle gagne honteu-
sement est dévoré par son parasite.

Peu de femmes à Paris *opèrent* seules chez elles;
sans parler de l'amant de cœur qui se cache simple-

ment, qui tremble dans son coin et n'a pas la moindre envie de se montrer, presque toutes les femmes ont, soit chez elles, soit dans un appartement voisin, soit dans la personne de leur domestique, ou même de leur concierge, un individu prêt à les protéger.

Les souteneurs pullulent à Paris, sur les boulevards. Le parasite suit de loin la femme pendant son travail; il est là, si elle est obsédée méchamment par quelques farceurs, se rapproche si les affaires marchent bien, la suit quand elle rentre, en un mot ne la perd pas de vue.

Ce couple, ou plutôt ce mâle et cette femelle sont là qui cherchent aventure, la femelle en avant, le mâle à quelques pas derrière.

L'homme est au guet, flairant la police, et attendant que son *éponge*, comme il disait hier, ou son *asticot*, comme il dit aujourd'hui, ait ramassé quelque argent.

Il n'est pas de jour qu'un de ces *bravi* n'ait à répondre devant 'a justice d'une accusation de vol envers les clients de la donzelle, ou bien d'outrages et de rébellion envers les agents de la force publique. Le *souteneur* n'aime pas la police.

Pendant que la femme est occupée sérieusement, il va, après lui avoir demandé un premier à-compte (en général il ne lui laisse un moment de liberté qu'à cette condition), se reposer dans certains cafés bien connus du boulevard qui ne se composent pour ainsi dire que de la société de ses semblables, mais de préférence surtout dans les caboulots borgnes des petites rues adja-

3.

centes, où il trouve des *collègues* et où la fille le rejoint quand *elle a fait sa journée*. Dans une encoignure de rue, ou dans leur chambre, ils règlent leurs comptes à huis clos, et le souteneur exige la plus grande partie du rapport. Ce partage cause les scandales qui troublent tous les jours les maisons garnies surtout et amènent ces assassinats de filles si fréquents à Paris.

Le souteneur protége donc la femme, la prévient du danger quand il sait qu'*une râfle* doit avoir lieu; aussi regarde-t-il comme sa chose la malheureuse fille qu'il a fascinée et à laquelle il est devenu indispensable malgré ses exigences.

Dans le tête-à-tête, c'est lui qui donne des conseils sur le choix d'un amant, qui lui défend *d'aller* avec tel ou tel client sur le compte desquels il a d'ailleurs pris ses références; il en dispose, en un mot, de manière à la capter et à en tirer le plus d'argent possible.

Il ne faudrait pas croire cependant qu'un souteneur s'affiche avec sa maîtresse; il est très-rare de les voir ensemble, car il cherche le plus possible à dissimuler son métier honteux; il agit à distance et ne se montre qu'en cas de besoin pressant.

Mais là ne s'arrêtent pas ses fonctions: une autre de ses spécialités est de dépouiller le courrier de sa maîtresse, de répondre aux lettres d'intérêt, de débattre les conditions et d'assigner les rendez-vous, de faire, en un mot, toute la correspondance, ce dont au reste peu de femmes sont capables, car il est rare qu'elles sachent écrire. De la sorte, il est bien au courant du *Doit* et *Avoir*; aussi désigne-t-il le montant des à-comptes à donner aux fournisseurs, et au besoin les met-il à la porte violemment, s'ils sont trop exigeants. Nous le voyons encore donner des conseils sur les achats et les robes à faire, discuter les billets à signer et chercher les moyens possibles de les renouveler, de manière à garder en caisse, tout comme un commerçant prudent, le plus d'argent possible pour son usage.

Lorsque le souteneur n'a plus de femme, il se met à la recherche d'une nouvelle victime, comme une fille cherche un homme, c'est-à-dire celle qui lui promet le plus de rapport. En général une débutante, qu'il pourra dresser, aura la préférence. Tout en faisant sa profession de foi, en essayant de la séduire, le souteneur a des expressions bien caractéristiques, qui le font reconnaître par les malheureuses qui ont déjà été échaudées : — « O madame, quand serez-vous à moi comme je suis à vous ? Je ne suis pas très-riche, mais je vous sacrifierai tout ; d'ailleurs je suis joli garçon et je n'ai jamais payé les femmes. Je vous sortirai, et ferai mon possible pour être fort discret ; au reste l'amour que je vous témoignerai remplacera tout ! Quand on s'aime, on partage tout, etc. » — Enfin, la poésie à son usage !

Si le souteneur est le châtiment de la prostitution, il l'est aussi de l'indélicatesse de certains coureurs connus dans le monde galant sous le nom de *floueurs*, dont le plus grand plaisir est de promettre monts et merveilles aux filles, de leur faire entrevoir une existence *tissée d'or et de soie*, et somme toute de ne rien leur donner, de les voler enfin.

Car la fille ne se prostitue pas pour son plaisir, elle meurt souvent de faim en souriant, et la lorette la plus élégante n'a quelquefois pas un louis chez elle.

Pour les chevaliers d'industrie, et certaines gens du meilleur monde, c'est le *nec plus ultra du chic*, c'est un tour spirituel à conter à ses amis! Mais le thème change quand le souteneur se montre, et le viveur indélicat devient aussi lâche qu'il était menteur et insolent avec la femme. Ils ne sont pas courageux en général, ces Don Juan du jour! Qu'une femme fasse craquer deux sous l'un contre l'autre, ils se croient morts; s'ils entendent jouer un meuble, ils crient à l'assassin et se couvrent d'une sueur froide.

Ce qu'une femme pardonne le moins, c'est d'être *flouée*; qu'on la méprise, qu'on l'insulte même, cela la touche peu, mais elle poursuit l'homme qui l'a trompée partout où elle le rencontre, la soufflette en public, lui enfonce son chapeau jusqu'au nez, le signale à toutes les femmes qu'elle connaît et qui prennent sa cause : c'est le seul cas où elles tombent d'accord . Voilà pourquoi de jeunes élégants n'osent plus se montrer dans les lieux à femmes, où ils sont insultés et bafoués de tous côtés.

La plus grande vengeance de la femme est de signaler le *floueur* à son souteneur, et un beau jour monsieur se voit bousculé et roulé dans le ruisseau sans motifs apparents, par un inconnu, un faux ivrogne, qui le défigure, le dévalise et le *barbotte*; c'est la femme qui se venge.

Retrouverait-elle le floueur dix ou quinze ans après le

mauvais tour qu'on lui a joué, sa rancune sera la même. Des femmes mariées se sont vues insultées par des filles auxquelles leur mari avait joué autrefois cette mauvaise farce.

Ce vol de la part des floueurs est devenu si fréquent que presque toutes les femmes se font payer d'avance, et il faut le reconnaître, la fille paie toujours la dette qu'elle a contractée : c'est une de ses supériorités sur les débauchés.

Le souteneur, s'il exploite la fille, sait lui procurer des amants, comme nous l'avons vu. Cette nouvelle industrie constitue une branche d'exploitation malheureusement trop pratiquée ; elle s'exerce par des agents qui forment autant de types divers, mais dont la plupart ont traversé les phases sinistres que nous avons décrites.

L'*interprète* doublé du *guide*, deux métiers dont nous avons ailleurs indiqué la nature, devient procureur de femmes ; c'est alors que se révèle le guet-apens dressé contre l'étranger, qui trop tard voudrait se tirer de ses mains ; mais il faut que la pauvre dupe s'exécute, car elle n'a pas compté sur les *trucs* improvisés pour l'exploiter.

La femme inventée par le guide devient épouse, sœur ; elle a un amant terrible, qui apparaît au besoin si l'argent est trop difficile à obtenir et ne recule même pas devant la violence.

Plus souvent, au lieu de rencontrer ainsi une femme imposée, l'étranger désire sonder les mystères des amours parisiennes ; son compagnon sait à propos parler d'une femme qui n'est pas connue, laisse supposer qu'elle est honnête et lui octroie même une mère de carton. Cette pauvre petite se trouve un peu gênée, pour le moment, et se laisserait peut-être aimer.

Comme l'oiseau rare, à Paris, c'est une femme inconnue, c'est-à-dire neuve, cette comédie a presque toujours un succès certain dont profite le *procureur*. Après une entrevue pleine d'amour et de mystère, accordée enfin à grands frais, cette pauvre jeune fille mène discrètement l'étranger dans un garni connu d'avance, pour ne pas se compromettre aux yeux de sa mère ; il est rançonné ; heureux s'il lui reste de quoi se rapatrier !

C'est le grand jeu ; il demande trop de temps et de mise en scène. Le simple procureur agit plus commercialement : la femme ou l'étranger, les deux quelquefois, lui paient au tarif l'entrevue qu'il leur ménage.

Il y a toujours un de ces procureurs qui se faufilent dans les parties à femmes ; ces parasites sont de toutes les fêtes dont on dit : il y a *de la crevette*, et la débauche générale facilite leurs relations dans le monde qui s'amuse.

Sans jamais rien débourser, et comme les danseurs au bal de l'Opéra, ils paient leur écot par les femmes qu'ils amènent, et par leur entrain : ils savent être drôles.

Au reste le métier d'entremetteur et de procureur de femmes s'exerce sous toutes les formes : dans certains cafés, au restaurant, le patron, le garçon, le chasseur, la dame du comptoir jouent ce rôle ouvertement dans l'intérêt de l'établissement. Ce sont des répertoires vi-

vants des adresses de leurs clientes, qu'ils recommandent
dans le cours de la conversation à l'attention du consommateur, indiquant leurs tarifs et la manière de par-
venir jusqu'à elles.

Ces honnêtes commerçants connaissent toutes les
aventures galantes, l'état actuel et les ressources de la
prostitution, et l'on pourrait compter à Paris des mil-
liers de mouchards amateurs dont la police est mieux
faite que celle de la préfecture (1).

Certains limonadiers ne se font pas faute de donner
une prime aux femmes qui attirent chez eux des clients
ou des étrangers. Ils poussent même la complaisance
jusqu'à leur donner des cachets pour souper chez eux
les *jours de dèche*.

Des garçons coiffeurs, ou leurs patrons même, ne
dédaignent pas le métier d'*entremetteurs ;* ils servent
d'intermédiaires entre les clients et les clientes dont ils
sont souvent les entreteneurs ; entendant causer femmes
et amants, connaissant les besoins et le goût de leur
clientèle, portant même la conversation sur ce sujet,
ils savent à propos et insensiblement mettre en avant
leurs bonnes clientes, « une petite femme charmante,

---

(1) Tant de gens font la police en amateurs, que, si la Préfecture
tenait compte des rapports qu'elle reçoit, elle n'aurait pour ainsi
dire pas besoin d'agents. L'un de ceux-ci nous disait un jour : « C'est
là ce qui fait que la Préfecture est si bien informée avec un nombre
relativement restreint de *policemen*. L'instinct policier est une manie française.

une bonne fille, etc. », indiquant ses habitudes, les lieux qu'elle fréquente, et donnant, comme par mégarde, son signalement et son adresse.

Ils joignent à ce métier le commerce de l'usure et avancent de l'argent aux clientes qui offrent des garanties probables, se réservant de leur procurer un amant et de se faire rembourser en argent, en bijoux, ou d'escompter eux-mêmes leur beauté, le tout en leur faisant acheter force chignons et parfumerie.

Les cochers aussi sont de la partie : le cocher de fiacre conduit « *le bourgeois qu'il a chargé* », lorsqu'il n'a pas de choix fixé, chez sa payse venue faire fortune à Paris.

Le cocher de maison offre à son jeune maître l'hospitalité, peu écossaise, d'une ancienne femme de chambre de sa connaissance qui nage dans les splendeurs d'un entresol, ou chez une sœur qui est dans la partie.

Mais le cocher de maraude est le type parfait; il a une manière à lui de procéder et de gagner des sommes assez rondes.

Il loue pour son compte une voiture dans une grande remise, au prix de quinze ou vingt francs quand les affaires marchent; c'est une première mise qu'il faut exposer, mais il a toujours la chance probable de faire sa journée.

Ce cocher connaît toujours dix ou douze femmes et commence, avant de sortir de la remise, par établir son itinéraire de façon à passer successivement sous leurs fenêtres.

Les femmes, qui le connaissent, l'attendent presque

instinctivement, toutes prêtes à monter en voiture, et presque toujours sans faire de prix. — Son travail commence.

Voyez-vous cette voiture qui, tantôt au pas, tantôt rapide comme l'éclair, attend, suit et dépasse celle d'un élégant, revient sur ses pas, tourne autour d'elle, prépare un embarras et cause même un semblant d'accident? C'est notre cocher qui *raccroche* pour sa cliente qui veut lui faire gagner sa journée et la sienne, et il y réussit presque toujours, car tous les jeunes gens riches sont connus de lui, et souvent même le cocher du client qu'il *s'agit de faire*, entre dans son jeu : ce sont deux amis.

Si aucune occasion ne se montre à l'horizon, et si *le bois ne rend pas*, il faut faire le défilé devant les oisifs assis aux Champs-Elysées, en faisant caracoler sa bête, ou faire une entrée triomphale à Madrid ; sauf une trop grande malechance, ces tours réussissent et la première préoccupation de madame est de faire payer sa voiture.

Cela ne suffit pas au cocher, car il n'a guère que de quoi payer ce qu'il a avancé au loueur ; mais pendant que les amoureux d'occasion se content leur amour, pendant qu'ils consomment, dînent ou sont au théâtre, notre automédon, qui s'y sait autorisé, fait la petite pièce et gagne ainsi le plus clair de son bénéfice. Certains cochers de cette catégorie gagnent d'abord dix ou quinze francs sur la location du loueur de voitures et font en plus quatre ou cinq courses ; la femme est heu-

4

reuse, le cocher content, mais le cheval est souvent fourbu : bénéfice net pour le patron.

Si la journée n'est pas heureuse, cliente et cocher n'en sont pas moins bons amis, car ils ont couru une chance mutuelle; et il n'est pas rare, lorsque le travail est terminé, de les entendre se *tutoyer* et boire ensemble un mêlé cassis chez le *mannezingue* sur l'*assommoir*, quelquefois même en tête-à-tête.

—

Pour n'être pas toujours d'aussi bas étage, le procureur n'est pas moins repoussant; à cet égard, les classes élevées fournissent peut-être des exemples plus attristants pour le moraliste : la facilité effrayante avec laquelle, dans un certain monde d'élégants, on se passe et se partage mutuellement les femmes, en est un trait saisissant; elle est des plus dangereuses pour l'affaiblissement moral de la jeunesse.

Vous, jeunes gens, soyez moins sévères pour les malheureux dont nous avons indiqué tous les droits au mépris; vous êtes vous-mêmes sur la pente qui vous fera glisser à cette profondeur de bassesse. Vous vous préparez au rôle odieux de *protecteurs* ou de maris *complaisants*, et, si la fortune vous abandonne, au métier de souteneur; l'apprentissage se fait en riant, plus tard vous serez vous-mêmes l'objet de la risée ou du mépris.

Vous acceptez sciemment le partage de *votre* maîtresse en vous réunissant chez elle pour tailler un *bac* et occuper ainsi vos loisirs auprès de *votre* femme. La concurrence avouée en cette communauté excite vos désirs et c'est à qui volera le tour de son voisin. Si, dans un moment d'audace aveugle, l'un se trompe de numéro d'ordre : « Pardon, cher, vous m'oubliez. » Le tout en riant, en *blaguant*, comme vous dites ; mais vous n'êtes pas plus estimables que l'imbécile qui oublie sa vieillesse en courant la *gueuse* ; vous oubliez votre jeunesse et la dignité, égoïste si vous voulez, qu'elle doit avoir, en amour surtout ; vous n'avez même pas l'instinct des chiens, qui, eux, se battent avec leurs rivaux.

Certains jeunes gens du meilleur monde, en effet, se cotisent et sont cinq ou six pour entretenir une *pieuvre* commune qui se moque d'eux tous. La *femme en commandite* est une création toute d'actualité, entretenue sous la raison sociale : *notre femme*. Ce n'est plus la mise en coupe réglée qu'elle fait d'elle-même au service de plusieurs entreteneurs qui, sans se jalouser, ne se connaissant pas, attendent chacun leur jour ; non ! personne et tout le monde du petit cercle l'entretient ; aucun de ses adeptes ne peut être traité d'amant de cœur, car ils se saignent tous, il faut leur rendre cette justice, pour payer chacun une parcelle de son luxe. Que doit-elle penser d'eux tous, et croyez-vous que cette fille publique, mais n'exerçant que dans un cercle restreint, ne les méprise pas ? cette fille, la propriété de ce petit lupanar, qui comprend l'exclusivité en amour que ses entreteneurs se font une gloire de ne pas comprendre !

Aussi, en donne-t-elle pour leur argent à ses co-ado-

rateurs, et sa bouche se colle à la ronde sur leurs bouches; dans les assemblées générales, c'est à qui aura une
partie de son corps : qui la tête, qui les mains, qui les
jambes. Malheureusement elle ne peut, comme la colonne Vendôme, se déboulonner en plusieurs parties !
La coupe du plaisir est réservée, avec justice, au numéro un tel, car *notre maîtresse* ne peut pas faire de ja-
loux, elle classe *ses hommes*, et tient pour chacun d'eux
un compte individuel, où tout doit être balancé aux
échéances à fin de mois.

Voilà les amours banales de certaines sociétés élégantes ; elles n'ont pas même l'attrait des amours les
plus vénales, ni les péripéties que la femme la plus
ordinaire sait inventer ; elles se réduisent à un simple
contact épidermique, et ces cyniques associés, tout
en voulant être drôles, ne sont que dégoûtants et plats.

Dans ces sortes de sociétés, chacun a sa spécialité :
l'un se fend de quelques louis, c'est le roi du logis, le
président, le *sérieux* ; l'autre fournit des étoffes, des
bijoux sur le compte de *papa* ; l'autre organise des parties, fait la chasse aux loges parmi ses relations ; l'autre
est musicien. La finance, l'art, le commerce, la littérature sont représentés dans ces cercles de débauches,
où l'on voit sur le même lit, à son jour et sans jalousie,
le fils de famille, le calicot, le cabotin ; n'y a-t-il plus
d'eau à la rivière ?

A Paris, certains hommes des plus sérieux font sans
aucun scrupule le métier de *fournisseurs* et de *souteneurs* de femmes. Leur spécialité est de caser les jeunes
filles malheureuses, quitte à réclamer un peu plus tard

le prix de leurs bons offices, lorsqu'elles ont réussi.

La démoralisation des sphères élevées est peut-être plus abjecte que celle des déclassés, et devant la femme tous les Parisiens sont ramenés au même niveau de bassesse ; c'est le seul mobile qui leur fasse appliquer le principe d'égalité.

Seule, la forme change, le fond est le même. Tel personnage sera *protecteur*, quand un autre ne sera que *souteneur* ; c'est la même chose.

Sans parler de certains hauts fonctionnaires qui faisaient officiellement ce métier pour leur maître, il y a quatre ou cinq ans, il est des gens du meilleur monde qui *placent des femmes intéressantes*, sous prétexte de prouver toute l'affection paternelle qu'ils ressentent pour elles. Nous en savons un qui appartient à l'aristocratie la plus pure et qui s'est même fait un certain nom comme écrivain. Eh bien ! il était à l'affût des jeunes filles sans fortune ; nous l'avons vu et entendu leur donner l'adresse de certains de ses amis en quête d'une *amie*, ainsi qu'un aperçu des conséquences avantageuses que ces relations pourraient leur procurer, leur promettre la plus grande discrétion, la plus grande prudence, leur indiquer les précautions pour que madame leur mère, monsieur leur frère ne pussent s'apercevoir de rien, ni se fâcher.

Nous en avons connu un autre, avocat distingué, que la licence de sa conduite a fait rayer du barreau ! ! Sa vie se passe à guider les jeunes femmes qui se lancent dans la galanterie et qui lui accordent les prémices de leurs faveurs en récompense de ses services. Ce qu'il a ainsi de protégées est inouï. Il est obligé d'en tenir un registre sur lequel il note les *perfections* et les *perfectionnements* de ses clientes ; il n'éprouve aucune gêne à communiquer ces remarques au premier venu ; il vaut presque ces jeunes gens qui ont des manuels illustrés à la main de tous les établissements de débauche qu'ils fréquentent.

D'autres, fatigués de leur maîtresse, la proposent nettement à un ami en lui disant ce qu'elle coûte par mois, ce qu'elle a à ménager, ses avantages, ses qualités physiques et morales !

Ils *font l'article*, en un mot ; tout cela sous des formes galantes, avec les expressions les plus exquises et les plus parfumées ; ils ne sont que de simples *entremetteurs*.

Mais le monde des femmes les aime, les *chouchoute* ; ils ont leurs entrées dans tous les boudoirs, où ils contemplent le bonheur des autres jusqu'à ce que le jour de la reconnaissance ait sonné pour eux.

Car cette race est utile, son entremise dans le haut monde galant est fort prisée et fait aller le commerce.

Tout ce monde d'oisifs a son expression la plus complète dans un type nouveau qu'il nous faut étudier : *le vieux garçon*.

Un fonctionnaire de la sécurité publique disait un jour : « Le voleur, l'assassin, la prostituée que j'inter- « roge tous les jours sont capables, à un moment « donné, d'un mouvement généreux, d'une action dé- « licate, d'un acte de dévouement ; il n'y a rien à faire,

« rien à tirer de l'oisif, abruti par l'oisiveté. » Il aurait pu ajouter : ni de l'égoïste abruti par le célibat; ce sont les êtres que doivent redouter le plus la morale et la société.

Leur nombre est énorme; on compte en effet : 490,104 hommes et enfants mâles, 416,459 femmes ou filles célibataires, soit pour les deux sexes 906,297 individus; tandis que les gens mariés sont seulement au nombre de 379,297 hommes, 381,754 femmes, ou 761,051 mariés, 35,266 veufs et 97,100 veuves; en défalquant 30,000 jeunes gens et jeunes filles, on voit que le nombre des célibataires égale presque celui des gens mariés.

Pauvre ou riche, le célibataire est dangereux, il ne peut vivre que dans le libertinage; n'ayant ni les peines ni les tracas du ménage, comme un pacha à trois queues, il peut avoir autant de femmes et d'enfants qu'il veut, lorsque la loi limite l'amour de l'homme marié à une seule femme.

Il serait juste peut-être de réfréner ses passions en mettant quelques obstacles à leur entraînement, ne fût-ce qu'en l'obligeant par une taxe, ou toute autre forme, soit à doter les jeunes filles pauvres qui sont ordinairement ses victimes, soit à venir en aide aux repenties qu'il a précipitées dans la honte; la cause du mal serait ainsi celle du remède.

Il y a cependant un fait aussi incontestable qu'attristant : l'ouvrière préfère bien souvent un amant d'une classe supérieure à un mari de la sienne. — « Moi, épouser un voyou, s'écrie-t-elle, jamais! » C'est là une des nombreuses conséquences de l'amour du luxe, de la paresse et de l'immoralité qui rongent la classe des *travailleurs.*

L'expérience rend les célibataires aussi funestes pour la vertu des femmes que le rôdeur de barrières est re · doutable pour la bourse des passants attardés. Dans la criminalité, leur part est la plus large. Sur 302 accusés traduits en 1870 devant la Cour d'assises de Paris, nous trouvons 250 célibataires.

Ce chiffre en dit à lui seul plus que tous les raisonnements.

Les célibataires, dont les vieux garçons, surtout à Paris, présentent le type le plus parfait, forment une classe qui possède les vices et la lâcheté de tout être qui vit seul et pour lui seul.

Parasites émérites, égoïstes, roués, l'âge n'amène jamais la sagesse pour eux; leurs caprices sont des lois; toujours jeunes d'idées et cherchant à ralentir les progrès de la vieillesse, ils prennent, comme une vieille coquette, un soin minutieux de leur corps ; ces *ladies-men* suivent un régime continuel d'hydrothérapie et gardent quelquefois comme un parfum de jeunesse : la débauche elle-même semble respecter ces natures corrompues, ils ont ce qu'on appelle *de beaux restes.*

Mais le plus souvent le vieux garçon n'a pas ces dehors attrayants : mal mis, négligé, l'œil en feu et encadré dans un cercle rougi par les abus de toutes sortes, son visage stigmatisé trahit son genre de vie ; il porte les sillons du plaisir, la *patte d'oie* caractéristique, les marches du palais, et toutes les rides que lui valent ses dérèglements ; sa tête surtout offre les traces de ses campagnes amoureuses : il a un *genou* et, pour dissimuler une raie un peu large, il ramène péniblement, avant de sortir, le peu de cheveux qui lui reste de la nuque sur le sommet du crâne, les étale, les fait valoir, les pommade, les encaustique et les polit soigneusement. Alphonse Karr appelle ce travail : « En emprunter un qui vaut dix !... » Comme une femme, il se fait la figure, porte un corset, souffre le martyre dans ses bottines trop justes.

Son existence est la plus douce possible ; sa première pensée dès son réveil est de combiner ses plaisirs, ses plans d'attaques, ses repas. Sur le boulevard, à la hauteur du café Riche, ces vieux oisifs, le cigare aux lèvres, riches souvent, indépendants toujours, le nez au vent, traînant tant bien que mal leurs jambes percluses de rhumatisme ou endolories par la goutte, cherchent, comme des chiens de chasse, *quem devorent*, dévisageant les femmes et braconnant pour trouver une victime.

Tout à coup le limier se met en arrêt : une femme apparaît à l'horizon ! d'un coup d'œil rapide et sûr, il la déshabille et jauge ses qualités ; son plaisir de la soirée est assuré et tout aussitôt il devient *l'homme qui suit les femmes.*

Un mollet rond, un petit pied mignon, un rien qu'il ne connaît pas, qui l'intrigue, suffit pour le faire aller à l'autre bout de Paris ; ses jambes de quinze ans renaissent pour atteindre cette inconnue, c'est-à-dire *l'idéal!*

Ces philosophes cyniques qui ne veulent être at-

trapés par aucune femme, qui les mettent toutes dans
la classe des suspectes, qui les croient toutes essentiellement libertines, coquines, menteuses et capables de
penser seulement *à la bagatelle*, qui ne rêvent que sensualité sans poésie, s'attaquent carrément à la femme
qui leur plaît, ou dont l'allure les intrigue. Tout est de
bonne prise, rien ne les arrête, ni les remords, ni l'innocence. Leur sensation avant tout, et ils l'achètent
aussi cher que la femme le leur demande.

Il faut le dire, au reste, les femmes, à Paris, ont
amené les hommes à croire qu'elles sont toutes à vendre, et un journaliste bien connu, qui doit être fort
instruit de ces choses, a dit : « Je suis prêt à parier
ce que l'on voudra que de vingt Parisiennes du monde
aujourd'hui, prises au sort, dix-huit, au moins, accepteraient une toilette de n'importe quel homme désigné
par le hasard ! » Encore un peu, il aurait proposé d'en
offrir une comme prime aux abonnés de son journal.
C'est en résumé toute la théorie des vieux garçons, et
nul plus que lui ne pouvait mieux la définir.

Voyez à la sortie des ateliers des maisons de confection, cette haie de curieux stationnant à toute heure
et par tous les temps ! C'est un affût tout trouvé, c'est
là que les vieux débauchés vont chercher des élèves à
faire, en leur offrant de s'intéresser à leur sort et de les
protéger.; ils dérobent à la fille du pauvre sa pudeur,
sa dignité, et détournent ensuite la tête, insouciants et
sans remords, de l'objet de leurs plaisirs. Ames dégra-
dées que le vice étreint et possède, dont l'égoïsme se
fait un jeu d'imprimer au front de toute femme l'igno-

minie qui déborde en eux, de flétrir tout honneur, de donner toute existence en pâture à leur sensualité, ils sont le coffre-fort naturel des jeunes filles, ils les guettent partout et toujours, les poursuivent dans la rue, au théâtre, à l'église, ils savent même se faufiler dans leurs familles sous des dehors de protection généreuse et bienfaisante.

D'autres moins courageux, avant de s'exposer à recevoir une bonne *râclée* d'un père ou d'un frère, s'adressent à la bienveillance de la concierge, et réclament d'elle, moyennant finance, le petit service de les renseigner sur la composition de la famille où ils espèrent faire une conquête.

Rien ne donnera une idée plus exacte de leur manége que de citer un document dont nous avons saisi l'original dans les mains de la concierge d'une maison que nous avons habitée. Il était composé avec des lettres découpées dans un journal, et collées les unes près des autres comme une mosaïque.

En voici la disposition :

« Dans votre maison habitent deux demoiselles : je
« désirerais connaître leurs noms. Si vous voulez me
« rendre ce service, je vous prie d'écrire poste-res-
« tante, aux initiales de E. C. V. N. S. la décompo-
« sition de toutes les familles où il y a des demoi-
« selles.

« Comme ceci :

«   *Famille* ***

« *Père* ***   *Fils* ***

« *Mère* ***   *Demoiselles* ***

« Persuadé que vous ne me refuserez pas ce service,
« je vous prie de recevoir mes remerciements.

« Ci-joint quelques timbres-postes. Dès que j'aurai
« reçu ma réponse, vous en recevrez quatre fois
« autant. »

On dirait d'un employé de recensement peu désireux
de se compromettre.

Mais si vous cherchez à savoir quelle rage les pousse,
vous ne trouverez en eux qu'un être assez animal pour
sentir.

Il faut surtout à leur lubricité le raffinement d'un
amour vierge ; c'est le *seul qui leur dise encore quelque
chose ;* le fruit vert est leur plus grand désir ! Le vieux
garçon donnerait sa vie, sa fortune, irait au bagne,
pour ne pas mourir sans connaître ce qu'il y a de plus
enivrant et de plus frais au monde : la jeune fille, l'inconnu !... eux qui ont presque toujours suivi les chemins battus !...

La jeune fille séduite, c'est le commencement de leur
lâcheté. Un lien se forme, la malheureuse y mettra son
cœur, sa reconnaissance ; lui, son cynisme, sa froideur ;
il profitera de sa proie, et si la pauvre enfant sent dans
ses entrailles s'agiter un germe de vie, le séducteur fuit

à la hâte, l'effroi dans l'âme, abandonnant la mère et l'enfant au déshonneur et à la misère !

C'est à ces coureurs de bonnes fortunes que Paris doit en partie ses prostituées, les filles qui paient de toute leur vie le caprice d'un débauché ! à eux qu'on doit le déshonneur qui frappe la famille entière, les filles mères, méprisées de tout le monde, pendant que le suborneur jouit encore de l'estime publique ! Ce sont eux qui peuplent les hospices d'enfants trouvés et qui ont inventé le bâtard ! Ce sont eux, enfin, qui introduisent l'enfant étranger dans la famille et entretiennent l'adultère.

Quel est le jeune mari qui n'a pas un vieil ami, un pauvre garçon qui s'ennuie ? Plein de compassion, et souvent malgré les craintes de sa femme, l'heureux mari introduit l'abandonné dans sa maison ; le meilleur siége est pour lui, les plus fins dîners aussi ; le loup est dans la bergerie, car l'hypocrite, qui n'a relancé son vieux camarade que depuis son mariage, avait guetté un bon coup à faire, une femme à séduire ! et comme son principe est de vivre de la vie des autres, sa loi, de céder à tous ses désirs, il rit dans sa barbe des bons tours qu'il pourra jouer tôt ou tard.

Son idéal va encore se réaliser. Plein de la nostalgie du ménage, qui est le profit du mariage, et de l'horreur de l'attelage conjugal, institution trop gênante pour son égoïsme, il aura trouvé une maison sans l'embarras de la famille, une femme sans les ennuis de l'épouse et de la mère, en se répétant que décidément le mariage n'est pas fait pour les maris !...

5

Son plan est bien simple : détruire l'union des deux époux, ramener le mari à la vie de garçon, profiter de ses absences pour railler agréablement devant sa femme les liens du mariage, démontrer combien l'époux est peu poétique, qu'il n'est jamais amant, que sa tiédeur est presque de l'indifférence, voisine de l'oubli, puis, au moment propice, offrir ses consolations et ses services !

Et ce séducteur, qui n'a du jeune homme que la violence des passions, et du vieillard que l'expérience du vice, se relèvera après avoir assouvi son désir, en disant peut-être comme le comte de Camors :

« Peu d'instants après, *elle* s'éveillait de son ivresse...
« Sentant la détresse profonde de l'irréparable, sa
« pauvre âme se rejeta sur son amour... elle attacha
« sur lui ses yeux humides :

« — Comme vous devez me mépriser, dit-elle ? n'est-
« ce pas ?

« Il eut un sourire étrange et cruel :

« — Pardieu ! dit-il... »

Qu'importe, en effet, la femme à son séducteur, quand la bête est contente !

Il est reçu dans un certain monde, dans celui de la haute finance surtout, sinon d'afficher, du moins de laisser supposer une maîtresse et *de courir l'aiguillette*; comment s'en étonner lorsqu'on admet les mariages dits de *raison* ou de convenance ? Sans autre préoccupation que son plaisir personnel, le mari oublie les

conséquences que peut avoir son adultère systématique ;
aussi, après une courte lune de miel, reprend-il des relations qui peut-être n'ont jamais été interrompues.
Certains jeunes maris courent chez leur maîtresse une
heure avant leur mariage et y retournent le lendemain,
laissant leur jeune femme, après quelques fades
caresses, désillusionnée, livrée à ses propres inspira-
tions, libre de s'abandonner bientôt au premier liber-
tin qui saura la distraire et la consoler.

Le mariage aujourd'hui, dans les classes riches, se
résume en une dot apportée par la femme, et dans un
nom, une couverture, vendue par le mari.

La simple séparation de fait imposée d'abord par
celui-ci, acceptée par celle-là, ne tarde pas à s'établir.

Que de maris s'exposent à se rencontrer avec leurs
femmes échangées, au bois et au théâtre ! Que de pères
donnent le spectacle de leur inconduite à leurs filles, à
leurs fils, qui, contents de la découverte et certains de
l'impunité, s'empressent de *faire comme papa !*...

Ce sont principalement les gens mariés qui entretiennent les demi-vertus, ces femmes qui n'osent pas
étaler leur prostitution, qui, ayant elles-mêmes quelques
convenances à garder, les détournent de s'afficher en
public.

Les mœurs sont tellement dissolues, que le mépris
public ne châtie pas cette inconduite notoire de tant de
pères de familles qui privent souvent leur ménage du
nécessaire pour entretenir une maîtresse ! 15 à 20,000 fr.
ne sont rien pour payer les caprices de ces créatures,

tandis qu'ils font des scènes épouvantables à leur femme pour une paire de bottines ou de gants.

D'autres oublient tout honneur pour avoir le droit de mener la vie qui leur plaît, supportent et même favorisent l'adultère de leur femme, profitent même de ses écarts pour demander à sa famille, sous menace de scandale, une pension alimentaire ; tous ces veufs, dont la femme est encore vivante, entretiennent ainsi leurs maîtresses.

Mais quand il ne profiterait pas de l'adultère qu'il a causé, si le mari surprend sa femme en flagrant délit, a-t-il bien le droit de se plaindre et de se faire justice ? a-t-il fait de sa maison un intérieur, un gynécée, dont elle fût la reine, lorsqu'il courait chez une courtisane chercher la satisfaction de ses sens, et se constituait au dehors un second ménage parfois plus aimé et plus respecté que le véritable ? Peut-on l'absoudre, lorsque, après avoir tendu une souricière, il se venge en lardant sa femme comme un boucher ?

La loi elle-même ne l'a pas voulu, lorsque l'assassin a laissé sa femme, seule, abandonnée à l'entourage que l'on rencontre toujours dans ces drames : l'amant, volontiers *chevalier de la gouttière* et *franc-fileur*, l'*amie*, confidente ou conseillère, au besoin entremetteuse, toutes ces personnalités qui l'abandonnent et la trahissent au moment suprême.

Il faut donc l'avouer : le plus fréquemment le mari doit se reprocher la chute de sa compagne. N'est-ce pas aussi le cas de ceux que la religion ou la vocation pousse à négocier des mariages de convenances? et il n'y en a plus guère d'autres.

Que dire des agences matrimoniales auxquelles certaines individualités font maintenant une concurrence redoutable? Le pauvre amour est méprisé, là où passe M. le maire! les parents préfèrent à la jeunesse du mari un sac d'écus, un titre, une position, eût-il une tête de singe; les jeunes filles elles-mêmes sont élevées dans ces principes; l'une d'elles, que son beau-père félicitait d'avoir un mari jeune, chaste et neuf, lui répondit catégoriquement, avec un ton de superbe assurance : « Tant pis, monsieur; je l'aimerais mieux plus dégourdi ! » Elle appartenait cependant à une famille des mieux conservées, et c'est même aujourd'hui l'une des reines des salons parisiens.

Aussi le monde inconséquent réserve toute ses sévérités aux malheureuses qui tombent, et toute son indulgence pour les liaisons irrégulières des maris débauchés, qui insultent même le bon sens en prétendant pour s'excuser, que c'est par amour pour leur femme, pour ne pas la fatiguer, qu'ils en prennent une de rechange. L'auberge ne fait pas de tort au ménage.

Pauvre femme, condamnée par sa dignité à un veuvage cruel et volontaire ! — la séparation, en effet, ne serait un châtiment que pour elle, — elle reste enchaînée comme un forçat au boulet du devoir et doit refouler dans son cœur tout son amour, en reportant sur ses enfants toutes ses tendresses.

Encore devra-t-elle s'estimer bien heureuse si son mari ne lui impose pas une femme de chambre, qui se sent soutenue et, vraie maîtresse du logis, l'humilie insolemment par des insinuations continuelles, et parfois, n'étant qu'une hétaïre férue d'une belle passion pour le maître de céans, trouve dans le déguisement le moyen de se rapprocher de son amant !

Pauvre femme ! répétons-nous, on comprend quelle rage poignante doit tourmenter son âme, surexciter ses sens, lorsqu'elle découvre ces infamies ou que lui parviennent les échos de la dépravation de son mari ; mais la loi, même en lui rendant son corps, ne lui permettrait pas d'en disposer.

Inégalité monstrueuse, que Dieu certainement n'a pas voulue, mais qu'ont faites nos mœurs criminelles. N'a-t-elle pas, elle aussi, le droit d'être femme ?

On peut s'imaginer quelle existence mènent ces maris transfuges du foyer conjugal, lorsque la séparation de fait est accomplie. Ayant recouvré une liberté qui n'a d'ailleurs jamais été bien entravée, ils se livrent au commerce des filles avec un abandon absolu.

Ils ont voulu échapper aux doux liens de l'intérieur conjugal, ils sont promptement enlacés dans les chaînes autrement dures des *pieuvres* qui les tiennent dans un esclavage abrutissant.

Celui-ci, porteur d'un grand nom, s'accoquine avec une fille de brasserie à laquelle il voue un amour insensé et fait des promesses irréalisables ; dans cette ignoble créature, il trouve une poésie que n'a pu lui inspirer la plus ravissante figure de femme et de jeune mère ; il la chante à tous les échos. Il a raison, du reste, car cette fille l'héberge parfois, le nourrit, l'habille et l'entretient sur ses économies à elle.

Il n'en est pas moins hardi : chaque jour il se promène sur le boulevard en quête d'un ami qui lui paie une consommation ou un dîner ; il ne refuse même pas de s'associer à une partie fine et d'accepter les faveurs d'une soupeuse dont, bien entendu, il oubliera de payer l'écot.

Cet autre court les demoiselles de magasin et les modistes; laid et repoussant comme on s'en ferait difficilement l'idée, il les attire chez lui par les promesses les plus affriolantes.

Ces types ne sont pas imaginés à plaisir, nous avons eu les originaux sous les yeux et nous pourrions mettre au bas de ces portraits des noms très-connus dans le monde des boulevardiers et même des salons.

Ils ne sont pas les seuls malheureusement, car les maris redevenus garçons sont nombreux et ils remplissent Paris du bruit de leurs débauches. Les uns sont en quelque sorte cloués dans les coulisses des petits théâtres et vivent avec des figurantes ou des choristes. D'autres sont aux crochets d'une actrice de cinquième ordre, qui en fait ses petits chiens. Ceux-ci subissent le joug d'une sorte de vieille portière, qui n'est qu'une ancienne bonne à femmes, heureuse d'être maîtresse à son tour et qui leur rend la vie amère. Ceux-là flouent les femmes et ont perdu même dans ce monde des prostituées toute espèce d'estime et de considération.

Il en est enfin une dernière catégorie, plus méprisable encore, ceux qui renoncent à la femme comme s'ils avaient épuisé toute la vitalité de sa force pour le plaisir, et demandent des jouissances plus corsées et plus intenses à un vice ignoble.

Un procès dont le souvenir n'est pas encore bien éloigné a révélé en ce genre des mœurs invraisemblables, il a permis à la police de constater l'existence d'une vaste association de ces Sodomes; elle renfermait des membres appartenant au monde le plus en vue et le plus lancé de la génération actuelle. Nous ne pouvons en dire plus, car bien vite la malignité voudrait y trouver des indications d'une nature personnelle; mais le fait est réel, nous en avons connu tous les détails par un hasard étrange et peut-être n'étonnerons-nous pas le lecteur en assurant que cette association momentanément dissoute doit être reformée depuis la guerre.

Avant de quitter cette catégorie des maris coureurs, citons encore quelques exemples d'une dépravation inouïe, d'autant plus monstrueuse qu'elle se rencontre, comme nous n'avons cessé de le dire, dans les rangs les plus élevés.

Les maris infidèles à leurs devoirs semblent croire que leurs remords deviendront moins cuisants s'ils s'associent des compagnons de débauche, pris dans leur cercle intime et jusqu'au sein de leur famille. Nous en connaissons un, porteur d'un titre nobiliaire et habitant l'aristocratique faubourg; on peut le voir chaque soir installé dans un des cafés mal famés du boulevard Montmartre au milieu de filles qui l'assiégent pour obtenir une consommation à force de compliments. Tout à l'heure, peut-être, dans un salon, posait-il pour

l'homme de toutes les délicatesses; aucun raffinement
de sentiment, aucune exagération de dignité ne lui pa-
raissaient étrangers; maintenant il jette un coup d'œil
exercé sur le sérail assemblé autour de sa table, il fait
choix d'une beauté et, quelques minutes plus tard, lorsqu'arrive son fils, grand jeune homme de vingt-deux
ans, il lui indiquera la femme à laquelle il devra acheter ses faveurs.

C'est sa manière à lui de comprendre l'éducation; il
nous en a plus d'une fois exposé la théorie. Il sert lui-
même, à son fils, de *guide* et de *procureur*; il veut ainsi
lui épargner, dit-il, les conséquences d'un choix imprudent ou précipité; son expérience du vice est em-
ployée à en faire savourer les jouissances à son enfant,
tout en écartant le danger matériel. Il l'a conduit dans
tous les lieux où la prostitution s'étale en liberté, lui a
infligé une maîtresse qu'il paie lui-même, après lui
avoir paternellement fait toutes les recommandations
inspirées par cette tendresse d'un nouveau genre. Cette
association inouïe s'affirme et s'affiche à toute occasion,
malgré le dégoût qu'elle provoque et les plaintes légitimes qu'elle soulève.

Le vice s'attaque donc à tous les âges, à tous les individus, célibataires ou mariés; mais il est une mons-
truosité plus fréquente à Paris : c'est la débauche des
vieillards prêts à rendre l'âme. Pour une courtisane,
c'est toujours un idéal depuis longtemps rêvé et
cherché, car elle aura l'espoir de se faire une petite

position, si elle a la chance de découvrir ce trésor, ce pot à millions qui joue le rôle d'un oncle d'Amérique, dont les fonctions sont de l'entretenir pour le plus grand bonheur des jeunes débauchés qui obtiennent gratis des faveurs que son argent ne peut acheter.

Le proverbe : Il faut que jeunesse se passe, a quelque chose de bon et de vrai ; en effet, ces vieillards, chez lesquels depuis longtemps l'action de la vie s'est déplacée pour se transporter dans la sphère des intérêts, arrivent à la vieillesse sans avoir connu l'amour, et sentent sur le déclin de la vie le besoin d'une jolie machine à plaisir. Ils se heurtent presque tous à une femme, mais cette éclosion subite d'une nouvelle enfance les conduit aux dérèglements les plus ridicules et les plus honteux, et cette ardeur rétrospective s'élance et jaillit comme une dernière étincelle.

L'amour tardif rend le vieillard débauché abject et répugnant, lui enlève toute raison et tout discernement; assez animal pour sentir, trop troublé pour réfléchir, et trop pressé surtout de jouir d'un dernier jour de bonheur, ce vieux satyre devient tellement crédule et gobe-mouche, que la fille qui l'exploite et avance sa mort n'a pas besoin de se donner la moindre peine pour le faire tomber dans ses piéges.

C'est le vice dans la jeunesse pour la femme, l'enfance au cœur du vieillard, et ces deux êtres ne peuvent se réunir dans une union ridicule que par le désir de se faire payer d'une part et de satisfaire sa passion de l'autre.

Comme chez certains dieux de la fable, cette laideur

physique des vieillards est un obstacle insurmontable
à tous leurs amours incessamment rêvés et poursuivis,
et comme en amour les répulsions de la nature ne sont
surmontées que par les courtisanes qui se vendent, et
jamais par la femme qui se donne, les filles qui les
supportent leur font chèrement payer leur complaisance,
leur dégoût et leur peine !

Aussitôt en possession d'une de ces divinités d'aventure, le vieillard la met en cage dans un entresol charmant et orné de meubles élégants, de beaux livres qui
ne seront jamais lus, de gravures raphaélesques ou éro-
tiques; il verse sur elle des flots d'or et de luxe.

Il la poétise, la compare à sa fille, s'il en a une, à
sa femme quand elle était jeune, dévoile tous ses secrets de famille, donne les bijoux de ses ancêtres.— L'un
d'eux, que nous connaissons, a donné ainsi à une mal-
tresse tous les souvenirs de ses aïeux, tout ce qui té-
moignait des gloires de sa famille et jusqu'à l'*alliance*
de sa mère !... La fille indignée la lui jeta à la figure.
— Et ce vieil enfant trouve la naïveté d'un chérubin
qui s'émancipe. Hélas ! un beau jour la sylphide échappe
au gnôme, le trompant, le narguant, mais chargée de
ses dons et affranchie du servage, pour prendre la clef
des champs avec *son petit chéri*, qu'elle met au courant
des ennuis de sa fortune et des coups d'épée dans l'eau
de ce vieillard qui la recevra toujours à bras ouverts,
les larmes aux yeux, lorsque ses économies seront man-
gées.

Accaparé par de trompeuses caresses, *chouchouté*
et séduit par la facilité de ses relations avec cette

femme, malmené, brutalisé, battu même, il souf·
fre tout sans se plaindre et couvre d'autant d'or qu'elle
en demande la fille qui s'amuse *à le finir*, espérant
être couchée sur son testament.

Chaque jour on voit ces invalides amoureux appuyés
sur le bras d'une fille à laquelle ils n'ont plus la force
d'offrir le leur ; un pied dans la tombe, ils sont guidés
et soutenus dans le vice par cette jeune rouée ! ils don·
nent aux passants ce spectacle étrange, qu'après avoir
toute leur vie sacrifié le plaisir au travail, ils en perdent le fruit dans des folies *in extremis* et s'éteignent
dans les bras d'une prostituée.

C'est leur cauchemar que cette impuissance d'une
décrépitude prématurée ; aussi prennent-ils toutes les
précautions imaginables pour y obvier en s'excitant le
tempérament par un régime effroyable, souvent de na-
ure aphrodisiaque. Les révélations des médecins nous
ont appris quels aliments ils préfèrent, quelles boissons
ils recherchent ; tous ont un principe extrêmement
analeptique, et quand la science de ces vieillards est à
bout, les femmes viennent à son secours ; en cette matière, elles pourraient faire la leçon à plus d'un pharmacien ! Faut-il ajouter que les excitants extérieurs
sont employés avec plus d'assiduité encore ! Bains
froids, douches, sétons à la nuque, urtications, massa-
ges, électricité, tous les moyens leur sont bons.

Nous n'osons vraiment pas ici entrer dans le détail ;
la langue même la plus audacieuse ne saurait exprimer
ces choses ! qu'il nous suffise de dire que les imagina·

tions de ces impuissants provoquent le dégoût et l'indignation des filles, même du plus bas étage.

—

Avoir une femme à soi tout seul ! c'est un miracle
qui ne se renouvelle plus à Paris, même en province ;
la femme galante ne vit que du tric-trac continuel de
ses amants ; le changement est tout le mécanisme de
sa fortune, car les petits ruisseaux font les grandes ri-
vières.

C'est un artichaut, dont chacun mange une feuille,
mais personne ne le possède tout entier. Ce partage
fait sa force : la liberté qu'elle garde lui donne la lucidité d'esprit nécessaire pour machiner ses plans.

Si depuis longtemps, ayant perdu toute vergogne,
elle n'a plus rien à ménager, son entreteneur n'est pas
dans le même cas : ce dernier vestige de pudeur lui
inspire la stupide indulgence qu'il témoigne pour les
cascades de sa maîtresse.

Embarrassé de sa personne, il se dissimule derrière un
homme de paille, qui lui sert de couverture ; ce dernier
ne peut payer sa place au lit de la prostituée, mais il
profite du partage et en vit comme elle ; il est toléré
par celui qui les paie tous deux ; c'est une nécessité de
la vie galante, tous les irréguliers du monde parisien
la subissent, afin d'entretenir le doute qui enveloppe
leurs scandaleuses relations.

Ne vous étonnez donc pas de voir dans les lieux publics ces ménages à trois dont la fille est le pivot ; à
côté d'elle un homme entre deux âges, fort commun

souvent, dont l'aspect ne donne pas l'idée d'un amoureux, et dont la tenue ne laisserait jamais croire qu'il
entretient une femme, qu'il peut avoir même une passion.

Au milieu, un jeune homme charmant, trop même,
fort bien mis, joli à croquer, l'air conquérant et protecteur; voilà le trio inséparable, qui joue aux yeux du
monde une comédie amoureuse. Bien qu'elle soit connue, elle impose par sa combinaison une barrière à la
médisance, elle détourne du débauché auquel sa position enlève le droit de cascader, la responsabilité de son
intempérance. L'amoureux peut ainsi s'abandonner à
ses saturnales, derrière le charmant crevé, en évitant
par un biais les conséquences de sa conduite.

La femme n'est pas sans y trouver quelque profit: les
cocottes mettent un certain amour-propre à ne pas se
montrer en public avec un *vieux*, dont l'extérieur dé-
goûtant, la figure couperosée ou constellée de boutons,
éloigneraient la clientèle et feraient du tort à leur *casuel*.
Les plus laids, en effet, paient le mieux; leur subvention
croît en proportion directe des défauts physiques dont
la nature les a doués.

L'attrait magnétique de l'or est seul capable de faire
surmonter à la fille la plus tarée le dégoût que lui
inspire son vieil amant; seul il lui donne le courage de
braver un instant le contact d'un vieillard, ainsi que le
combat qu'elle doit livrer à son impuissance habituelle.

Ces partageux sont essentiellement lâches, ils semblent n'avoir jamais eu de dignité, car si beaucoup,
par égoïsme, tolèrent la présence d'un étranger, beau-

coup la supportent uniquement parce qu'ils n'osent
rien dire. Ils veulent la femme à tout prix, l'aiment
même avec ses parasites, ses souteneurs, car ils savent
qu'ils seront *lâchés* « à la première plainte ». Et cependant, la femme qui a *découvert un vieux*, menace, mais
ne lâche jamais.

Les vieux vont plus loin, ils placent leurs jeunes collaborateurs, les occupent dans leurs bureaux, enfer-
mant ainsi le loup dans la bergerie ; ils se mettent dans
un engrenage dont ils ne pourront plus sortir. L'imbécile est accaparé par la femme, qui se sert de lui pour
satisfaire tous ses caprices, par le jeune qui l'encourage
et prépare les *carottes* de sa bien-aimée, la fille les
chouchoutte tous deux pour arriver à ses fins, et seule
profite du service rendu par l'un, des sacrifices exigés
de l'autre. Dans la rue, c'est au jeune homme qu'elle
donne le bras ; l'entreteneur, toujours sur le qui-vive,
marche prudemment à quelques pas, comme un chien
de berger, tantôt devant, tantôt derrière, reliant la conversation comme il peut.

Au théâtre, le jeune couple occupe les premières pla-
ces ; le vieux *taffeur* se dissimule au fond de la loge et
agit comme s'il n'était là que par hasard. Mais la
femme rendra toutes ces précautions inutiles ; elle sait,
avec une maladresse habilement et cruellement calculée,
compromettre le malheureux qui rougit et voudrait bra-
conner sans que le monde le sût. Tandis que le *petit*
est choyé, le *vieux* est brutalisé à propos, chargé de
chercher, avant la fin du spectacle, une voiture dont le
strapontin lui est destiné, de chercher les bonbons, les

oranges, de payer la loge, le dîner, le souper, de réclamer les vêtements au vestiaire ; il fait toutes les corvées,
en un mot, et ne goûte jamais à rien, ou si peu qu'il
ne peut s'en flatter !

« Prends garde, mon ami, tu vas te compromettre ! »

La livraison du corps d'une fille n'est pas si facile que
cela paraîtrait, même pour de l'argent. Moins il est livré même, plus cela rapporte, et c'est un fait bien acquis, qu'aucun entreteneur ne contredira : celui qui ne
paie pas se vautre le plus souvent avec la femme.

La femme, a dit Michelet, est une malade, et jamais
parole imprudente ne fut aussi largement exploitée par
la prostitution contre ceux qui l'entretiennent.

Vous tous qui voyez les vieux amants pour lesquels
l'heure de la dignité a sonné depuis longtemps, qui *devraient déjà être bordés,* comme disent les filles, vous
ne pouvez vous faire une idée des bassesses et du ridicule dont leurs passions malsaines les rendent capables, de la rage qui les saisit au moment du désir ;
rien ne leur coûte et ne les arrête. Si la femme
leur refuse satisfaction, on les voit se rouler en pleurant,
sangloter comme des enfants. — Ils ont dépensé tant
d'argent inutilement ! Car c'est le souvenir de leurs folies, de leur fortune perdue, de leur honneur compromis qui fait naître chez eux le besoin impérieux de s'a-
brutir *en se payant sur la bête,* malgré le dégoût qu'ils
inspirent. Leur lâcheté leur enlève le courage de briser
ces relations avec une fille qui les traite sans merci, les
chasse comme des chiens, sachant bien qu'ils reviendront plus soumis et plus rampants.

Mais la fille de marbre ne se laisse attendrir par rien au monde, et ne veut pas se livrer ; il faut que le vieux paie ; il est fait pour cela ; il faut qu'il *casque, casque* encore, *casque* toujours.

Si le vieux est trop tenace, le jeune, prévenu à temps, arrive comme par hasard et organise immédiatement une partie ; le pauvre vieux, occupé jusqu'à deux ou trois heures du matin, est éconduit, toutefois après avoir bien soupé, c'est un point capital. « Que diraient les domestiques et son concierge ? » Et son jeune ami, le plus charmant et le plus complaisant de tous les compagnons, se charge de le reconduire chez lui, lui explique en route que la pauvrette est malade, a sans doute quelque petite dette qui la tourmente, quelque caprice qu'elle n'ose avouer, qu'il faut excuser... Ces pauvres femmes sont bien dignes d'intérêt et d'amour, etc., etc.

Mais le cadet a une clef du boudoir ; sa corvée faite, il retrouve sa maîtresse prête à s'amuser ; le travail est fini, le carnaval commence. Et ces deux êtres, faits l'un pour l'autre, se rient à gorge déployée du vieil idiot.

La femme qui les exploite tous deux en exigeant l'argent de l'un et les complaisances de l'autre, ne se livre qu'au plus jeune, qui profite de la bêtise du vieux ; ce dernier ne profite de rien et paie tout.

Telle est la théorie des *ménages à trois*. Comme on voit, elle a sa morale ; pourtant les vieilles dupes se comptent par bataillons.

Si l'on a pu dire qu'il y a un Dieu pour les ivrognes,

6.

on peut le répéter avec plus de raison : Il y a un Dieu
pour les filles.

On ne peut s'imaginer à quel degré de turpitude
conduisent ces passions tardives qui étouffent dans ces
vieillards lubriques toute espèce de dignité et de sens
moral. Supporter la présence d'un tiers entre eux et la
femme désirée ne suffit pas ; ces *Jobards* conscients ne
peuvent même occuper la place qu'ils ont payée, comme
il arriverait au théâtre ou au restaurant, ils n'osent réclamer ce qui leur est dû ; ils savent qu'ils sont chaque
jour remplacés, sous leurs yeux, ils surprennent même
l'infidèle en flagrant délit, sans que la colère les
détourne.

Nous ne voulons pas faire de paradoxes, le sujet n'y
prête pas ; mais nous croyons l'avoir prouvé, la prostitution parisienne est entretenue par ce monde de maris
coureurs et de vieux débauchés. Le jeune homme ne
corrompt ni n'entretient les femmes ; il n'en a ni le
moyen ni la patience. Ce sont les prodigalités insensées
des *vieux* (c'est leur nom technique) qui alimentent le
foyer de la haute et de la basse prostitution : les élégantes courtisanes, que jalouse l'ouvrière, les femmes
malheureuses, comme les ignobles raccrocheuses du
trottoir et les pensionnaires dépravées des maisons
borgnes.

Le vieillard seul sait trouver les raffinements d'un
amour caduc par lesquels la science d'une civilisation
corrompue sollicite les organes affaiblis et ramène pour
un instant une virilité absente.

La femme se charge de les enseigner aux jeunes gens,

qui les appliquent à leur tour pour multiplier la jouissance et deviennent ainsi des vieillards de vingt ans. Si
le lecteur, curieux de voir jusqu'où peut descendre cette
recherche horrible, prend la peine de consulter Boccace
(1ʳᵉ JOURNÉE; NOUVELLES; *le Vieillard amoureux*), il
pensera justement que ces infamies ont cours depuis
longtemps déjà dans notre triste monde. Sans les satyres qui payent si bien l'apparence de l'amour, la
femme, qui ne vend son corps que pour acheter le luxe
et ses fantaisies, regarderait à deux fois avant de perdre
son honneur et de se faire une machine à plaisirs per-
fectionnée.

Nous n'avons pas fini avec les abominables jouissances que fait chercher à l'homme la frénésie du
plaisir bestial.

Le monde des souteneurs, sous telle apparence
qu'il se présente, a exercé dans sa première jeunesse
un métier qu'on ne saurait nommer même dans la
langue la plus verte. M. Jules Dementhe l'a parfaitement dépeint dans quelques vers charmants que nous
voulons reproduire :

Un être horriblement joli, l'œil en coulisse.
La voix est de velours, pas même un poil follet.
Un point noir fait relief, sur la peau blanche et lisse.
La lèvre a, sur les dents, l'air d'une fraise au lait.

Le pantalon étreint le fémur; rien ne plisse.
Le veston reste court au bord du rein replet.
Le cou jaillit, galbeux et libre, du collet.
Le geste est amolli savamment, le pas glisse.

> Sur les cheveux frisés, un toquet qui lui sied.
> La main est, par malheur, énorme ; aussi le pied ;
> Mais la chaussure est fine, et le gant est trop juste.
>
> Homme ou femme ? On ne sait. Ça rôde chaque soir
> En tous lieux où le gaz épargne un peu de noir,
> Et ça répond au nom de : « *La Belle Guguste*. »

Cet être horriblement joli fait en général partie de ces bandes de gamins vicieux, paresseux et débauchés, piliers de bals publics et d'estaminets, commençant par l'escroquerie et finissant par le vol.

Au physique, ces jeunes débauchés rappellent bien les *modernes*, ces crétins de la civilisation parisienne, ces bellâtres au teint pâle et mat, aux traits efféminés, sans goître, mais gâteux, *gommeux*, aux cheveux trop soignés et légèrement crêpés ou ondulés ; d'autres, moins élégants, offrent le type affreux des souteneurs de barrière, à l'accent traînard, au déhanchement, au collage traditionnel des cheveux sur la tempe, à la bouche gouailleuse souvent cruelle.

Cette graine de coquins divise son existence entre les estaminets et les maisons publiques. Ces associations de jeunes dépravés, présidées et guidées presque toutes par une fille, constituent ces bandes d'*intimes* où chacun a son *mignon* ordinaire, tout en se livrant à la débauche mercenaire, en racolant le soir aux abords du Palais-Royal, dans les allées des Champs-Élysées, dans les bals publics, aux queues des théâtres, aux cafés même, leurs clients habituels, les *émigrés de Gomorrhe*.

Ils savent se faire reconnaître comme les francs-maçons, à certains jeux de physionomie, à quelques signes extérieurs, à la façon, par exemple, de laisser voir leur mouchoir, et se servent même de l'entremise d'une femme, car les entremetteuses s'occupent sans scrupule de toutes les prostitutions, et ce commerce d'un genre nouveau donne naissance à une plaie sociale que la police surveille peut-être, mais qu'elle ne doit certes pas ignorer.

On retrouve de tout dans les rangs de ces *Gomorrhéens*, même des déclassés intelligents et possédant des grades universitaires, rongés par des vices contractés au collège, s'oubliant pour satisfaire leur passion bestiale jusqu'à vivre au cœur même de cette boue de Paris qui engendre les notabilités des maisons centrales. Ceux qui se livrent à la débauche habituelle et mercenaire dissimulent souvent leur métier honteux derrière un semblant de profession.

Les uns sont, à leur heure, garçons dans ces cafés trop multipliés où s'étale la prostitution. Ils ont souvent pour cliente leur maîtresse, qui fait, suivant l'occasion, ses affaires ou celles de son souteneur. D'autres s'occupent plus spécialement de la coiffure des femmes, et ce ne sont pas les moins nombreux. D'autres, enfin, d'une catégorie plus humble, se trouvent parmi les camelots qui encombrent les boulevards et les lieux publics en offrant des objets insignifiants, avec l'autorisation même de la préfecture de police; ce n'est pas leur vraie marchandise, elle ne sert qu'à dissimuler la vente d'objets et de gravures obscènes et si·

gnificatives. Ils les proposent du reste avec un coup
d'œil qui ne peut pas laisser de doute, et, s'ils ne sont pas
repoussés avec hauteur dès le premier signe, ils deviennent d'une insolence dont on ne peut se faire l'idée, si
on n'a pu les voir à l'œuvre.

Les *pédérastes* ont des lieux de rendez-vous où les
affiliés se rencontrent et se font reconnaître, car ils ont
le mot d'ordre.

Chez un marchand de vins, situé rue de l'Ile-Lou-
viers, ils se réunissent tous les dimanches soir, au nombre de quatre-vingts au moins; rue Saint-Joseph, se
rencontrent des valets qui cumulent auprès de leur
maître le double emploi de mignon et de serviteur! Là
ils racontent tout ce qui se passe chez leurs maîtres,
sans épargner leurs noms.

Quels sont les résultats de toutes ces débauches crapuleuses, de ces dépravations presque incroyables ? Une
fortune et un avenir compromis, le *chantage* et des maladies honteuses.

Le chantage est pratiqué par le voleur, par le journaliste de bas étage, mais surtout par les filles et leurs
souteneurs, pour obtenir la satisfaction de prétentions
sans limites et exiger des libéralités qui ne sont pas
accordées à leur gré.

Tout moyen est bon pour faire chanter, depuis
les lettres originales, jusqu'à leur photographie, jusqu'au portrait-carte laissé chez une femme.

Certaines filles ont chez elles la collection des portraits de tous leurs amants, offerts par eux, ou deman-

dés par elles ; un souvenir, ou un caprice ; les albums
traînent dans le salon, et qui veut, c'est-à-dire qui paie,
a le droit de contempler ses collaborateurs.

D'autres possèdent de véritables archives, composées
de leurs lettres, au nombre souvent de 1,500 à 3,000,
car certains leur en envoient une par jour, sinon deux.

Que deviennent toutes ces lettres éparpillées dans
tous les tiroirs, dans toutes les poches, sur toutes les
tables, et qui, quatre-vingt-dix fois sur cent, sont si-
gnées, souvent même de noms fort connus ?

Il faut le reconnaître franchement en faveur des filles :
elles n'abusent pas toujours des documents irrécusables
où des amants compromettent leur nom et leur réputation en écrivant des lettres insensées et brûlantes, où
le jeune homme ne parle que de sa flamme éternelle,
le vieux de lubricité, l'homme marié de sa femme, de
ses enfants, des scènes de son intérieur, le vieillard
du printemps, tout en faisant à son bel ange des leçons
de morale entremêlées e conseils d'une sentimentalité
dont n'approche pas le plus naïf jeune homme.

La femme n'est pas seule à profiter d'une lettre com-
promettante ; sa bonne, son souteneur, un étranger
peuvent en soustraire une, et un beau jour l'étourdi,
devenu homme, honoré, marié, père de famille, expiera
sa faute. Le chantage ne se montre pas tout de suite, il
se produit lorsque, l'imprudent étant parvenu à l'apogée
de sa position, il est à redouter et peut causer du scandale.

Il y a des sortes de gens d'affaires qui exercent le

métier de faire chanter, et qui savent le faire adroitement, évitant avec adresse le Code pénal, car la loi
semble faite plutôt pour servir ces coquins que les honnêtes gens.

Comme la *syphilis*, qui peut reparaître après quinze,
vingt ans, le chantage se dresse devant vous quand depuis longtemps la femme est oubliée; il est d'autant plus
exigeant que la femme est plus vieille, et par conséquent
sans ressources.

Le chantage se fait surtout par correspondance et à
peu près dans cette forme : — « Monsieur, je vous en-
« voie ci-jointe la copie d'une lettre que vous avez adres-
« sée à Madame... le... 18 .. Elle en a plusieurs en sa
« possession. Si vous voulez en donner tant..., il ne
« vous arrivera rien d'ennuyeux; un refus de votre part
« entraînerait pour vous des conséquences fâcheuses, que
« vous devez comprendre. Veuillez venir me trouver à
« tel endroit, et nous nous arrangerons à l'amiable. »

Le scandale, que le malheureux veut éviter à tout
prix, lui fait accepter les conditions qui lui sont imposées; mais le lot de lettres ne lui est jamais rendu inté-
gralement, et trois ou quatre fois le chanteur le met à
contribution.

Le chantage s'opère aussi entre courtisanes et souteneurs. Une femme lancée recevait dernièrement, de son
ancien amant ruiné, qui voulait s'imposer et devenir
son souteneur, la lettre suivante. C'était le seul moyen
qu'il avait trouvé de se procurer de l'argent :

« Madame, je vous préviens qu'une maîtresse de
« maison de tolérance m'offre un bon prix de votre

« photographie en pied, que vous m'avez offerte pen-
« dant nos jours de splendeur, en me jurant un amour
« éternel ! Elle compte en orner le plus beau salon de
« son établissement. Si vous voulez éviter d'être exposée
« dans ces lieux, ce qui pourrait peut-être nuire à votre
« réputation sur la place et à vos affaires, veuillez
« m'envoyer le prix qu'on m'en offre et je vous ren-
« verrai votre portrait.

« Je vous donne vingt-quatre heures pour réfléchir. »

La Cour d'assises a récemment jugé une affaire de
chantage d'un autre genre.

Les huit accusés faisaient partie d'une bande nombreuse de souteneurs de filles. Le vol n'était pas leur seule
ressource : ils faisaient chanter ceux que de honteuses
habitudes amenaient dans leurs filets. Leur rendez-vous
habituel était le passage Jouffroy. Des enfants, dressés
par eux, racolaient tous les soirs les passants aux
mœurs déplorables, et les attiraient dans des bouges de
la rue Chauchat et de la rue Grenéta. Là de prétendus
agents de police les faisaient chanter et les rançonnaient
sous menaces de dénonciation. Les surnoms de ces accusés, tous très-jeunes, sont déjà une indication sur
leurs habitudes : Cramouzard, dit la *Patte* ; Pépin, dit
Rigolo ; Basset, dit la *Belle Frisée* ; Huguenet, le *Gan-
tier* ; Guillon, le *Rouget*.

Ces accusations effroyables n'arrêtent pas les chan-
teurs mêmes, qui ne prennent pas la peine de se déguiser
en agents de police. Nous pourrions citer un homme fort
honorable, père du directeur actuel d'un de nos grands
journaux, qui faillit un soir en être la victime.

7

Derrière le Palais de l'Industrie, deux individus l'accostent et lui demandent une somme assez forte sous peine de le dénoncer à la justice comme coupable d'un abominable acte de *sodomie* dans lequel ils l'auraient surpris *flagrante delicto*. Il eut beau se récrier et protester de son innocence : «Nous sommes deux, lui dirent-ils, notre témoignage fera foi et vous serez déshonoré.» Atterré par cette horrible perspective, M. X... dut transiger avec eux, et, comme il n'avait pas sur lui la somme exigée, promit, sur l'honneur, à ces misérables, de la remettre aussitôt s'ils venaient avec lui jusqu'à son domicile. On partit en voiture et M. X... monta, laissant en bas les deux coquins. Sa figure pâle et bouleversée indique à son fils qu'il se passe une chose grave; il questionne son père, qui finit par avouer la manœuvre dont il est victime. Malgré les supplications de son père, M. X... fils sort précipitamment et court prévenir le commissaire de police, qui, escorté de ses agents, vint *piger* nos voyous le plus lestement du monde.

De telles aventures ne sont pas rares, et ceux qui passent à des heures avancées sur la place de la Concorde ou dans les Champs-Elysées s'en trouvent assez fréquemment les héros malheureux.

———

La débauche, au reste, porte avec elle sa punition, et les *vieillards de vingt ans* ne sont pas une phrase sonore, à l'usage seulement du moraliste. La chose n'est que trop réelle, et si nous avançions ici le chiffre proba-

ble et proportionnel des jeunes gens de vingt-cinq ans et
au-dessous qui sont impuissants ou à peu près, on
crierait à l'exagération.

Montaigne disait, à propos de la débauche : « Nous
y perdons la santé, la gaîté : nos deux meilleures
pièces. »

Il faut remarquer que, dans l'éducation actuelle, non-
seulement l'exercice physique des enfants est trop négligé, mais aussi que ceux qui ont l'honneur d'être préposés à leur surveillance s'occupent avec trop de soin
de leur faire faire leurs devoirs; ils négligent trop la
vigilance constante qu'ils devraient avoir sur l'état de
leur santé physique, pour surprendre les instincts im-
purs qui se réveillent en eux à l'âge de la puberté,
car les enfants savent, par mille artifices, déjouer la
surveillance, même la plus inquiète et la plus ex-
périmentée.

Il est difficile de parler des procédés variés et bizarres
par lesquels l'imagination dépravée de certains individus des deux sexes tâche de se procurer de honteux
plaisirs. Constatons seulement que les petites filles sont
beaucoup plus ingénieuses que les petits garçons.

L'énergie morale surtout est attaquée, la volonté devient mobile et hésitante, la parole incertaine et le caractère défiant, d'une susceptibilité extrême, enclin à
l'emportement, les sentiments affectueux s'affaiblis-
sent, et ces adolescents, à vingt ans, sont presque impuissants.

Aussi lorsque les jeunes gens épuisés approchent
d'une fille, elle réveille leur virilité absente, ou chan-

celante, par des artifices criminels, et achève ainsi ce qu'un vice personnel a déjà commencé.

La jeunesse actuelle, trop précoce d'imagination, énervée, remplie des désirs les plus fougueux, sans avoir la force de les satisfaire, arrive à mépriser toutes les femmes, parce qu'elle n'en connaît que les plus viles, et que de celles-là même elle ne peut plus se servir.

Voilà comment ils deviennent ces invalides de la couche nuptiale, qui ne connaissent plus que de nom les appareils organiques, dont ils ont abusé.

Mais tout cela est une punition personnelle, dont souffre seul le débauché. Que serait-ce si nous approfondissions la plaie de la débauche et la désolante question des maladies transmissibles, qui se communiquent réciproquement et dont hérite fatalement une progéniture gangrenée dès sa conception ? Celle-ci vient au monde avec toutes les parties du corps recouvertes de taches, de pustules, d'ulcérations de nature syphilitique à divers degrés de développement ; aussi voit-on se déclarer chez elle le rachitisme, les scrofules, la phthisie et le cancer.

Les débauchés seuls sont capables de ces unions monstrueuses qui mêlent l'amour à la contagion dans des rapports sexuels passagers, et même dans les liens du mariage.

Un médecin fut consulté, il y a quelques années, par un jeune homme qui avait un symptôme de syphilis constitutionnelle ; son embarras était grand, car il allait se marier, et le terme fixé pour la célébration du mariage ne lui laissait pas le temps d'être guéri dans l'intervalle. Deux mois après, la jeune femme était aussi malade que lui.

Il y a beaucoup de procès en séparation de corps qui reposent sur des accidents, des vices ou des maladies, ainsi que la grossesse antérieure au mariage, *les habitudes contre nature, le mal vénérien*, etc.

Mais le dernier motif n'est pas toujours trouvé suffisant!

L'article 231 du Code Napoléon dit seulement : « Les époux pourront réciproquement demander la séparation de corps, pour excès, sévices et injures graves de l'un d'eux envers l'autre. »

Espérons que la loi, qui manque ici de précision, et qui surtout ne protége pas assez la femme, saura prévenir un jour les alliances réprouvées par la nature et la raison, et sauvera l'avenir de la race humaine, menacée dans sa force et sa pureté.

Cette maladie honteuse fut importée d'Amérique en France par Christophe Colomb, en 1494 ; les natures simples du Nouveau-Monde étaient, paraît-il, ravagées par ce mal de temps immémorial. Telle est l'origine de ce fléau qui fait annuellement 50,000 victimes à Paris.

Toutes les nations, à son apparition, se rejetèrent la responsabilité de son développement : les Français le nommèrent *mal napolitain* ; les Napolitains, *mal français* ; les Turcs, *mal chrétien* ; etc.

Cette maladie envahit avec une rapidité effrayante la vieille Europe, comme la lèpre les Arabes et la peste les Égyptiens, et fut considérée comme une punition divine! Aussi le Parlement, effrayé de ses ravages, défendit-il, en 1497, à tous les syphilitiques de rester à Paris sous peine de mort, et ils furent traités comme les lépreux.

La médecine n'a découvert encore que deux spécifiques : le quinquina et le mercure ; mais si ce dernier enraie la syphilis, si le traitement parfaitement connu en atténue les effets, il n'en est pas moins vrai qu'*on n'en guérit pas*, et l'apparence de santé obtenue ne peut être la sécurité.

Le virus se développe aussi bien chez la femme que chez l'homme, sur toutes les parties du corps, sauf le cuir chevelu, à tous les âges de la vie, dans le sein de la mère, par l'intermédiaire d'une nourrice ; aucun tempérament ne lui est réfractaire, et l'infection peut avoir lieu par le contact le plus léger.

Une dame d'une cinquantaine d'années vint trouver un médecin pour un mal qu'elle ne connaissait pas : elle portait une ulcération syphilitique à la gorge. Son mari cependant n'était pas malade, et elle n'avait jamais failli à la foi conjugale. Elle finit par se rappeler que, peu de temps auparavant, elle avait été embrassée avec ardeur par son fils qui revenait de voyage. Or, ce fils avait en ce moment des accidents syphilitiques constitutionnels et, notamment, des ulcérations syphilitiques à la langue.

Cet exemple n'a pas besoin de commentaires !...

III

PROSTITUTION RÉGLEMENTÉE

Caractère de la prostitution, ses origines logiques; inégalité des salaires. — Situation insoutenable de l'ouvrière; fatalité de l'irrégularité de sa vie. — Chute de la femme. — Participation de l'homme et sa responsabilité. — Recrutement de la prostitution. — Rôle de la police. — Service des mœurs. — Histoire de la réglementation. — Inscription des prostituées. — *La brème.* — Leurs obligations. — Leurs mœurs. — Sécurité relative de leurs clients. — Les *rafles.* — Arrestations de filles. — Réclamations des amants ou des souteneurs. — Envoi à Saint-Lazare. — Physionomie de cette prison. — Mœurs intérieures. — Asiles de refuge et Sociétés de patronage. — *Maisons de tolérance* : Réglementation. — Catégories. — Intérieur. — Physionomie. — Révélations. — Exploitation. — Origine de certaines fortunes.

Si les déclassés qui se trouvent parmi les hommes nous ont fourni tant de types divers et presque toujours dangereux, ceux que nous trouvons chez les femmes ne sont ni moins nombreux, ni moins dignes d'attention.

Les déclassées sont peut-être même en plus grand nombre que les déclassés, car il est plus facile à la femme de succomber sous le coup de la fortune; ses fautes lui sont moins aisément pardonnées, mais elles sont exploitées par l'homme, qui, lui, a toujours ses bras pour travailler et trouve l'emploi de son intelligence, s'il en a, tandis que la femme, même la plus courageuse, peut à peine gagner de quoi manger, même en travaillant très-sérieusement.

Si le déclassement de la femme amène des chutes encore plus profondes que celles de l'homme, elle est cependant plus excusab'e. La femme, qui, déjà plus faible, est exposée à plus de tentations, est encore aidée par l'homme dans sa chute. Le respect de la femme n'existe plus, pour ainsi dire, aujourd'hui, et, pour s'en convaincre, il n'y a qu'à surprendre la conversation des hommes entre eux.

Comme dans le sexe masculin, il y a dans le sexe féminin des chutes respectables, de grandes misères acceptées et supportées avec courage.

Que de jeunes filles, que de femmes du monde, ouvrières ou riches, frappées par le malheur, oublient leur vie perdue, pour résister à outrance et avec honneur aux coups qui les frappent! Que de respect ne devrait-on pas à ces malheureuses femmes, que l'on voit courir tout le jour, par la pluie, le froid, la chaleur, chargées souvent immodérément, ruinant leur santé et leur beauté, pour gagner leur pain par le travail, soutenir un père, une mère infirme, une petite sœur! Quel compte leur en est tenu? à quelles propositions immo-

rales ne sont-elles pas exposées de la part des cyniques
débauchés qui sillonnent la Capitale, cherchant la piste
'une vertu à corrompre !

Il est vrai que certaines de ces déclassées ont souvent
une toilette peu en rapport, en apparence, avec leur
position actuelle. Elles ont quelquefois utilisé les épaves
de leur luxe perdu ; elles portent des chiffons de soie,
à leur doigt brille peut-être un bijou de famille, enfin,
dans l'ensemble de leur mise, se remarque une teinte
d'élégance, un je ne sais quoi qui n'est pas assez pauvre,
qui rappelle le luxe et qui, joint à leur distinction naturelle, fait douter de leur misère et de leur vertu.

Voilà ce que l'on reproche à beaucoup d'entre elles !
C'est une lâcheté de plus que la tyrannie du monde et
les mauvaises langues commettent ; c'est un prétexte
tout trouvé de ne pas les respecter.

Et cependant elles n'ont pas le moyen d'acheter la
livrée de la misère, la laine ! elles ne peuvent se défi-
gurer pour se faire un visage de circonstance, et le parfum de femme élégante que leur avait donné le bonheur
survit malgré leur tristesse : n'a pas l'air misérable
qui veut.

Travaillez, diront impitoyablement les gens riches.
A vingt ans, à votre place, j'aurais tout fait ; j'aurais
veillé la nuit, je me serais nourri avec quinze sous par
jour ! Hélas ! elles le voudraient bien, mais ce n'est pas
possible. Maisonneuve l'a avoué lui-même : La femme
n'a pas de quoi vivre, même par le travail le plus obs-
tiné ; elle n'a d'autre ressource que le vice.

C'est malheureusement trop vrai, et l'infériorité physique de la femme, déjà assez regrettable, démontre la cruelle injustice commise par toutes les industries, qui paient beaucoup moins cher qu'aux hommes le même travail fait par les femmes. Tout en se fatiguant davantage, elles voient leur courage moins récompensé. N'y a-t-il pas là une cause de découragement et de démoralisation, une inégalité monstrueuse ?

Si la femme est inférieure à l'homme comme force productrice, qu'elle reçoive au moins le même salaire pour la *même somme de production.*

Le manufacturier n'est plus qu'un exploiteur, dès qu'il paie moins cher le travail aux ouvrières, parce qu'elles sont femmes, et qu'elles ont montré jusqu'ici beaucoup de résignation, n'ayant pas, comme les ouvriers qui en abusent, l'esprit de résistance, ni la force nécessaire pour se faire rendre justice.

Certains patrons avouent eux-mêmes que le salaire de leurs ouvrières est insuffisant, ils ne rougissent pas de reconnaître qu'ils comptent sur leurs amants pour payer la différence! Heureuses si elles prennent un amant de leur condition, qui, n'étant pas riche lui-même, les forcera à garder l'habitude du travail, et les réhabilitera peut-être un jour en les épousant, car, sans cette heureuse chance, l'ouvrière deviendra prostituée !

Tout, autour d'elle, la pousse vers ce précipice.

La jeune fille, exposée, dans l'atelier, au contact de la vie publique, blessée dans ses sentiments, ses instincts et sa pudeur par les conversations immorales d'ouvrières que le vice a déjà flétries, ne peut guère isoler son âme de cette promiscuité forcée.

Les ateliers mixtes offrent encore plus de dangers. Exposée aux poursuites et aux propos des contre-maîtres et des ouvriers, peut-elle, surtout si elle est jolie, échapper à la corruption ?

Le maximum des salaires était à Paris, en 1851 :

Pour les modistes et brodeuses . . . . 5 f. »
La couturière au service du tailleur. 4 50
La couturière en corsets . . . . 4 »
Les repriseuses, les couturières au service des cordonniers et des tapissiers. . . . , ... 3 50

Le minimum :

Pour les ouvrières employées dans les friperies, tapisseries, gants. 0 50
Les giletières, les brodeuses 0 40
La lingerie, jusqu'à. 0 15

Le maximum n'est atteint que par un nombre fort restreint d'ouvrières, car, chez les femmes, le talent seul est payé, et le minimum l'est par la grande majorité.

Voici la moyenne la plus élevée des salaires à Paris :

Les repriseuses. 2 05
Les modistes 1 98
Les brodeuses. 1 71
Les couturières pour vêtements de femmes. . . . 1 70
Les ouvrières pour costumiers.. . . . . 1 08
— — fabricants de parapluies . . . 1 60
— — équipements militaires. . . . 1 22
— — gantiers pour gants de peaux. 1 34
— — gantiers pour gants de tissus. 1 06

Les ouvrières de talent, assez rares d'ailleurs, voient peut-être leur salaire s'élever un peu, tandis que celles qui ne peuvent donner que leur temps, voient leurs profits diminuer tous les jours, même dans les métiers. les plus féminins, car plus se multiplient les usines, plus la grande industrie fera des progrès, moins la femme pourra gagner sa vie. L'ouvrière délaissée tombera fatalement dans le vice. On compte environ 112,900 de ces malheureuses sur le pavé de Paris, parmi lesquelles il y a 60,000 couturières.

Que fera donc l'ouvrière, seule, désolée, en admettant qu'elle gagne même deux francs par jour, qu'elle n'ait pas été atteinte par le chômage, ni la maladie, ces fléaux qu'elle ne peut ni éviter ni prévoir, et qui la conduiront à la misère ou à l'hospice?

Il faut, sur les 730 francs qu'elle pourrait gagner, en travaillant, en moyenne, au moins 10 heures par jour, défalquer les jours fériés, 52 dimanches, sans compter les autres fêtes, le chômage régulier ; enfin l'année se trouve réduite à 234 jours, qui produisent 468 francs, mettons 500, en chiffres ronds. Nous verrons, dans un autre chapitre, l'emploi qu'elle peut faire de ce budget, qui représente 2,340 heures de travail pour le moins.

Que peut alors la femme déclassée, jetée sur le pavé, quand l'ouvrière, née dans l'atelier, pour ainsi dire, parvient à grand'peine à se vêtir et à satisfaire sa faim?

Que peut-elle, alors qu'elle a plus de besoins, plus de tentations à éviter, de provocations à fuir et à essuyer, quand sa santé est plus délicate?

Lorsqu'elle aura vendu successivement ses toilettes, son linge, ses bijoux, ses meubles, avant d'avoir trouvé une occupation où d'avoir subi un apprentissage, où la retrouverons-nous ?

Dans les magasins de confections, où elle fera le *mannequin*, parce qu'elle a bonne tournure, aux comptoirs, dans la rue, courant donner des leçons au cachet, dans les musées, faisant des copies, si elle a un art, chez elle, faisant de la broderie, de la lingerie, de la tapisserie, nous la retrouverons partout, malheureuse, exploitée, trop peu, payée, mais surtout, jamais respectée.

Si cette femme n'a pas le courage héroïque dont un homme même serait incapable, si cette martyre n'est pas un jour morte de faim ou de fatigues physiques et morales, si même elle n'a pas cherché le repos dans le suicide, nous la retrouverons dans cette grande classe de déshéritées, dans ce gouffre où vont se perdre les détresses trop grandes, et se cacher les faiblesses, la fosse commune, où se jettent les filles du peuple poussées par la misère et l'ignorance, les enfants trouvés que l'hospice abandonne, les victimes de la brutalité d'un père ou de la haine d'une marâtre, dans la *prostitution* où elles viennent tomber comme entraînées par la fatalité : c'est l'heure *psychologique*.

Telle est l'une des principales causes de la prostitution, fléau plus répandu encore dans les grands centres industriels. Celle de Paris pâlit en effet à côté de celle de Saint-Quentin, de Reims, de Rouen, où la population est ravagée par la débauche, l'inceste, le concubinage, où le *mariage à la parisienne* est poussé à l'état d'institution; la constitution de la famille s'y désagrége tous les jours, l'homme devient comme à Paris, de plus en plus indifférent au mariage, et ses filles achèvent dans les maisons de tolérance, ou dans la rue, une vie que le vice a déjà flétrie dès l'âge le plus tendre ! Elles y sont habituées et ne changent pas de condition !...

Qui pourrait décrire le supplice d'une femme qui tombe ? les compromis successifs passés avec sa conscience, ses chutes progressives et partielles d'abord, ses combats, la lutte enfin qu'elle engage contre l'angoisse de la misère et de sa défaite, les souffrances de la faim, les filets que lui tendent la séduction et le monde interlope qui entretient et exploite la prostitution ?

En parcourant toutes ces hontes, nous retrouverons, à l'origine, les mêmes éléments que chez l'homme : la soif du plaisir facile, le luxe, la contagion, l'ignorance, l'amour même, une sorte de loi cruelle et inflexible comme la fatalité, hélas ! nous ne retrouverons plus la femme, mais une malheureuse d'autant plus à plaindre qu'elle est tombée plus bas, et dont la chute est le plus souvent l'œuvre de l'homme.

Celui-ci, en effet, abuse lâchement des femmes qui tombent et auraient besoin de son appui ! Le séducteur semble croire que sa femme, sa fille, sa sœur, sont à l'abri des revers de la fortune ; il oublie que le même sort pourrait leur être réservé, et, le sourire aux lèvres, le cynisme au cœur, il pousse les pauvres filles vers leur chute.

La première attaque vient toujours de lui, à de rares exceptions près, ou une fille est réellement vicieuse, soit par tempérament, soit par ce que son éducation, incomplète et plus dangereuse que l'ignorance, l'a préparée de longue main à l'exploitation de son corps.

C'est donc toujours l'homme qui attaque, poussé par l'emportement d'une jeunesse sans morale, le célibat dans l'âge des passions, les longs loisirs de la fortune oisive, l'extinction à peu près complète de toute noble ambition, l'abaissement continuel du sens moral et l'habitude toute romaine de considérer la femme comme un jouet, un être inférieur; le tout sous la sauvegarde de la loi qui interdit la recherche de la paternité et avec la complicité de la lâche opinion.

Il faut l'avouer, depuis un demi-siècle, la corruption s'est répandue parmi la classe ouvrière comme une épidémie funeste; le luxe est descendu des rangs élevés pour inonder les classes inférieures, et c'est une des causes de l'émigration des filles de la campagne vers les cités.

Ces simples filles, qui s'étaient ignorées jusqu'alors, sont venues à la ville pour gagner un salaire plus élevé; en réalité, elles viennent s'y vendre. Un savant médecin estimait les belles normandes pour 13 %, environ dans la consommation que fait en ce genre le monstrueux Paris; mais l'amour vénal est germanisé, car une grande partie des femmes se recrutent parmi les balayeuses et trahissent leur origine par un accent ger-

manique bien accentué ! L'Allemande est essentiellement sensuelle sous une apparence lymphatique et
virginale, la bête parle seule en elle, elle aime l'accouplement ; tandis que la femme française, qui semble si
légère, se vend plutôt pour le rapport que pour la bagatelle. L'Allemande, c'est la femelle, la Française, c'est
la poupée. Les domestiques, qui viennent s'exposer
à toutes les tentations de leur métier, comptent pour
81,69 0/0 dans la prostitution, tandis que les autres
ouvrières ne donnent, pour les giletières, par exemple,
que 52,42 0/0, et les autres classes 10 0/0. La
femme de chambre surtout est du nombre des domestiques qui augmentent le plus ce contingent ; séduite
souvent par le fils de la maison, par le maître même,
puis abandonnée ou chassée.

Les bureaux de placement sont le principal agent de
recrutement des filles de la campagne pour les maisons
de tolérance de Paris ; ils reçoivent les commandes de
ces établissements et envoient leurs émissaires en province, qui expédient ces malheureuses victimes en
leur promettant de bons gages et une bonne place en
arrivant. La pauvrette accourt bien vite ; hélas ! la
place vient d'être prise, il faut attendre quelques jours,
ses faibles économies sont bientôt épuisées, et, après
avoir donné aux placeurs plusieurs avances inutiles
sous forme de courtage, un jour qu'elle aura faim, elle
se laissera enrôler pour la débauche.

Les campagnardes, en qui se développe chaque jour
l'instinct de l'envie et de la cupidité, parviennent rarement aux rangs élevés de la galanterie. Le plus grand

nombre achèvent leur honteuse existence dans les maisons de tolérance des barrières. Ces maisons, du reste, sans se servir d'intermédiaires, ont des rabatteurs, des fournisseurs directs en province, qui recrutent les sujets nécessaires et envoient à Paris des convois de nouvelles victimes. Un grand nombre de prostituées proviennent des hospices d'enfants trouvés.

M. Parent Duchâtel assure que sur 1,183 filles nées à Paris, et sur l'origine desquelles on a pu avoir des renseignements, il s'en trouve 119 naturelles non reconnues et 118 reconnues pour 946 nées en légitime mariage ; aussi le quart de ces malheureuses appartient à la classe des enfants naturels.

Lorsqu'une fille mineure, sortie de l'hospice, se présente à l'enregistrement des prostituées, on en avertit l'administration chargée de la tutelle de ces enfants, et les administrateurs décident s'il y a lieu de poursuivre sa mise en correction ; mais cette correction a peu d'effet. Le dévergondage des filles sorties des hospices de province apporte aussi un certain nombre de recrues a la prostitution de Paris.

Les militaires, dans les faubourgs, cherchent à faire une petite connaissance, et ils s'adressent surtout aux jeunes ouvrières ; c'est là un des dangers du casernement des troupes dans les villes. Le baraquement de l'armée hors de l'enceinte a déjà rendu sous ce rapport un service d'autant plus grand que le militaire est peu scrupuleux et répand parmi les filles le fléau vénérien.

Il y a deux espèces de prostitutions : la prostitution

8.

officielle, *réglementée*, surveillée par l'administration, et la prostitution *clandestine*, la plus nombreuse et la plus dangereuse; nous allons nous expliquer.

On comptait pour Paris et la France, en 1866, 11,200 matrones, ou filles inscrites exerçant pour leur propre compte, et 551 employés, mais l'exactitude absolue de ce chiffre, vu l'administration actuelle, ne peut être contrôlée. [Pour Paris seul, on ne compte que 3,600 filles soumises, dont 1,066 sont pensionnaires, soit dans une des 134 maisons de tolérance de Paris, soit dans une des 18 maisons de ce genre qui sont établies dans la banlieue, et 2,590 filles inscrites dites *isolées*, c'est-à-dire habitant séparément dans certains quartiers déterminés, soumises à des règlements très-sévères, avec l'autorisation de se promener dans des lieux fixes, mais sans provoquer à la débauche avant la chute du jour et après onze heures du soir. La mise de celles-ci doit être décente; elles ne peuvent jamais se montrer aux fenêtres; il leur est aussi défendu de stationner sur la voie publique, d'y former des groupes, de tenir des propos indécents, enfin d'attirer l'attention d'une manière scandaleuse.

En ce qui concerne cette dernière catégorie, la mère et la fille ne peuvent habiter ensemble dans la même maison. Les filles ne peuvent avoir de concubinaire, ni habiter deux dans la même chambre. Leur enfant leur est enlevé à l'âge de quatre ans; elles sont soumises à des visites hebdomadaires et sont tenues de se présenter au dispensaire de la préfecture de police avec leur carte; la sécurité et la santé publique surtout ont exigé ce seul cas de violation de la liberté individuelle à l'égard des filles qui font commerce habituel de leur corps.

Les filles de la banlieue sont amenées au dispensaire dans des voitures fermées, et cette mesure a été prise pour éviter les pèlerinages scandaleux de ces femmes éhontées dans les rues en plein jour.

Le nombre de ces visites s'élevait en 1869 à 118,000.

Il faut avouer pourtant que si les classes élevées s'amusent souvent à corrompre pour quelque argent les filles du peuple, la corruption vient le plus souvent encore du peuple lui-même. Sous Louis-Philippe, existait une société secrète dite des *Saisons,* où l'un des adhérents demanda un jour une conscription pour la prostitution « afin, disait-il, que les pauvres ne servissent plus aux plaisirs du riche. » On repoussa la motion, et quelqu'un s'écria énergiquement : *« Les riches n'ont que nos restes ; nous le savons tous. »*

Le vice parisien, tel que la police le connaît et l'enregistre, se recrute dans le monde le plus vil, et surtout parmi les intelligences les plus pauvres ; la plupart des filles, celles qui sont inscrites surtout, sont pour ainsi dire des malades.

La prostitution, par une triste loi de la nature, est presque héréditaire. Les femmes publiques désirent surtout, si elles ont un enfant, avoir une fille qui soit leur bâton de vieillesse, quand le maquillage ne pourra plus les rajeunir et « réparer des ans l'irréparable outrage ». Cette enfant sera vouée fatalement au métier de sa mère, qui, en la vendant avantageusement, s'assurera une modeste aisance pour ses vieux jours.

C'est ce que l'une d'elles traduisait éloquemment, en faisant un jour cette réponse à un homme qui lui avait rendu service : « Ah ! monsieur ! Dieu préserve vos fils de mes filles ! »

La prostitution a existé de tout temps. Saint Louis édicta des lois somptuaires contre les *ribaudes folieuses* de son temps. Charles VIII ordonna de les brûler vives. Le maréchal Strozzi en fit un jour jeter huit cents à l'eau ; puis, leur imposa un uniforme distinctif, d'où vient le proverbe : « Bonne renommée vaux mieux que ceinture dorée. » Le chignon rouge a presque remplacé cette enseigne aujourd'hui.

Lorsque Louis XIV organisa la police, il songea aux *pendardes* de la grande ville : dans l'intérêt de la santé publique, on les emprisonna, malmena, dur et ferme, on leur infligea le travail pénible, le carcan, les malaises, on les guérit tant qu'on put ; le remède favori, mais inefficace, était le fouet.

L'ordonnance royale du 1er mars 1768 prescrivait de mettre au pain et à l'eau, pour trois mois, les filles sur-prises avec des soldats, cavaliers, dragons, de les con-duire en la maison de force la plus voisine, où, habil-lées de tiretaine, avec des sabots, ayant du pain, du potage, de l'eau pour nourriture, elle coucheraient sur une paillasse, occupées à de rudes travaux ; elles pour-raient, par leur conduite, leur repentir, adoucir leur peine et acheter, sur leur gain, jusqu'à une demi-livre de viande par jour, des fruits, des rafraîchissements.

Un arrêté du 1er prairial an XII (21 mai 1803) créa un dispensaire de salubrité, mais les filles devaient payer à l'État une redevance de 12 livres, et souvent au médecin une bonne-main de 6.

Anglès, en 1815, conçut le projet de purger Paris de toutes les prostituées, et, le 19 août de la même année, les filles publiques étrangères à la capitale furent envoyées dans leurs foyers respectifs; mais les filles renaissent comme les champignons sur le fumier, deux se retrouvent pour une de perdue, et cette mesure ne profita qu'à la prostitution clandestine, car la prostitution est un mal inévitable, et tout le monde se rappelle la fantaisie qui prit à un souverain allemand d'interdire les maisons de tolérance : femmes mariées et jeunes filles ne pouvaient plus s'aventurer dans les rues sans être l'objet de quelque insulte et trop souvent de honteuses violences !

La prostitution est un exutoire aux mauvais ferments de notre nature, c'est la soupape de sûreté des sociétés civilisées.

La loi organique des 12-27 juillet 1791 a donné à l'autorité municipale le droit de surveillance le plus absolu, en autorisant les officiers de police à pénétrer, à toute heure, dans les lieux livrés notoirement à la prostitution.

Debelleyme, en 1828, réforma tous les règlements et nous lui devons le service actuel des mœurs.

On rencontre souvent des gens qui se demandent quelle inquiétude ils peuvent avoir avec des femmes qui sont sous la surveillance immédiate de l'autorité. Le danger est moindre, c'est vrai, mais quelques instants après la visite du médecin, déjà ces femmes peuvent transmettre une maladie, à plus forte raison le cinq ou sixième jour. Ces visites n'offrent pas une garantie absolue ; elles se font très-rapidement ; souvent des femmes renvoyées *avec patente nette*, atteintes cependant de maladie vénérienne, mais *blanchies*, vont, dans l'*intérêt de leurs clients*, réclamer les soins d'un médecin.

La substitution des femmes les unes aux autres est une fraude qui se renouvelle souvent ; bien des filles peuvent aussi servir d'intermédiaires et transmettre, par une sorte de *contagion médiate*, une maladie, sans la contracter elles-mêmes.

Cependant la fille inscrite offre une garantie relative, car elle ne donne qu'une malade sur soixante, tandis que les insoumises qu'on arrête dans les razzias quotidiennes en donnent une sur trois. Aussi est-il à regretter que la prostitution officielle diminue au profit de la prostitution clandestine.

Malgré toute la surveillance de l'administration, la syphilis offre encore des cas trop nombreux : en 1868, 3,185 hommes sont entrés à l'hôpital du Midi ; 1,030 à celui de l'Ourcine ; 1,907 militaires ont été atteints ; 1,551 accidents secondaires ont été soignés ; enfin, Saint-Lazare a reçu 1,694 malades, soit en tout 9,367 individus. Mais ce chiffre n'est que celui des malades traités à l'hôpital, et en y ajoutant les cas beaucoup plus nombreux traités à domicile ou dans des dispensaires privés, on peut évaluer le total annuel des victimes à 50,000.

Les malades devraient donner à la police le nom et l'adresse des femmes qui les ont infectés, et faire comme les militaires, qui sont frappés de certaines punitions s'ils ne dénoncent pas la femme qui leur a transmis une maladie vénérienne.

Les 3,600 filles soumises ne sont pas toutes en circulation; il faut en défalquer 21 détenues pour crimes, 213 en punition à Saint-Lazare, 165 en traitement dans le même établissement, 27 autre part, 447 disparues; il n'en reste donc plus que 2,783 en activité!

La police classe les filles inscrites en trois groupes :

1° Les filles majeures inscrites qui viennent s'établir à Paris ;

2° Les filles inscrites, majeures ou mineures, qui demandent à être inscrites d'office ;

3° Celles qui se refusent à l'inscription.

L'opération de l'inscription est tenue secrète, mais, une fois sur le grand livre, la radiation est difficile; elle n'est accordée qu'en cas de mariage de la fille, ce qui est assez fréquent, en cas de vieillesse, d'infirmités, si elle prouve des moyens d'existence et que pendant un an elle s'est abstenue de la prostitution, ou si elle devient elle-même maîtresse de maison de tolérance. La radiation est toujours révocable.

La préfecture conserve du reste un album contenant toutes les photographies de toutes les personnes qui sont soupçonnées de se prostituer, et plusieurs de nos grandes *cocottes* seraient fort surprises de s'y voir, si on leur permettait d'en tourner les feuillets.

Les filles inscrites portent toutes sur elles une carte

qui justifie de leur droit à se vendre. Cette pièce de conviction, leur *brême*, comme elles l'appellent, elles la
portent le plus souvent dans leurs bas, afin d'éviter
d'en révéler l'existence, si elles n'y sont pas absolument forcées. Lorsqu'elles viennent la demander à la
préfecture, elles donnent toutes les mêmes motifs au
magistrat qui leur fait préalablement subir un interro-
gatoire et cherche à les ramener à de meilleurs senti-
men:s et au travail, en leur promettant l'appui de l'administration et des sociétés charitables.

« Mais non, je ne veux pas, disent-elles. J'ai du chagrin. Je l'aimais, il m'a trompée, je veux *ma brême* ou
la mort. Je ne veux pas être domestique, surtout : on ne
mange pas de ce pain-là dans ma famille. »

Et de quel pain mangeront-elles ?

Lorsqu'il s'agit de l'inscription d'une fille et de la
surveillance de la prostitution, la police, dont le pouvoir est presque discrétionnaire et la mission délicate, voit ses efforts contrebalancés par les difficultés
qu'elle rencontre tous les jours.

Quand il s'agit d'une fille majeure, cela va tout seul :
la fille reconnue malade est inscrite d'office, et devient
un numéro dans les cartons de la police ; souvent même
elle réclame son inscription spontanément et par vocation ! Dans certains cas, elle est expulsée de Paris après
sa guérison et renvoyée dans son département d'origine. Le bureau des mœurs vient de faire distribuer à
chaque femme inscrite un livret dont le double reste à
la préfecture ; ce livret contient le dossier de sa propriétaire et le résumé de sa vie publique ; là on peut étudier

les différentes phases suivies par cette malheureuse dans
la voie du vice.

Mais lorsqu'il s'agit d'une fille mineure, la chose devient plus délicate : les parents sont responsables de
leurs enfants; aussi la police les prévient-elle avec mé-
nagements de la position de leur fille, les engage à la
rappeler près d'eux ; mais, soit dégoût, soit mépris ou
indifférence même, ils répondent rarement à cet appel.
La police n'a plus d'action ; ce n'est que si la jeune fille
devient trop dangereuse, qu'on l'envoie alors à Saint-
Lazare, où elle est soignée, puis inscrite d'office, en cas
de récidive.

Lorsque la police est prévenue que des filles soumises
s'écartent de leurs quartiers respectifs, ou que la prostitution clandestine prend de trop grandes proportions,
elle fait ce que les femmes appellent des *rafles*, c'est-à-
dire que, vers minuit, ses chasseurs cernent tout un
quartier, et s'avancent en rabattant devant eux les filles
qui sont prises dans cette souricière.

Ces *razzias* s'opèrent sur les boulevards comme dans
les terrains vagues, les bouges, les cabarets; les femmes
les devinent quelquefois au nombre insolite d'agents *in-
connus*, ou d'agents secrets qu'elles reconnaissent, qui
se promènent en attendant l'heure du travail. Ce service
est une corvée qui déplaît essentiellement aux agents
de police requis à cet effet.

Mais ces razzias ne s'opèrent pas assez souvent, pour
ne pas dire jamais, dans les restaurants à la mode, où
il se commet tous les jours des offenses monstrueuses à
la pudeur publique. On trouve de tout dans ce troupeau

9

de filles, depuis la gamine de 15 ans, qui se prostitue
déjà en offrant des bouquets pour le compte de son *las-
car*, sale, déguenillée, corrompue, jusqu'à la vieille
femme édentée, la *cocotte* avec son chien, des mères avec
leur enfant, la bonne avec sa maîtresse ; les unes rient,
les autres chantent, pleurent ou insultent, selon qu'elles
ont l'habitude de ces algarades ; on en cite une arrêtée
ainsi 180 fois, pour vol, maladie ou débauche. Tout ce
monde est ivre, fou, repoussant, et cependant inspire de
la pitié. Que de victimes et d'égarées y a-t-il peut-être
dans ce fumier !

C'est quand la *rafle* est faite, que les souteneurs qui
n'ont pas eu le temps de prévenir leur maîtresse apparaissent, que des maris viennent réclamer leur
femme, des frères leurs sœurs, des mères leurs filles,
des bonnes leur maîtresse ; des amants, des hommes
mariés viennent même répondre de leur protégée, donner leur nom et leur adresse ! C'est bien là, qu'après
avoir fait les mois de nourrice, ils font encore leur métier de *gérants responsables,* car le premier soin des filles
ramassées est d'implorer la pitié de tous ceux qu'elles
connaissent pour se faire réclamer comme un objet
perdu, comme un chien dangereux mis à la four-
rière.

Du poste de police où elles ont été parquées provi-
soirement, elles sont conduites à la préfecture, pour y
passer la visite au dispensaire ; celles qui sont malades
sont envoyées à St-Lazare, et les récidivistes sont munies
d'une carte à leur sortie ; celles qui sont saines, et il y
en a fort peu, on en compte 2 sur 3, ou les égarées trop

jeunes, sont mises en liberté, après un sermon et la menace de l'inscription d'office, « si on les y reprend. »

Les insoumises, auxquelles la police fait une chasse continuelle, sont, au minimum, 30,000 à Paris, sans compter les femmes qui se prostituent sans trop s'afficher, et en gardant quelque convenance, et le chiffre en est effrayant ; on n'ose en donner une idée même approximative ! Cependant, en faisant le dénombrement de toutes les prostituées, on peut hardiment arriver au chiffre de 120,000 !

La vieille maison de Saint-Lazare, où l'on serre les filles de mauvaise vie, soit *en rupture de carte*, soit condamnées, quoique mal distribuée et nécessitant une reconstruction prochaine, n'est plus cependant le vieux Saint-Lazare de 1794, qui ressemblait à une grande cage d'animaux féroces, dont les cours étaient noires et humides et les fenêtres garnies de barreaux.

L'hospice d'aujourd'hui, dont une partie cependant est toujours une prison destinée aux filles punies pour infraction aux règlements de police ou aux jeunes insoumises malades, possède une infirmerie, des cellules bien rangées ; les gardiennes sont ces femmes sublimes qui sacrifient leur vie pour soulager, malgré le dégoût qu'elles inspirent, les malheureuses dont elles sont les infirmières ; c'est au conseil municipal de 1834 que l'on doit l'infirmerie actuelle de Saint-Lazare.

Le spectacle le plus navrant est celui de l'infirmerie destinée aux prostituées mères et nourrices. Car il y a un certain nombre de malheureux enfants qui naissent ainsi en prison, malades eux-mêmes d'une maladie transmissible : ils payent à leur entrée dans la vie les fautes de leur mère ! Ces enfants ne leur sont laissés, comme dans les maisons de tolérance, que jusqu'à l'âge de 4 ans.

Mais la maison de St-Lazare, aménagée pour recevoir 1,100 détenues, est obligée d'en loger plus de 1,400. Le seul remède à cette situation, déjà ancienne, serait de construire, soit à Paris, soit en dehors de ses murs, un ou plusieurs établissements nouveaux.

La maison de Saint-Lazare n'est pas exclusivement destinée aux prostituées; on y compte trois quartiers distincts :

1° Maison d'arrêt pour les prévenues ;

2° Maison de correction pour les condamnées à une année de prison au plus;

3° Lieu de détention administrative pour les filles punies pour infraction aux règlements de la prostitution, et hôpital pour les filles de débauche qui sont en traitement de maladies vénériennes.

Le quartier des condamnées et surtout celui des prévenues sont aussi défectueux que possible. Durant le jour, les prévenues, au nombre de plus de 200, sont entassées dans deux ateliers où l'on ne peut entrer sans être presque suffoqué. Les détenues y sont littéralement serrées les unes contre les autres : le plus grand a en longueur 15^m,10, en largeur 6^m,70, en hauteur 3^m,00. Il contenait, le 20 février dernier, 140 prévenues.

Les filles prisonnières ou mises en correction sont astreintes à un travail de tricot ou de couture, sur lequel on leur abandonne la moitié de la recette. Les autres travaillent si elles le désirent et dans les mêmes conditions de salaire.

Toutes sont parquées dans des quartiers séparés, et toutes communications sont interdites entre détenues de catégories différentes. Pour les prisonnières et filles en correction, cela s'appelle *faire les cours*. Toutes les détenues couchent dans des cellules isolées. Les malades qui ont de l'argent peuvent obtenir d'habiter des chambres appelées *pistoles*.

Tout le mobilier des filles se compose d'une cuiller, d'une éponge, d'un peigne et d'un savon.

Les catégories sont distinguées par le costume, qui est bleu pour les malades et les filles peu punies, blanc pour les détenues ordinaires, marron pour les filles mises en correction ou punies pour infraction aux règlements de la prostitution : elles sont généralement chaussées de sabots.

Toutes ont droit de porter sous le costume officiel les jupons qui leur appartiennent.

Les punitions qui leur sont infligées sont : le pain sec et l'eau, la cellule et le cachot. Le régime de droit commun se compose de légumes secs, de potage, de pain et d'eau; on leur donne de la viande une fois par semaine.

Quand les filles sont guéries ou que leur temps est fini, elles sont relâchées [après une exhortation bien sentie. C'est alors que leur vie devient difficile, si elles veulent entrer dans la bonne voie ; pour leur en faciliter le moyen, différentes institutions se sont fondées, inspirées par une pensée charitable.

9.

En première ligne, viennent les maisons hospita-
lières, qui ont déjà une date fort ancienne. A côté des
sévères pénalités du moyen âge, s'ouvraient des asiles
pour ramener les filles égarées ; dès 1198, s'offrait à
elles l'abbaye Saint-Antoine-des-Champs ; en 1226, la
Maison-Dieu ; sous Charles VIII, le Refuge des Filles
de Paris et des Filles pénitentes ; en 1623, la Miséricorde pour les filles pauvres ; en 1665, madame de Mi-
ramion fonda au faubourg Saint-Antoine un asile pour
les prostituées repenties ; en 1684, la Salpétrière reçut
les filles sur la demande de leur parents réclamant leur
détention ; en 1699, les orphelines furent reçues chez les
Sœurs de la Providence, à l'Œuvre du Bon-Pasteur,
de Sainte-Valère, de Sainte-Pélagie. Les plus impor-
tantes d'aujourd'hui sont l'ouvroir de la Miséricorde et
la maison du Bon-Pasteur, où elles sont instruites,
moralisées, et, après un stage, placées dans des familles
sûres.

En 1870, le premier de ces établissements possédait
90 pensionnaires, dont 86 de 15 à 20 ans et 4 femmes
mariées. Comme résultats obtenus depuis 1852, 57 filles
sont rentrées dans leur famille, 62 ont été placées
comme domestiques et ont fini par où elles ne voulaient pas commencer ; 25 employées dans divers
établissements ; 19 mariées ; 7 sont mortes après être
revenues à une bonne conduite.

Ce sont presque de beaux résultats quand on jette
un coup d'œil sur l'état d'abrutissement auquel sont
arrivées presque toutes les filles. Il y aurait pourtant
des progrès à faire dans cette voie ; cette claustration

dans un couvent peut effrayer la fille qui passe trop brusquement de la vie libre et dissipée dans un milieu trop tranquille.

Pourquoi ne pas les placer immédiatement dans des familles honnêtes, prévenues par des personnes charitables de la rédemption possible d'une femme égarée et repentante? Il ne manquerait pas de familles pieuses, sans enfants, qui accepteraient cette mission chrétienne, et ces malheureuses filles, à la campagne, au soleil, au milieu de tout ce qui parle de Dieu et inspire des pensées élevées, pourraient plus sûrement reconquérir la santé morale et physique qui leur manque et qu'elles désirent peut-être.

Ces considérations s'appliquent avec une égale justesse aux filles sorties des maisons de tolérance, auxquelles nous allons arriver; celles-ci forment un bon tiers des prostituées réglementées par la police, qui a sur elles une action assez arbitraire.

La police considère ces maisons comme étant d'utilité publique, mais dangereuses; elle autorise leur installation malgré les réclamations des voisins, lorsque le besoin en est prouvé. Toutefois, cette autorisation ne s'accorde qu'à des femmes; si elles sont mariées, elles doivent produire l'autorisation de leur mari; la gérance leur en est personnelle et demeure essentiellement révocable.

D'après les règlements, ces maisons ne devraient pas être situées à moins de dix mètres des églises, et les filles isolées devraient se tenir à une égale distance. Malheureusement cette disposition n'est pas observée; c'est le

dernier vestige d'un sentiment de respect qui se mani-
festait dès l'antiquité pour les lieux sacrés : « Les femmes de mauvaise vie, disaient à Rome les *Douze Tables*, ne pourront ni toucher ni s'approcher de l'autel
de Janus ; si elles transgressent cette loi, elles ne peuvent réparer leur faute qu'en immolant une brebis à ce
dieu, et en tenant leurs cheveux défaits pendant le sacrifice. »

Chaque matrone est tenue, dans les 24 heures, de
faire enregistrer à la Préfecture de police (*service actif
des mœurs*) toute femme qui se présente chez elle pour
y séjourner ; elle doit de même déclarer toute pensionnaire qui la quitte.

Les femmes de maison sont visitées à domicile chaque
huit jours par des médecins spéciaux. Lorsque la patronne soupçonne l'une d'elles d'être malade, elle doit,
avant l'arrivée du médecin, la consigner dans sa chambre ; si elle ne prend pas cette mesure, elle s'expose à se
voir retirer son autorisation.

Si la maladie exige un traitement difficile, ou impossible à suivre dans l'établissement, la fille est conduite
à la Préfecture, d'où, après une seconde visite, elle est
dirigée sur Saint-Lazare.

Les fenêtres de ces maisons se tiennent rigoureuse-
ment fermées, mais un grand numéro placé au-dessus
de la porte les signale aux nécessiteux : c'est là qu'il
faut avoir le courage de pénétrer, si l'on veut se rendre
compte de l'existence des filles numérotées qui n'ont
voulu servir personne comme domestiques ou comme

ouvrières, et qui cependant servent alors à tout le monde.

A côté des *maisons à parties*, mystérieuses et clandestines, que la police découvre de temps à autre, ou plutôt qu'elle tolère jusqu'à ce qu'il s'y passe des faits trop scandaleux, il y a des maisons officielles de tolérance de toutes catégories :

La maison publique de 1ʳᵉ classe offre à l'œil un aspect flatteur : un bataillon de filles attend les visiteurs dans des salons somptueux et des boudoirs élégants; les reçoit dans des chambres capitonnées dont les lits moelleux sont enveloppés de rideaux magnifiques, dont les objets de toilette servant aux usages même les plus intimes sont en argent : indice évident de la prospérité de cette industrie. La plus grande *discrétion* y est de rigueur, et du reste scrupuleusement observée : toutes les précautions sont prises pour ne pas laisser trahir l'*incognito* des riches visiteurs; la patronne est fière de sa clientèle; sans citer aucun nom, elle vous dira avec orgueil qu'elle reçoit le meilleur monde et des gens appartenant aux corps les plus respectables. Ces hommes du *high life* s'y rendent en effet en catimini ; une voiture entre sous la voûte, la porte est fermée et le plus curieux n'y peut rien voir.

Vient ensuite la maison publique *bourgeoise*, dont le rez-de-chaussée est occupé par un café ordinaire, où les filles boivent avec les consommateurs. La seule différence, c'est que les glaces des fenêtres sont brouillées ou dépolies. Selon leur situation dans Paris, les femmes

y sont en déshabillé provocant, ou attifées avec une coquetterie non moins agaçante.

Les maisons de ce genre sont les plus nombreuses, et
c'est là surtout qu'on rencontre tous les degrés de
l'ignoble : filles et clients. Les unes, signalées par leur
bon marché, sont généralement fréquentées par les élèves
des maisons d'éducation les jours de sortie, pendant le
moindre instant de liberté laissé par les parents ou le
« pondant » ; on y rencontre aussi des étudiants.

D'autres, pour des motifs étrangers aux tarifs, sont
préférées des vieillards. Une catégorie spéciale est fré-
quentée par les guerriers de toutes armes, qui paient
demi-place, comme en omnibus.

Dans ces établissements, les femmes jouissent en général d'une grande liberté d'allures ; elles se tiennent
dans les chambres des étages supérieurs durant la matinée, bavardant, travaillant ensemble. Vers trois heures, le coiffeur arrive ; c'est seulement lorsqu'elles ont
été bichonnées par lui que ces filles, à la peau vergetée,
aussi rouge et grumeleuse que le cuir de Russie, mais
moins parfumée, et les épaules souvent couvertes de
boutons peu propres à inspirer la confiance, descendent
au salon ou dans la salle de café pour attendre la pratique.

C'est dans un établissement de cette catégorie, situé
à Belleville, que nous allons conduire le lecteur. Le
gros de la clientèle n'arrive que de onze heures à minuit ;
aussi, en venant à huit ou neuf heures, peut-on surprendre sur le vif les mœurs honteuses et écœurantes
des hétaïres qui les meublent.

Dans ceux qui sont hermétiquement fermés et qui sont moins ragoûtants encore, une fille se tient à la porte qui vous hèle au passage : *elle fait son quart* ; c'est une corvée obligatoire que chacune à tour de rôle fait pendant 15 minutes.

Lorsqu'il existe un café en bas, personne ne se montre ; après avoir franchi deux portes qui semblent s'ouvrir automatiquement, mais que la *sous-maîtresse* de planton près du premier guichet a écartées à son approche, le visiteur pénètre dans une vaste salle d'estaminet, en tout semblable à un café des boulevards : c'est le local affecté à la clientèle du quartier.

Sur le côté de cette salle commune, et séparé par une grille, se trouve un salon plus petit. Les meubles sont en bois doré, les murs sont tendus de soie, le parquet couvert de tapis ; c'est un petit *buen-retiro* réservé aux gens plus élégants qui s'aventurent quelquefois et même assez souvent dans ces bouges. Sur les bas-côtés, se trouvent quelques cabinets particuliers.

Dans ces grandes salles où chacun s'isole et se vautre dans la débauche, au milieu du tohu-bohu général où le vieillard coudoie l'adolescent, l'ouvrier la patron, le pauvre le riche, dans cette «*gamelle de l'amour*» où chacun plonge sans se préoccuper de ce qu'il pourra trouver, circulent des filles au choix.

Les unes sont affublées de robes longues à traîne ; d'autres sont en maillot, surmonté de jupes écourtées bien plus haut que les genoux ; quelques-unes sont déguisées en bébés ; dans quelques maisons le costume est uniforme, près de l'École militaire surtout ; cette

galerie de types et de costumes de toute sorte rappelle
assez les expositions des figurantes dans les cafés-concerts, mais ici c'est à huis clos et les coulisses remplacent avantageusement la salle. Toutes ces filles sont à
louer ou à vendre.

Pour passer le temps, les unes se tirent les cartes,
d'autres fument la cigarette en buvant beaucoup de
mêlé-cass (« *comme s'il en pleuvait* »); un groupe joue
à cache-cache avec un innocent bébé de 3 ou 4 ans,
qui déjà bégaie des obscénités ; le reste fait la causette
avec le garçon de café; la gérante trône au milieu de
tout cela, et avec sa vieille mère de 70 ans surveille en
ricanant ce troupeau de vierges folles.

Il y a des habitués de ces maisons comme dans les
cafés ; ils y viennent à certaines heures, certains jours.
On voit des gamins de 16 ans qui s'abrutissent des
journées entières dans ces centres malsains et y dépen-
sent l'argent qu'ils ont volé à leur famille ou carotté à
leur patron; des ouvriers n'en sortent qu'après y avoir
laissé la plus grande partie de leur paie, bue avec des
souteneurs qui disparaissent derrière des monceaux de
bouteilles. Au milieu de tout cela, un père de famille
qui dans la semaine fait des fleurs, et chaque soir vient
racler un mauvais violon et chanter des chansons gra-
veleuses et ordurières.

C'est là qu'on rencontre des clients convaincus de l'utilité et de la nécessité des établissements de tolérance, qui,
à peine arrivés, disparaissent aussitôt dans les chambres à coucher; enfin les noceurs viennent là *pour voir*,

pour épancher leur répertoire d'obscénités, se griser, et, après avoir fait *enrager les femmes*, partent comme ci-devant pour visiter une autre maison : ce sont *les flanelles*.

Autant il y a de clinquant dans les salle de café, autant les chambres des filles, rangées les unes à la file des autres comme les *box* d'une écurie, sont simples et nues, à part quelques-unes. Les murs vernis leur donnent l'aspect de salles de bains : c'est une bonne mesure pour combattre la vermine.

Voilà pour l'aspect général des établissements où vivent ces filles, qui ressemblent de tous points, moralement parlant, aux prostituées plus ou moins élégantes, que nous passerons tout à l'heure en revue. Mais quelle est leur vie intérieure ? comment y entrent-elles ? que peut leur rapporter cette existence horrible ?

Le recrutement des filles de maison se fait de deux manières différentes : ou bien la fille se présente d'elle-même comme une simple bonne et demande à la maîtresse si elle a besoin d'une femme ; elle est alors, si le besoin s'en fait sentir, acceptée à l'essai ; ou bien la matrone va à la police, au dispensaire, où elle assiste aux visites d'inspection, etc. ; l'occasion s'en présente chaque fois qu'elle doit faire rayer ou inscrire une fille ou la faire entrer à l'hôpital. Elle reste là à l'affût, et dès que son œil a découvert *une étoile*, une beauté suffisante, vite elle lui fait ses propositions :

— « Dis donc, ma chérie, veux-tu venir chez nous ? Tu verras, on y est très bien ; il y a bonne vie, bonne clientèle. » — Si la fille accepte, c'est marché conclu,

9

En entrant en condition, la fille n'a pas besoin d'a-
voir en sa possession le moindre trousseau. Comme à
la *Belle Jardinière*, elle peut arriver presque nue, car
elle trouve sur place à louer ou à acheter tout ce qu'il
lui faut. Avec son commerce, la gérante cumule les
métiers de logeuse en garni et de marchande à la toilette, métiers qui sont toujours exercés par les exploiteurs de la prostitution, et qui cherchent à gagner sur
le contenant et sur le contenu, la robe et la femme.

D'ordinaire, les conditions ne sont pas longues à débattre ; elles sont à peu près les mêmes dans tous ces établissements. La fille est logée, nourrie aux frais de la
patronne. Réglementairement, elle devrait être aussi
gratuitement vêtue et fournie de linge ; en fait, robes,
costumes, jupons, peignoirs, linge de corps, lui sont
loués à des prix élevés ; dans les maisons élégantes, le
linge est plus fin et sa location plus chère ; dans celles
d'ordre inférieur, c'est généralement 2 fr. 50 par semaine, et 1 franc par jour pour le coiffeur.

Ici, *proh pudor !* la fille a droit à changer de draps
chaque *quinze jours,* à deux serviettes par semaine, à
un jupon, à deux paires de bas, à un mouchoir. La
patronne lui fait une telle peur que jamais elle n'ose
l'avouer à la police, qui s'enquiert de ce point dans
l'intérêt de l'hygiène publique.

Tout le linge de supplément reste à ses frais ; un
peignoir se loue 1 fr. 50, une paire de draps 1 franc,
une chemise 35 centimes, un mouchoir 15 centimes,
une paire de bas 20 centimes. La fille répond des ava-

ries qui ne sont pas causées par l'usure. Les chaussures sont toujours à ses frais.

Ces malheureuses sont exploitées à un point inimaginable ; tout est pour la patronne matière imposable : la propreté, les soins du corps aussi bien que les plus élémentaires satisfactions de coquetterie ; aussi sont-elles endettées presque toujours ; entrées là pour cause de misère, elles sont obligées de passer par les mains de la matrone pour tous leurs achats ; elle leur avance les sommes nécessaires, qu'elles remboursent à *tempérament* sur les cadeaux que leur font leurs amants de passage.

C'est par les dépenses de toute espèce, qu'elles ne paient qu'à grand'peine, que « madame » retient sous sa domination celles dont la beauté attire la clientèle. Elles partent quelquefois, abandonnant tout ce qu'elles possèdent, bien qu'en invoquant la loi elles puissent le réclamer, et se présentent dans une autre maison où la même vie recommence : elles ont *fait le saut.*

Ce n'est pas toute la dépense qui leur est imposée, les amendes sont encore un moyen fructueux d'exploitation : elles pleuvent sur elles à tous propos, pour la moindre infraction à un règlement très-sévère dans ses minuties.

Les consommations qu'elles prennent en dehors des repas sont à leur charge, ou à celles des consommateurs qui ont la générosité de les offrir. La maison leur donne le déjeuner, le dîner et une légère collation entre onze heures et minuit, composée le plus souvent d'une salade et de fromage ; à part ces repas, la fille doit tout payer, non pas sur le salaire de sa honte, mais sur la faible partie qui lui en reste, et le lecteur va juger par là de tout ce qu'elle doit endurer pour y arriver.

En effet, tout client qui sort du *salon de réception* pour pénétrer dans les chambres, donne à la *sous-maîtresse* 1 franc lorsqu'elle apporte la chandelle. S'il reste toute la nuit, c'est 3 francs. S'il fait sortir la fille, c'est 5 francs. Au-dessus de ce tarif, on donne ce qu'on veut à la femme pour *ses gants* ; c'est tout ce qui lui revient et doit couvrir les frais dont nous avons parlé.

Elle peut gagner ainsi 50 centimes, 2 francs, 5 francs, en suivant la gradation précédente.

C'est ce que lui rapporte une prostitution de tous les instants du jour et de la nuit, des rapports obligatoires avec quiconque la demande, car le client s'impose à la femme qu'il choisit : elle n'a pas le droit de le refuser, si repoussant qu'il lui paraisse, à moins qu'elle ne paie de sa poche à la maison la somme dont son refus la prive.

Combien *peut-elle faire* en moyenne? Quelquefois 6 francs, « *si cela va bien.* » — « C'est avec bien de la peine qu'on peut mettre quelque chose de côté par mois », disait l'une d'elles et des moins repoussantes.

Il y a cependant des différences de prix, selon le client, car les privilégiés qui passent directement des petits salons et cabinets dans le *box* de ces dames, paient une surtaxe.

« Passons par la grande salle, disait une fille à un

de ses favoris, ça ne te coûtera que 1 franc au lieu de 2 ;
ça fera enrager *madame*. »

Tous les quinze jours, ces emprisonnées volontaires
ont droit à un jour de sortie, à un jour de liberté, où
leur corps leur appartient ; encore faut-il qu'elles laissent de quoi répondre de ce qu'elles ont sur le dos, si
elles l'ont loué. Ce jour est consacré par chaque fille à
son souteneur, qui le plus souvent est garçon de café
dans une autre maison du même genre. Il leur est défendu d'avoir un amant près d'elles, dans l'établissement, tant par la police que par la gérante ; on les empêche même d'avoir des relations dans le voisinage : la
présence de leurs souteneurs pourrait intimider ou dé-
goûter les clients.

Les jours de sortie, la fille est libre dès le matin jusqu'au lendemain vers deux heures de l'après-midi ; si
elle passe ce délai, on la fait rayer de la liste de la
maison, à la préfecture de police. Généralement, on la
surveille pendant son absence ; au bout d'un mois de disparition, la police se met à sa recherche.

Souvent une *cocotte* en goguette se cachant sous des
habits d'homme, ou même gardant son costume ordinaire, va, avec un de ses amants, faire une visite dans
ces maisons. Rarement les choses tournent mal ; la belle
comble généreusement ses collègues de fleurs et de petits cadeaux et n'oublie pas en partant de donner à ses
sœurs un baiser de paix.

Bien des *cocottes à huit ressorts* ont débuté dans la
carrière en faisant leur apprentissage dans ces sérails à
bon marché et à prix fixe ; d'autres vont s'y cacher en

10.

province, lorsqu'elles ne *font plus rien* à Paris. Presque
toutes celles qui prétendent revenir d'un long voyage
en Orient, reviennent le plus souvent du séjour moins
doré d'une maison de Lyon ou de Marseille; d'autres,
enfin, y terminent leur carrière comme gérantes, lorsque leurs petites économies leur permettent d'*acheter
un fonds*.

IV

PROSTITUTION CLANDESTINE.

Type physique de la *fille*. — Catégories selon les procédés d'action.
— Les cafés, la terrasse et l'intérieur. — Manœuvres des filles.
— L'heure de l'absinthe, descente du quartier Bréda. — L'*allu-mage*, procédés, le marché. — Les *Rouleuses* du boulevard. —
Sortie du café. — Les chaises et les bancs sur la voie publique.
— Types de *raccrocheuses*, en voiture, sur les ponts, en wagon.
— Femme à soldat. — Les bals élégants, ordinaires, ignobles,
types des femmes qui les fréquentent. — L'heure des comptes et
du coucher. — Les soupeuses. — Les cabinets particuliers :
mœurs des habitués. — Révélations. — Spectacle donné de la
débauche dans quelques maisons. — Détails. — Les *femmes de
brasserie*. — Les chanteuses de cafés concerts. — Romances *ad
hoc*, gestes et mouvements explicatifs. — Rôle insuffisant de la
censure.

Les filles insoumises, avons-nous dit, sont infiniment
plus nombreuses ; leurs mœurs sont beaucoup plus di-

verses ; toutes sont plus ou moins saines, selon qu'elles sont plus ou moins payées. On ne peut cependant regarder cet aphorisme comme un axiome, car le prix élevé n'est pas toujours une garantie. Cette actrice fort connue, et d'une location très-coûteuse, a, par les suites de son amour, compromis la voix d'un ténor choyé du public.

On compte parmi elles : la raccrocheuse ou fille de trottoir, la fille de café, la fille au théâtre, la fille à la fenêtre, la fille de magasin ou de caboulot, la fille de souper ; puis, la petite maîtresse, la fille du bois, la femme chic, la femme entretenue, la concubine, etc.

Nous les passerons successivement en revue. C'est à ces différents échelons que les vieux garçons trouvent : la grue, la punaise, la catin, la marmite, la gadoue ; le militaire : la paillasse, la houri et la moker, s'il a fait la campagne d'Afrique ; le crevé : la cocotte, la biche, la crevette, la lorette, la gommeuse; le poëte : l'hétaïre, l'almée, la fille de marbre, l'impure, la pieuvre, la fille de joie ; Michelet : la fille de tristesse ; les femmes du monde : ces créatures, ces singesses ; les mères de famille : des vilaines femmes ; les curés : des égarées, l'esprit du démon, les pécheresses ; les vieillards : une belle, un loulou ; l'innocent : un rêve, un ange, une maîtresse ; la marchande à la toilette : une belle enfant, une belle fille, un bijou ; le voyou : une saucisse, une vadrouilleuse, une gaupe, une gousse ; le souteneur : une éponge, un asticot, une taupe ; le forçat : une largue ; le médecin : un sujet ; la police : un numéro ; tous une machine à plaisir.

Tout le monde connaît les trente grains de beauté qui constituent la femme parfaite, et qui sont :

3 choses blanches : la peau, les dents, les mains ;
3 noires : les yeux, les sourcils, les cils ;
3 rouges : les lèvres, les joues, les ongles ;
3 longues : le corps, les cheveux, les mains ;
3 courtes : les dents, les oreilles, les pieds ;
3 larges : la poitrine, le front, l'entre-sourcils ;
3 étroites : la bouche, la ceinture, le bas de la taille ;
3 grosses : le bras, la cuisse, le mollet ;
3 déliées : les doigts, les cheveux, les lèvres ;
3 petites : la tête, le menton, le nez.

Mais les charmantes créatures qui gagnent actuellement leur vie à Paris, et qui quelquefois deviennent riches, non parce qu'elles sont spirituelles, mais bien parce que les hommes ne le sont pas, sont loin d'avoir, même quelques-unes de ces qualités ; elles en ont plutôt le contraire, fatiguées et flétries qu'elles sont par le vice et la débauche.

Aujourd'hui, du reste, les qualités de la femme sont modifiées, car le postiche remplace la plastique, le faux, le vrai, et la femme du jour, même celle qui a le plus de succès, possède en général, grâce aux talents de ses fournisseurs, les trente nouvelles qualités suivantes :

Elle a toujours trois choses blanches, grâce au blanc de perles et aux râteliers : la peau, les dents, les mains ;
3 noires : l'âme, le tour des yeux, les ongles ;

3 rouges, grâce au progrès de la cosmétique : les lèvres, les joues, les cheveux ;

   3 longues : les talons, la poitrine, les jupes ;

   3 courtes : la taille, les cheveux, l'amour ;

   3 larges : la cheville, la bouche, le partage ;

   3 étroites : les gants, les bottines, le corset ;

   3 grosses : les mains, les pieds, le chignon ;

   3 déliées : la langue, les mouvements, les vêtements

   3 petites : les économies, les yeux, les doigts.

La plupart des filles d'aujourd'hui, qu'elles se traînent dans la rue ou qu'elles se fassent traîner en huit-
ressorts, se recrutent le plus souvent dans les basses
classes ; aussi possèdent-elles ce qui s'appelle des extrémités canailles, et, sauf quelques rares exceptions
qui offrent des types distingués, on ne leur trouve
guère que des formes grossières, mal assemblées, des
nez épatés ou relevés ; ce qui les trahit, surtout chez
les prostituées banales, ce sont leurs ongles déformés
par les occupations vulgaires qu'elles ont exercées avant
de mener leur vie élégante, telles que celles des cuisi-
nières, relaveuses de vaisselle, balayeuses des rues,
chiffonnières, etc.

« Grâce à tous leurs soins, elles arrivent à grand'peine
à avoir cette main dite de la Chaussée-d'Antin, potelée,
à doigts lisses, plats et volumineux, gonflés à la base
de la troisième phalange, le siége des plaisirs terrestres ;
cette main paresseuse, câline, voluptueuse, charnue et
charnelle, à fossettes bien accentuées, laiteuse, un peu
molle, tiède, la racine du pouce du côté de la paume,

mont de Vénus, très-développée. C'est une main de plaisir, cocotte ou cocodette, qui vous dit des tendresses que les livres ne diraient pas. »

C'est pour ces beautés, d'occasion comme la toilette qu'elles portent, que se font à Paris les plus folles dépenses. Les pauvres mères de famille se demandent souvent quels sont ces fous qui ne trouvent rien d'assez cher dans les magasins? C'est pour l'offrir à l'une de ces femmes, pour se faire caresser par leurs mains qui promettent le paradis, jusqu'au moment où elles auront épuisé les dernières ressources de sa *profonde*.

Mais il faut presque excuser ces femmes de leurs insatiables désirs! Quoique adulées, cajolées, respectées même en apparence au moment de la passion, habituées aux serments les plus éternels, elles savent le peu de cas que l'on fait d'elles, le triste rôle qu'elles jouent comme machines à plaisir, et, la haine au cœur, elles se vengent par les prodigalités insensées qu'elles exigent, et les ruines qu'elles amassent sans en tirer aucun profit durable : les fortunes détruites sont leurs chevrons.

Essayons de caractériser, tour à tour, les bataillons nombreux de cette armée redoutable, en les suivant dans chacun de ses repaires.

Presque tous les cafés sont si mal fréquentés, aujourd'hui, qu'une personne qui se respecte ne peut y entrer. La terrasse, qui, l'été, encombre la moitié des boulevards, est surtout le rendez-vous de la crapule élégante, le centre d'exploitation de la débauche : ce n'est plus, en un mot, que le marché à la criée des *mangeuses d'hommes*.

Là, sur quatre ou cinq rangs, les crevés, les chevaliers d'industrie, tous les hommes à femmes, les oisifs, etc., examinent comme des maquignons toutes les femmes qui défilent; les croyant déjà toutes indistinctement en leur possession pour un prix quelconque, ils lancent tout haut des obscénités sur leur compte, les estiment et les cotent selon leur allure, selon qu'elles semblent avoir plus ou moins de race ou de branche.

Ces juges, vieillis dans la connaissance des dépravations parisiennes, également corrompus et corrupteurs, tous voués à des passions ou plutôt à des appétits sans frein, habitués à tout supposer, à tout deviner, calomnient tous ceux qui passent, cherchent à lire sur leurs visages les taches qui souillent leur vie, et bavent sur tout le monde. C'est à la terrasse des cafés, qui tous les jours grandit comme un chancre rongeur, que naissent les réputations injustes et odieuses qui pèsent sur certaines personnes : la calomnie ou l'obscénité, c'est le seul sujet de conversation qui y ait cours.

Tous ces oisifs dangereux, *décavés* ou *vannés*, qui sacrifient jusqu'à leur dernier sou pour s'afficher à la porte d'un café, irrités de voir passer des voitures où ils ne montent pas, méprisant toutes les femmes dont ils ne connaissent que les plus viles, les confondent toutes avec les filles crapuleuses du boulevard, et en parlent comme de vrais souteneurs.

Il y a aujourd'hui si peu de différence physique ou morale entre un fils de la famille la plus distinguée, le garçon que la misère étreint ou le souteneur, qu'on ne peut guère les distinguer; les relations faciles que la vie de café provoque entre les consommateurs achèvent la confusion; tous ont le même langage, la même tenue.

Leur plus grande occupation est de voir défiler les femmes vulgaires qui infectent les boulevards, ces malheureuses qui, couvertes de soie, font le même trajet toute la soirée d'un point à un autre, par la pluie, le beau temps, le froid, la chaleur, frôlant les passants, sondant du regard les cafés et recevant avec un calme imperturbable et même le sourire aux lèvres toutes les ignominies qu'on leur lance; leur va-et-vient ne cesse pas, leur courage ne faiblit jamais, et vous les retrouverez, si les *hommes ne donnent pas*, arpentant le terrain à une et même à deux heures du matin, jusqu'à ce que la fortune leur ait souri, à moins que la police ne les *cueille* au moment où elles disent tendrement à un passant : — « Bonsoir, mon chéri, etc. » — Le reste ne peut se transcrire : c'est la nomenclature des formes que prend leur dévouement.

Le jour commence à faiblir, pour faire place à « l'obscure clarté; » l'heure de l'absinthe indique aux petites dames celle du travail. Le quartier Bréda se met en révolution, et tous les oiseaux de nuit sortent de leurs repaires pour inonder les lieux publics de la capitale, comme une pluie de sauterelles.

L'armée des *dévoreuses*, en grande toilette de combat, avec une désinvolture qui prouve qu'on ne porte pas de conscrits sur les contrôles de leur bataillon, descend de ses hauteurs, comme le peuple de Belleville les jours d'émeute.

C'est l'instant décisif : il lui faut mettre en jeu toute son artillerie de sourires, de regards, d'effets de jambes, de toutes autres sortes ; il s'agit de dîner et de ramasser sans se baisser, au milieu de cette foule d'hommes, le *monarque* nécessaire pour satisfaire à cette habitude presque quotidienne ; ce qui faisait dire à Gavarni, contemplant ce troupeau femelle : — « Dire que tout cela dîne !... C'est ça qui donne une crâne idée de l'homme ! »

Les filles n'ont pas toujours sali les lieux publics de leur présence : longtemps elles furent parquées dans deux quartiers : le Glatigny, en pleine cité, et le Ileneleu, sur la rive droite, du côté de la rue Saint-Denis ; elles n'avaient pas alors le droit de libre circulation. Tout le monde regrette aujourd'hui les anciennes galeries de bois du Palais-Royal où étaient consignées ces brebis egarées et souvent galeuses ! Ces galeries eussent été mieux nommées les galeries du Commerce, car tout s'y vendait, les marchandises et les marchandes, le tout à prix débattu.

Aujourd'hui, les filles publiques ont mis en pratique le principe de décentralisation : elles vont partout où l'on se promène, inondent les cafés, les théâtres, et la partie la plus brillante de Paris est interdite, le soir surtout, aux familles.

Les femmes ont, pour faire leur métier ignoble, besoin d'une toilette excentrique et voyante, comme les charlatans pour vendre leurs drogues. Que feraient-elles sans cela? Mais, comme les oiseaux de nuit, elles aiment peu à sortir le jour et à braver les rayons du soleil, car la lumière leur est défavorable. Leurs cheveux rouges, leurs toilettes, presque toujours défraîchies, leur maquillage sont trop vus; la vive clarté les gêne et les rend presque honteuses. Serait-ce un reste de pudeur et ne rougiraient-elles pas un peu, sous leur masque de plâtre, des lazzis qu'on leur lance, des regards luxurieux et insolents qui les enveloppent? Car le Parisien se trompe rarement sur leur condition, il est même enclin à confondre toutes les femmes avec elles; mais elles ont en plus, dans leur ensemble, un je ne sais quoi qui trahit leur sale métier, comme les grands numéros indiquent la destination de certains établissements.

En plein jour, leur jeu n'est pas aussi libre; elles acceptent moins facilement la honte de leurs provocations, et sont moins sûres d'elles-mêmes; leur travail, enfin, est nocturne.

Mais si dans l'ombre tout ce qui brille n'est pas d'or, tout y est plus vague, plus dissimulé; les tons du visage s'adoucissent et se fondent comme ceux d'une grossière ébauche; on n'entend plus que le frou-frou des robes de soie, sans en voir les taches.

La biche du bois, en voiture, ou la fille qui pose à la femme honnête font seules, pour ainsi dire, exception à cette règle.

C'est donc à l'heure discrète où le soleil se couche que les belles de nuit se réveillent pour venir s'abattre en nombreux bataillons sur les lieux de rendez-vous, comme

les corbeaux sur les champs de bataille, car les uns et
les autres se nourrissent de corruption : leur journée
commence quand celle des autres finit.

Toutes ces créatures qui s'émancipent à leur aise,
et que chacun peut s'offrir, présentent une infinité
de nuances dans leurs types et leurs procédés de racolage : le promeneur, jeune ou vieux, est une proie, et
s'il échappe à l'une d'elles, c'est pour trébucher dans le
piége de l'autre.

Ces *rouleuses* se promènent tantôt seules, tantôt à
deux, souvent en nombreuse compagnie, riant, braillant,
se poussant comme une bande d'ivrognes sur les passants, faisant des rassemblements partout où elles s'arrêtent. L'une se détache pour courir après un homme,
l'autre s'arrête pour en attendre un second, et cette sorte
de petite armée de francs-tireurs, avec ses éclaireurs en
avant, ses tirailleurs en arrière, parcourt toute la soirée
le boulevard, rabattant dans ses filets tous ceux qui lui
paraissent *une bonne offaire*.

Ça sent l'ail ou le musc, ça s'offre indifféremment au
voyou riche pour un jour comme au gandin décavé ou
gris, et au vieux qui n'a plus qu'un souffle de vie.

Cette gaieté grossière fait *baver* (railler) l'ouvrière ou
la fille déguenillée et prostituée du faubourg, qui suinte
la misère, et ne sait elle-même ce qui l'a poussée à
s'égarer sur le boulevard ruisselant de lumière, où sa
crasse jure à côté du clinquant de la toilette des filles de
joie qu'elle jalouse.

Rien n'est singulier comme la patience et la ténacité déployées par une de ces beautés du boulevard

pour *faire ou lever* un homme; nous pourrions même dire le tact, dans certains cas.

L'industrieuse hétaïre qui flaire un homme sérieux commence à le suivre et trahit sa présence en raclant le sol avec son jupon empesé, en faisant entendre le frou-frou de sa toilette; le coudoie en passant, prend les devants et s'arrête comme un cheval qui se dérobe, de façon à embarrasser sa route. Forcé de se détourner, *l'homme à faire* la regarde nécessairement; c'est alors que, par un signe rapide, elle lui fait comprendre en souriant le genre de bonheur dont elle fait sa spécialité, puis, sans attendre de réponse, disparaît et se dissimule derrière un kiosque soit pour laisser au *daim* le temps de réfléchir et de peser sa bourse, soit pour l'intriguer par son brusque départ.

Le boulevardier qui a déjà *été refait*, qui connaît la faiblesse de la chair, ou à qui *cela ne dit pas*, est déjà content; mais il a compté sans son hôte : la femme ne le lâche pas comme cela, et il la voit bientôt reparaître, plus acharnée que jamais.

Si l'offre n'est pas suffisante, notre infatigable chasseresse *vous le lâche* avec autant d'entrain qu'elle avait mis de patience à le poursuivre; et, reprenant son pèlerinage, traverse à dessein les groupes de flâneurs, rase la terrasse des cafés, pince et bouscule les garçons, fait des grimaces ou tire la langue aux consommateurs, qui ripostent par une obscénité à un geste immonde, au grand ébahissement des familles qui rougissent d'une pareille effronterie si ce sont des provinciaux, qui en rient si ce sont des Parisiens.

11.

A côté de ces *ribaudes folieuses*, se trouve la femme posée, la *femme monument*, qui marche à pas lents et s'avance consciencieusement, ne perdant pas du regard un *mètre* carré du boulevard. Celle-ci *connaît bien la place*; elle a sa clientèle et sait la trouver sans causer de scandale.

Vient ensuite la petite femme alerte qui passe rapidement; cela intrigue le passant, qui rêve immédiatement avoir affaire à une fillette faisant une course pour sa maman : « Eh bien ! charmante enfant, lui dit-il en emboîtant le pas derrière elle, où courez-vous si vite? » Pas de réponse. La poursuite continue, folle, vertigineuse, jusqu'à ce que l'innocente créature s'arrête comme essoufflée devant la devanture d'un bijoutier ou d'un magasin de nouveautés. C'est son *truc*. Là, si le séducteur refait ne décampe pas, le prix de la charmante enfant se débat.

Une autre, pour se donner un maintien, porte d'un air affairé un rouleau de musique : elle le *fait à l'artiste*; ou bien elle tient à la main un petit sac, vide le plus souvent, mais où se trouvent quelquefois un peigne et une chemise de nuit pliée dans une serviette... c'est un en-cas.

A côté se trouvent deux amies, *la paire* ; elles posent pour des étrangères, se traitent de madame, de vicomtesse ou de baronne, et baragouinent mystérieusement une sorte d'argot qui a la prétention de ressembler à de l'anglais. Il faut avouer qu'il y a des filles réellement polyglottes, qui parlent l'anglais, l'allemand, l'italien; aussi spécialisent-elles le levage de l'étranger, qui, séduit

par la rencontre d'une fille qui le comprendra, traitera
avec elle plus facilement et plus généreusement.

N'oublions pas la femme qui traîne au bout d'une
longue ficelle un pauvre petit chien qui peut à peine
marcher, et qui, malade de l'eau-de-vie qu'on lui a fait
avaler sous prétexte de l'empêcher de grandir, ou simplement par cruauté, pour *rigoler*, s'entortille en criant
autour des jambes du passant, pris ainsi dans une sorte
de lacet.

Citons enfin les filles mères qui traînent par la main
un malheureux bébé, fruit de leur prostitution, et qui,
habillé comme une poupée, fait avec sa mère et aussi
longtemps qu'elle des avances aux beaux messieurs
qu'elle lui indique en leur disant : — « Dis-donc, toi,
monsieur, t'est-ce te tu payes? » — Aussi sont-ils pré-
coces, ces enfants de l'amour! Les annales judiciaires,
pour n'en donner qu'un exemple, citent celui d'une enfant, âgée de quatre ans et demi, arrêtée pour provocation
à la débauche, et qui voulait, disait-elle, tuer sa mère
pour avoir de beaux habits et plaire aux hommes!

Ce tableau rapide ne serait pas complet si l'on n'y
casait les quelques négresses aux dents blanches qui
s'offrent aux petits blancs aux dents noires, et les filles
qui, dotées par la nature d'une imperfection physique,
ou d'une conformation particulière, trouvent là encore,
à défaut d'une béauté réelle ou de carton, à se prostituer !

Le boulevard n'est pas sur tout son parcours aussi
éclairé ; on y trouve des endroits obscurs, et, pour n'en
citer qu'un, nous parlerons de la partie du trottoir com-

prise entre la rue Basse-du-Rempart et le boulevard de la Madeleine.

Là on rencontre, comme dans tous les repaires du même genre, un essaim de filles qui, de huit heures du soir jusqu'à une heure très-avancée, barrent positivement le passage, s'attachent à vous comme de la glu, et vous poursuivent pendant 80 ou 100 mètres. Les autres raccrochent, il est vrai, mais n'insistent pas, ou du moins ne s'acharnent pas après leur proie avec l'âpreté de ces *vadrouilleuses* dégoûtantes.

Ce qui prouve à quel point ces filles en cheveux se trouvent chez elles sur le trottoir, c'est ce qu'elles répondent quand on leur fait une observation sur leur insupportable ténacité : — « *Si vous ne voulez pas être ennuyé, ne passez pas sur notre trottoir !* » (Historique.)

Il y a là, comme en bien d'autres endroits, un fort coup de balai à donner. Si la prostitution ne peut pas être détruite, il faut lui interdire d'envahir la voie publique pour *imposer* ses moyens de provocation.

Les filles encombrent aussi les lieux publics, les cafés, et, sauf de rares établissements qui refusent de les recevoir seules, on les voit installées partout ailleurs ; on pourrait citer bien des cafés où leur bataillon s'élève au chiffre de quatre-vingts à quatre-vingt-dix femmes !

Quittons un instant les ordures du trottoir pour entrer dans les établissements qu'elles fréquentent.

Rien n'est plus curieux ni plus ignoble que l'intérieur d'un *café à femmes*, non pas seulement les bouibouis qui se dissimulent dans les rues honteuses, mais encore ceux qui s'étalent sur le boulevard. Tous les genres de prostitution y sont représentés, tous les âges, toutes les fortunes, tous les rangs de la société, voire même les *nouvelles couches sociales*.

Au fond du café, bien installé dans *son coin*, se prélasse le vieil habitué, qui salue de la main toutes ses petites amies au fur et à mesure qu'elles arrivent. Son bonheur est de jouer avec elles une partie de dominos et de se laisser carotter une consommation, de donner son avis sur les nouvelles recrues, de s'informer du cours de la bourse de Cythère. Son rôle s'arrête là, presque toujours, à moins qu'une belle fois, l'occasion, l'herbe tendre...... mais le cas est rare : il n'ose pas trop *dérailler*, le docteur lui a recommandé la plus grande réserve sur cet article. — « Merci, mon vieux, tu sais que je t'aime toujours », lui dit sa partenaire en le quittant.

A côté, toujours au fond du café, un groupe bruyant: un joli garçon au milieu de plusieurs femmes, plein d'entrain, mis avec une élégance de mauvais goût, couvert du chapeau mou classique; il est là dans son élément comme le...... *poisson* dans l'eau. Il parle toujours de casser les reins à quelqu'un, boit beaucoup, fume plus encore, et, sur un signe convenu, file modestement, mais sans payer ses consommations : ces dames ou plutôt celui qui le remplace y pourvoira. — « Adieu Alphonse, viens me chercher à la fermeture du café. Tu sais, il y a de la *rousse* ce soir; je tâcherai de faire *mon affaire* avant la fermeture pour être seule. »

Voilà pour le troisième plan.

Au second, l'aspect change : ce n'est plus le M....on-

sieur de tout à l'heure, hableur, vantard ; c'est un petit
jeune homme à l'air timide, embarrassé, et qui, la main
sur son goussel, qu'il tâte et soupèse, voit avec inquiétude le nombre des consommations s'augmenter. Autant
l'autre semblait avoir d'autorité sur ses amies, autant ce
pauvret semble mené par les siennes : cajolé quand
rien ne va, oublié si les affaires reprennent, il passe sa
soirée dans une alternative d'enthousiasme ou de tristesse, sans oser se plaindre.

— « Eh bien, mon bébé, lui dit l'une d'elles, voici dix
heures, ta famille t'attend : viens demain à une heure,
mon tyran n'y sera pas. » Puis elle lui envoie d'une
main un baiser plein de promesses, tandis que de l'autre
elle reçoit un billet doux que lui glisse le garçon, ou
fait signe que *oui* à un ami sérieux, qui fait le *poireau*
devant la porte du café, ou se dissimule derrière un
kiosque, en lui indiquant comme à un chien qu'il a besoin... de lui parler.

Un autre type, c'est ce monsieur qui fait en règle l'assaut d'une de ces filles : Qu'est-il? on ne le sait ; a-t-il
bon cœur avec les femmes ? mystère ; mais il a du beau
linge, il est bien ganté, bien chaussé. Toujours exact,
il vient tous les soirs, depuis huit jours, à la même
heure, s'offre aux regards de trois quarts, du côté le plus
avantageux, se munit de journaux illustrés qu'il saura
se faire demander. Il a près de lui, comme par hasard,
un petit banc toujours prêt à offrir à sa voisine ; il fait
signe au garçon que c'est lui qui règle les consommations, et approuve d'un signe de tête tout ce que dit ou
fait celle qu'il veut subjuguer. De si nobles procédés

facilitent la liaison et préparent le cœur de la femme.
— « Me permettrez-vous un jour, madame, de vous
prouver mon amour? puis-je espérer?» — «Mais, peut-
être, répond la belle, qui *le fait* alors *à la femme du
monde*, avec le temps; cela coûte tant, à une femme
qui se respecte, de faire de nouvelles connaisssance. »

« Tu sais, ma fille, dit en entrant le vrai Parisien, le
roublard, ne fais pas ta tête, les affaires ne vont pas, il
faut être *bonne fille.* Voilà ce que je puis faire pour toi,
si cela te botte, arrive ! Garçon ! payez-vous et faites
avancer une voiture. »

Quelquefois un *frère et ami*, posséd nt déjà un plu-
met bien senti, s'égare dans un de ces cafés. Hésitant
d'abord, mais décidé un jour de noce à faire *son bourgeois*, il prend son courage à deux mains, entre en
titubant et demande d'un air embarrassé un verre de
vin. Rire général et quolibets de ces dames : Quelle
touche ! Quel marron sculpté, etc. — « Nous n'en
débitons pas, répond le garçon avec dignité, allez au
coin chez le marchand de vin. » — « De quoi ! répond
notre homme vexé, est-ce parce que j'ai une blouse ?
Mais j'ai de quoi ! fiston, à preuve que je paye d'avance
une tournée à toute *cette marée* ! » — « C'est-y grossier,
ces *nouvelles couches sociales* ! dit une fille en s'écartant, comment peut-il y avoir des femmes qui *aillent*
avec ça ! »

Si c'est un étranger qui entre, une de ces têtes de
pipes comme il y en a tant sur le boulevard, le malheureux ne voit pas le vide se faire autour de lui. Loin de
là, car il devient la proie des filles : appelé par-ci, tiré

par-là, l'objet de tous les quolibets, le pauvre berné, qui
ne comprend pas un traître mot de français, ne voit dans
cet accueil qu'un échantillon de la gaieté française et
s'efforce de rire aussi comme une bête, tout en *rafraî-
chissant la dalle* au banc et à l'arrière-banc de celles
qu'il vient d'amuser.

La bête noire des filles, c'est l'agent des mœurs ; elles
en voient partout. Entre-t-il un consommateur à la tenue
médiocre mais rigide, à l'œil fixe et perçant, à la
moustache épaisse, les femmes deviennent inquiètes,
comme les brebis qui sentent le loup. — « Vois donc
ce pékin, ma chère, comme il nous regarde ! ça doit
en être un d'agent; ma foi, je décampe, j'ai pas envie
de me faire emballer : *je me débine* ! »

Le reste de la salle et le premier plan de la terrasse
sont émaillés d'une quantité de filles qui attendent la
fortune du hasard (*l'hasard est si grand* !) ou qui sont
arrivées les premières au rendez-vous. La plupart sont
si laides, et même si repoussantes, qu'on se demande ce
qu'elles peuvent bien espérer, quel est le besoigneux
ou le déshérité qui se commettra avec elles ! Elles
comptent sur un novice ou un pochard quelconque, et
elles trouvent !

En attendant, l'une fait sa correspondance, et souvent fait semblant d'écrire ; l'autre lit un journal ; une
troisième fait des signes télégraphiques aux passants.

Le reste forme des groupes. Tout cela jacasse,
gouaille, raconte sans vergogne ses aventures, ses mé-
comptes, ses stages à Saint-Lazare, hue le floueur qui
passe, critique les toilettes qui entrent ou qui sor-

tent, fait des niches à ses voisines, verse le fond des
verres sur les chaises, sur les robes, ne se gêne même
pas pour les couper, enfin crache, boit et fume beaucoup.

D'autres, tous les quarts d'heure, vont au fond du
café, bousculant tout, donnant un coup de coude par-
ci, un baiser par-là, pinçant celui-ci, caressant celui-là,
se mettre sur la figure une couche épaisse de poudre de
riz ou recoller une mouche, et font au retour un petit
brin de conversation avec la dame de comptoir ; puis
un tour dans la salle pour chercher qui se *fendra* des
consommations, car beaucoup d'entre elles n'ont pas
de quoi les payer. Si les consommateurs s'y refusent,
le garçon est là qui fait crédit à ses clientes ou paye
pour elles. Les faveurs d'une nuit, un jour de chômage,
seront sa récompense en même temps que son remboursement.

A côté de ce groupe bruyant de *galvaudeuses*, s'en
forme un plus sérieux, tout aux affaires, et qui parle
pour la galerie : on y entend parler (pour mémoire)
d'hommes à cinq louis et plus, de soupers sardanapa-
lesques, de mobiliers de palissandre, de voitures : ces
dames ne doutent de rien !

L'indigène nouvellement débarqué à Paris est effrayé
de tant de luxe ; le *gommeux* ne trouve jamais rien de
trop cher ; mais le viveur sourit dans son coin, car
l'heure de la réalité va sonner, il faut manger demain
et donner un à-compte au propriétaire du garni ; en un
mot, il est minuit et demi :

— « Allons, mesdames ! crient les garçons, il faut

12

s'en aller et *démarrer* d'ici. » Et en guise d'avertisse-
ment, la moitié des becs de gaz s'éteignent à l'approche
des agents qui font leur tournée.

Alors commence le tohu-bohu général, et se met en
mouvement, pour battre en retraite, ce troupeau de filles
irritées de leur insuccès, à moitié ivres, braillant, s'in-
sultant, se disputant et s'arrachant les consommateurs
ou les passants attardés ; alors apparaît dans toute sa
hideur la misère des filles publiques ; il se passe des
choses qui donnent une image des émeutes populaires.

A part celles, bien rares, qui ont quelque argent, ou
qui, par principe commercial, préfèrent rentrer seules
au lieu de se vendre un prix inférieur à leur cote habituelle, les autres, celles qui *gâtent le métier*, se liqui-
dent à tous prix ; car il est une chose bien caractéristique : la fille se vend à différents taux suivant l'heure
plus ou moins avancée et accepte à minuit ce qu'elle a
dédaigné à neuf heures.

Aussi à minuit, une heure ou deux heures même du
matin, la femme, si altière tout à l'heure, abaisse le
chiffre de ses prétentions ; de cinq louis elle tombe à
trois, à deux, à un ; d'autres, celles *en dèche* qui ont
faim, se contentent d'une choucroute garnie ; celles qui
n'ont pas de domicile, et il y en a, acceptent l'hospitalité écossaise ; celles enfin qui étrennent une toilette
susceptible, ne refusent pas, s'il pleut, de se livrer pour
le prix d'une course en voiture !

A une heure, ce troupeau compacte de filles est pour
ainsi dire chassé du café ; celles qui ne sont pas seules,
qui *ont chargé*, comme elles disent à l'instar des co-

chers, regardent en passant d'un air de mépris les malheureuses qui sont restées dans la *salle d'attente à
reconnaître leurs vieux bagages,* c'est à-dire celles qui
n'ont pu découvrir un cavalier quelconque.

Lorsque le dernier bec de gaz est enfin éteint dans le
café, commence un autre spectacle plus écœurant encore : ce flot de prostituées est attendu par une foule
de ces parasites qui vivent de leur honte ; c'est un souteneur, c'est une mère confidente, un frère souvent,
qui viennent chercher une maîtresse, une fille, une
sœur, si la chance ne les a pas favorisées.

C'est le moment que choisit la police pour faire ce
qu'on appelle vulgairement les *rafles* dont nous avons
déjà parlé, certaine qu'elle est de *cueillir* dans ce
monde interlope des pensionnaires pour Saint-Lazare
et des habitués de la police correctionnelle.

Cette population nocturne s'écoule lentement, et se
disperse dans les galetas et les garnis des environs,
tandis qu'une partie plus privilégiée va poursuivre sa
soirée dans un des caboulots qui peuvent rester ouverts
jusqu'à une heure trois quarts, et que les heureuses
font leur entrée dans un restaurant à la mode pour
souper. Nous les retrouverons tout à l'heure.

Les chaises et les bancs qui sont installés tout le
long des boulevards, ne sont qu'une concurrence des
cafés ; à côté des familles d'ouvriers qui le soir re-
gagnent péniblement leurs taudis en se reposant de
temps en temps, on trouve de vieilles mégères qui
s'assoient sur les bancs en face de la fournaise d'un
café, soit pour contrôler le travail de leurs filles qui

consomment à l'intérieur avec des *messieurs comme il faut*, soit pour s'amuser à insulter les filles qui passent en poursuivant leur carrière, ou à dénigrer leurs toilettes.

On y voit aussi de jeunes ouvrières en rupture de ban, qui guettent leur amant au passage, ou qui attendent l'occasion de se lancer à leur tour dans la circulation.

Souvent à ces deux catégories se mêlent quelques filles honteuses auxquelles leurs toilettes ou leurs bourses ne permettent pas d'entrer dans un café.

Enfin, des pères ou des mères à la recherche d'une fille qui a disparu sans donner de ses nouvelles, et que, par instinct, ils pensent retrouver dans le flot toujours croissant de la prostitution, après avoir vainement passé et repassé à la Morgue.

Ce sont souvent aussi des créanciers qui font la chasse à une débitrice qui a *fait le saut* sans les payer (et ils ne sont pas à plaindre), des familles entières d'étrangers qui s'amusent du singulier coup-d'œil que leur offre la perspective d'un café et l'étude de la cascade parisienne.

Mais les chaises sont spécialement accaparées par les *filles de rue* qui affichent leur sale métier et qui stationnent sur le bord du trottoir, comme les fiacres.

Les phrynés de tous ordres, qui pullulent à Paris, s'émancipent tout à leur aise au gré des exigences de leur honteuse industrie; elles se pavanent là, avachies sur des chaises, comme sur les stalles ou dans le foyer des théâtres, dont elles semblent avoir fait la conquête.

Toutes ces *catins* de bas étage pataugent cyniquement dans le ruisseau qui semble les attirer, encombrent et obstruent la voie publique, où, comme des araignées, elles tendent leurs filets, pour y saisir leur proie.

Ce sont le plus souvent de vieilles prostituées, des *marmites*, trop détériorées par l'âge et la débauche pour se montrer à la lumière, et qui tournent le dos aux promeneurs, ne leur offrant que la perspective de leurs faux chignons et de leurs larges épaules : c'est un véritable étalage de rossignols.

C'est bien, en effet, dans cette catégorie, qu'on rencontre une collection fort complète de femmes puissantes et rablées ; l'âge et la vie en plein air ont développé et bouffi leur taille. Cette vieille garde que l'heure la plus avancée ne fait pas reculer, et qui se rappelle le mot de Cambronne, a la face large, les assises solides, les épaules épaisses et hautes, la lèvre large et pendante ; elle semble tenir de la race percheronne, à l'encolure puissante, aux reins doublés et rebondis.

Tout ce monde a ses habitudes, ses manies ; chacune de ces *mères à tous*, comme les appellent leurs jeunes rivales, prend, après avoir méthodiquement et le plus largement possible dîné dans un restaurant à prix fixe, la place de la veille, et s'appuie contre le même arbre, près de la devanture d'un café, ou d'un kiosque de journaux, dont la propriétaire, *une ancienne*, fait la causette avec elle.

A certains points du boulevard, se forment des cercles où se discutent les affaires de la corporation, où

12.

l'on potine sur la beauté et la chance des nouvelles
filles, sur les cours actuels, le tout émaillé d'anecdotes
piquantes sur les clients de la veille ou ceux qui passent,
et que l'on classe alors dans les bons ou les mauvais.

Au milieu de ce grouillement, se prélassent quelques vieux céladons, des amis d'autrefois, et ce cabinet
des antiques passe en revue le bon vieux temps, la supériorité de la noce d'alors sur celle d'aujourd'hui.

Ces filles, dont certaines ont souvent cinquante ans
et même plus, sont des spécialistes qui s'adressent surtout aux *vieux*. Elles campent sur le boulevard, de
préférence à partir de la rue Drouot, de la petite
bourse jusqu'au marché aux fleurs de la Madeleine,
enfin aux Champs-Elysées et autres lieux obscurs.

Si la plupart d'entre elles vivent encore au jour le
jour, malgré leur âge avancé, quelques-unes ont un
petit avoir augmenté du casuel, et partagent le tout
avec un jeune chéri qui les *rentre* si aucun client ne
s'est présenté.

D'autres enfin servent d'*Indicateurs* à la police des
mœurs, signalent les filles malades, celles qui ont des
souteneurs et le nom de ces derniers, celles qui font des
dépenses subites et insensées, enfin des détails sur
leurs amants et entreteneurs ; cela leur vaut une petite
subvention et l'indulgence des agents.

On ne peut prévoir où s'arrêteront les progrès de la
prostitution : on ne peut plus faire un pas sur le plus
riche boulevard de Paris sans être accosté par des
bandes de filles publiques, qui, non-seulement vous

parlent, mais vont même jusqu'à s'accrocher à vos vêtements pour vous décider à les suivre.

Eh bien, ce n'est pas tout encore.

Non contentes de tâcher de débaucher les enfants,
les hommes mûrs et d'achever les vieillards, ces immondes prostituées détournent les filles mineures :

Dernièrement, un sieur X..., boutiquier, venait se
plaindre à la police de la disparition de sa fille âgée de
quinze ans ; recherches faites, l'enfant a été retrouvée
chez une fille Coquet, rue Molière, qui la livrait à la
débauche à son profit !

Mais revenons à la population féminine qui couvre
l'asphalte.

Cette traînée de filles vieilles ou jeunes, toutes *déca-
ties* ou entamées par l'usure, comme des fruits par la
pourriture, cherche à racoler par tous les moyens
possibles et impossibles, donnant des coups d'éventail
et de parapluie, même des crocs-en-jambes aux passants,
tirant les pans de leurs habits, faisant des appels directs en jetant des cris éclatants ou enroués pour se
faire remarquer.

Les unes posent pour le pied, et relèvent leur jupes
le plus haut possible ; d'autres pour la main, et agitent
perpétuellement un large éventail qui dissimule leur
masque plâtré. Cette comédie ou cette pantomime
dure jusqu'à ce qu'un promeneur affamé, séduit par
un geste *souligné* ou trompé par l'obscurité sur la qualité de la marchandise, fasse signe à l'une d'elles de le
suivre à distance respectueuse dans une rue déserte,
où le marché se conclut dans l'encoignure d'une porte.

Cette exposition des filles sur les chaises des promenades rappelle assez les foires de domestiques qui se tiennent encore, à la Saint-Michel, en Vendée et en Gascogne. Les domestiques se rangent en longues files le long des maisons : là les maîtres les examinent, observent *leurs mains, leurs bras*, et, lorsqu'ils ont trouvé un *sujet* à leur convenance et que les conditions sont réciproquement acceptées, le maître donne un *denier à Dieu* à la servante qu'il vient d'engager. Le marché est alors conclu et indissoluble.

Lorsqu'une fille est fatiguée d'être assise à une place où l'amorce ne rend pas, elle en gagne une autre, et, d'étape en étape, suit le flot des raccrocheuses, qui se prolonge jusqu'aux Champs-Élysées, nouveau quartier général de ces dames, en été.

Ici, même coup d'œil qu'au boulevard, sauf que les filles y sont en colonnes serrées et sur plusieurs rangs. Il y a là la fille assise et debout. Les habitués de Mabille, de Musard, du Cirque, rencontrent à leur aller et retour cette barricade vivante qui en veut plus à leurs bourses qu'à leurs beaux yeux.

La réputation d'une femme est compromise si elle se permet d'aller le soir prendre l'air sur cette belle promenade : voilà jusqu'à quel point la prostitution y a élu domicile !

Chaque fille a donc sa manière de procéder, *sa ficelle* ; il serait impossible de les dépeindre toutes, car les procédés de racolage varient à l'infini et selon les moments : ils sont d'actualité ! Il en est pourtant quelques-uns qui méritent d'être signalés, tant pour leur origi-

nalité que pour démontrer jusqu'à quel point la fille
est tenace et industrieuse quand elle veut arriver à
faire *sa journée*.

Les restaurants à prix fixes, ceux des passages surtout et certaines tables d'hôtes, ces dernières souvent
tenues par une *ancienne*, une *fille remisée*, sont comme
les cafés exploités par des essaims de raccrocheuses,
qui ne perdent pas leur temps, même en mangeant ; la
plus infime d'entre elles comprend toute la portée du
Time is money des Anglais, et du *Heart is dollar*
des Américains. Est-ce pour cela qu'on dit qu'elles ont
l'œil à l'américaine ?

Au restaurant, leur plan est le même qu'aux soupers
que nous allons étudier ; aussi est-il inutile d'en parler
plus longuement.

Ce qui s'y passe n'est pas plus propre.

Certaines filles habitent de l'autre côté de l'eau, au
faubourg Saint-Germain ! C'est de bon effet sur celui
qui rêve tout éveillé qu'il a séduit une échappée
des nobles salons. Mais, hélas ! le faubourg Saint-
Germain, qui au fond n'est que le quartier Latin,
ne *rend pas* beaucoup ; ce n'est pas un quartier
gras, comme le dirait un chiffonnier. Aussi, vien-
nent-elles racoler sur la rive droite ; mais, là aussi, la
concurrence est énorme et les affaires laissent souvent
à désirer, et, à la fin de sa journée, la belle émigrante
n'a quelquefois pas assez d'argent pour souper ou
pousser une dernière charge chez un marchand de vin.
Heureusement, elle a encore une corde à son arc, et,
après s'être remonté le moral en dévorant pour 25 cen-

times, chez le charcutier du coin, une énorme tartine de fromage d'Italie, en compagnie de beaucoup de ses collaboratrices, la belle va *lever sur les ponts*, qu'il lui faut fatalement traverser pour rentrer chez elle, et y fait le quart jusqu'à trois et quatre heures du matin !

Les retardataires rencontrent sur leur chemin ces nouvelles *détrousseuses*, qui, grâce à l'obscurité, les décident quelquefois, par de douces paroles et par de délicats procédés, à leur payer un droit de passe galante : et puis, il fait si froid ! ne va-t-il pas pleuvoir ?

Ce système est productif, à ce qu'il paraît, et celles qui l'exploitent se félicitent de prendre, la nuit, la place que les aveugles occupent le jour.

D'autres le font à la *voiture*. Pendant le jour, une catégorie toute spéciale, modestement vêtue, un petit paquet à la main, *fait l'omnibus* et parcourt le trajet de la Madeleine à la Bastille presque aussi souvent qu'une des voitures de cette ligne. Les pieds et les coudes sont si rapprochés ! n'y a-t-il pas un *télégraphe sous-marin* qu'on peut faire comprendre à son vis-à-vis ou à son voisin ? à moins qu'il ne dresse lui-même ses batteries ; c'est alors pour la belle le moment de jouer à la *modestie* et de descendre à point nommé dans les environs d'un restaurant : son adorateur la suivra.

Plus d'un galant promeneur est victime de la ficelle au *ver rongeur*, exploité aux Champs-Elysées comme dans les cafés du boulevard : un monsieur passe devant la terrasse d'un café, d'où une femme le regarde, mais d'un regard qui lui fait croire qu'elle ne regarde que lui de cette façon. Persuadé que cette charmante femme

a pour lui une *toquade*, un *béguin* spontané, il tombe
dans le *godan* (piége) et offre une consommation, puis
une voiture à la belle pour..... l'accompagner.

Cette voiture, si imprudemment offerte, se trouvait
là depuis longtemps, car, pour une heure qu'il comptait s'en servir, le jobard doit au cocher 32 francs sans
compter le pourboire !

Il a été *refait* par la fille et l'automédon, deux complices.

Une autre catégorie s'installe dans les gares, le plus
souvent pendant la nuit : là elles ont l'air d'attendre
l'arrivée d'un train, et n'attendent en réalité qu'un pigeon de bonne volonté. La plupart du temps, elles trouvent asile pour quelques heures dans les voitures de
certains cochers trop complaisants : le voyageur arrive,
croit la voiture retenue et déjà se retire discrètement ;
mais la charitable enfant va justement du même côté
que lui ; comme il n'y a plus de voitures, elle le tire
d'embarras en lui offrant une place dans la sienne.....
le reste se devine.

Ce ne sont pas seulement des petites *crevettes* qui le
font ainsi à la *station*. La police, qui a flairé le *truc*,
vient d'établir une surveillance spéciale aux environs
des gares, et découvre souvent dans les voitures de place
de jeunes prostituées de quatorze à seize ans, de petites
gousses en cheveux, commes les appellent leurs frères les
pâles voyous ; elles sont immédiatement embarquées
pour Saint-Lazare.

Pendant que nous parlons de la prostitution aux environs des gares, citons le *pigeon voyageur*, et ce n'est pas le type de raccrocheuse le moins original.

Les trains de la banlieue de Paris, et ceux de Versailles surtout, sont infectés de petites dames, un petit sac à la main, qui semblent toujours attendre un compagnon de voyage, et qui, définitivement, après avoir fouillé la gare, les salles d'attente, le quai, les wagons, montent dans le compartiment des fumeurs de préférence à celui des dames seules. Là, comme en omnibus, l'entrée en relations se fait par signes, et même, si le voyageur *à faire* ne s'y prête pas assez vite, le pigeon voyageur saura lui rappeler qu'il a des cors aux pieds.

La fermeture des maisons de jeu a enlevé aux filles un gagne-pain, car elles en assiégeaient les portes pour guetter les joueurs heureux à leur sortie. Mais elles ont remplacé la porte de la maison de jeu par celle du cercle, et ces nouvelles *tirelires* y restent de planton des heures entières, ou rôdent aux environ, en attendant l'aubaine que leur a promis un joueur superstitieux :

La femme *au théâtre* exerce une spécialité de raccrochage; n'aurait-elle que quelques francs sur elle, c'est pour louer une place, et il est à remarquer qu'il y en a toujours pour les filles dans les théâtres de second ordre. On y entend des conversations dignes de celles des cafés : — «Pardon, madame, cette place est-elle occupée?» — «Non, monsieur, elle est libre et moi aussi..... » Une autre, moins modeste, loue une avant-scène; elle entre avec tapage quand la pièce est commencée, renverse deux chaises, traîne deux petits bancs, laisse la porte ouverte, et finit, c'est ce qu'elle cherche, par provoquer des murmures d'impatience : enfin, on l'a vue ! Elle reste un instant debout sur le devant de la loge, inventoriant le personnel de la salle, envoyant un bonjour à droite, un bonjour à gauche, adressant de l'œil un signe amical aux amies de la scène, riant aux éclats, lorgnant à tout bout portant, faisant concurrence au spectacle. Voilà son *truc*; la bouquetière fait le reste.

Il y a, du reste, partout de ces Isabelles dans les lieux publics, bals, concerts, théâtres; ce sont toutes des entremetteuses : — « Achetez-moi un joli bouquet pour *votre dame !* » Voilà ce que vous entendez à chaque pas. Vous achetez pour *votre dame*, qui vous en remercie distraitement, une touffe de lilas blanc ou un paquet de roses d'un prix violent.

Après quelques mots, on vous *lâche d'un cran* et on s'empresse d'aller se débarrasser de votre galanterie auprès de la bouquetière, qui la reprend toujours..... à moitié prix.

Il paraît que c'est une tradition bien établie, comme de droit naturel, puisqu'une célébrité de la rue Cadet, mademoiselle Nini Belles-Dents, raconte à qui veut l'entendre que, dans la même soirée, elle s'est fait acheter et a revendu *cinquante-trois fois* la même orange, sans compter *onze* éventails et *dix-huit* bouquets. Une bonne industrie, n'est-ce pas?

Le défilé de ces quelques types de la prostitution ne serait pas complet, si nous ne mentionnions pas l'espèce de femmes particulière aux militaires.

Le modeste officier se sert de filles mal embouchées,

13

buveuses, qui acceptent, pour le frugal déjeuner de l'ordinaire, une hospitalité écossaise aussi simple que généreusement offerte dans un garni, et se contentent de 2 fr. 50 pour payer leur voiture et même de 30 centimes pour prendre l'omnibus.

Leur toilette réunit les couleurs les plus criardes; elles ne brillent pas par le linge, et leur maigre jupe, gonflée par une crinoline, se tend sur un jupon de flanelle; jamais de linge blanc, de gants, de cols.

Somme toute, ces filles ont beaucoup de dévouement, une gaieté, une appétit à toute épreuve, une santé discutable : elles aiment l'uniforme. Mais ce n'est pas fini !

La fille à soldat n'a de la femme que le sexe, de l'homme que la laideur; si parfois la bonne coquette s'oublie à aimer un sapeur ou un élégant cavalier, le pauvre soldat, en général, ne trouve à sa disposition que ces filles spéciales qui habitent les faubourgs, les environs des casernes, et trouvent moyen de se faire entrenir par le malheureux troupier, qui se passe de fumer même pour économiser les quelques sous destinés à les payer, et qui leur donne souvent, pour prix de leur amour, le trop plein de sa gamelle !

Ce sont, en général, de vieilles ouvrières employées à des industries répugnantes, et souvent même des femmes légitimes d'ouvriers.

Les bals, nous parlons même de ceux qui ont la réputation d'être les mieux fréquentés, *Mabille*, par exem-

ple, si célèbre par ses féeriques fêtes des fleurs (en zing)
comme aussi le bal renaissant *Frascati*, sont le rendez-
vous de la prostitution. Le raccrochage dans toute sa
brutalité y est à l'ordre du jour ; on peut même affirmer
qu'il est leur unique raison d'être, et leur plus grande
attraction.

On rencontre à Mabille tous les types de filles que
nous venons d'énumérer. Il y a cependant une catégorie d'entre elles qui ne fait ses affaires qu'au son de
la musique et qui se rend directement au bal en voiture
vers neuf ou dix heures.

Ce sont les femmes *chic* de l'endroit qui professent le
plus profond mépris pour les *galvaudeuses* payées, comme
leurs aimables cavaliers, pour danser en *épatant* le public, sous la surveillance d'huissiers, préposés, mais en
vain, à la sauvegarde de la pudeur.

Les danseurs des bals publics sont une des variétés
les plus curieuses des *souteneurs*; ils vivent de leurs jolies
moustaches blondes et de leurs yeux bleus aux sourcils
noirs ; ils semblent nés pour vivre, aux crochets des
filles, et pour les assommer un beau matin dans une
scène de singulière jalousie.

Leurs nuances sont nombreuses et vont en se dé-
gradant ; on les retrouve partout où l'on danse, aux
bals de barrière comme aux bals à *la pose*. Dans les
premiers, les *goujons* viennent ornés d'une casquette
de soie graisseuse, de longues blouses, les accroche-
cœurs plaqués aux tempes, la face plombée, et de
courtes pipes noirâtres, un *brûle-gueule*, à la bouche.

Dans les seconds, nous trouvons les *dos verts*, à la

mise élégante, frisés, et fumant le cigare : ce sont de faux gandins, artistes capillaires et autres, qui exercent la profession si bien caractérisée à jamais par *M. Alphonse* et qui fournissent les *Clodoches* chargés d'organiser et d'animer la danse.

Pleins d'ardeur, ils s'agitent au milieu de la foule des danseurs qu'ils doivent mettre en train ; le feu sacré du métier brille sur leurs physionomies fatiguées par le vice. Ces espèces de maîtres de ballets conduisent exclusivement les danses compliquées : un quadrille s'organise-t-il ? vous les apercevez gesticulant avec véhémence pour mettre chaque couple à sa place ; ils vont et viennent, se multiplient, et mettent leur orgueil à faire sentir leur supériorité aux habitués du ¡bal qui les applaudissent.

Avant que le premier coup d'archet se fasse entendre, le Clodoche célèbre toise le cercle formé autour de lui, dégourdit ses jarrets par quelques mouvements gymnastiques, remonte sa culotte, consolide son chapeau et le voilà parti, enflammant l'enthousiasme des spectateurs par ses *cavaliers seuls*, ses *grands écarts*, excitant sa danseuse qu'il félicite du geste sur sa *rémoulade*, son *passage du guet*, son *coup du lapin*, son *présentez armes !* enlevant enfin les bravos, les hurrahs.

Au marché aux chevaux, les maquignons promènent leurs bêtes à vendre, avec garantie, devant la haie des amateurs ; à Mabille, les femmes à vendre... sans garantie, se promènent également devant eux en tournant autour du kiosque où se trouve l'orchestre. Ici les

transactions sont plus faciles que là : telle est la différence la plus sensible entre ces deux marchés. *C'est le
tattersall de l'amour*; seulement, le cheval peut être
rendu après les neuf jours de garantie, tandis qu'après
neuf jours aussi, l'amoureux ne peut avoir recours.....
qu'au pharmacien.

Ce long ruban de filles de marbre, aux allures répu-
blicaines et sans-culottes, comme on le disait avec hu-
mour, tourne comme des chevaux de bois toute la
soirée. Il est panaché de quelques *gommeux* plus ou .
moins vieux, dont le dernier genre est de se faire re-
morquer par deux amies, dont ils prennent le bras pour
faire le manége. C'est tout comme au concert Musard,
où ces ci-devant *gommeux*, éreintés, dégingandés et
titubant comme hébétés par l'ivresse, introduisent,
puis *lâchent* les quelques femmes publiques qu'on y
voit, et qui ne seraient pas reçues seules au contrôle.

Chaque genre de femmes occupe à Mabille une
place presque exclusive. Les filles lancées, qui hono-
rent ce lieu de plaisir de leur présence, restent assises
toute la soirée sur les fauteuils et forment le fond du
tableau ; près des candélabres qui entourent le parquet
où l'on regarde danser, se trouvent les vieilles matrones,
les entremetteuses, et la bouquetière qui guette les
couples qui se forment ; sur les bancs en bois, s'ébattent les petites galvaudeuses qui dansent ; dans les
kiosques de jeux et au tir, les heureuses qui ont fait
mouche sur un pigeon à plumer ; enfin, au café, sur le
côté, les noceuses sans préjugés, qui crient, glapissent
et boivent : c'est la catégorie dite des *rigoleuses*.

13.

A Mabille, les raccrocheuses sont toujours, sinon élégantes, du moins assez propres. Tous les cavaliers portent un chapeau à haute forme.

De 5 ou 3 francs d'entrée que coûte ce bal selon les jours, et auquel ressemblent de plus ou moins loin, comme composition, *Valentino*, *Casino-Cadet*, *Tivoli-Wauxhall*, et les théâtres promenoirs, comme les *Folies-Bergère*, qui varient de 3 à 2 francs d'entrée, nous tombons à *Bullier*, dont l'entrée est de 1 franc.

Les gommeux de la rive droite n'y vont qu'à certains jours. Ici la société, ou plutôt le flot humain qui s'y écrase, est composé d'éléments déjà plus communs; les filles en cheveux n'y sont pas rares, et des toilettes excentriques à force d'être pauvres émaillent le tableau. Les femmes du quartier ne sont certes pas belles, et se recrutent, soit dans la réforme des filles du boulevard, soit parmi les ouvrières, repasseuses, etc., qui font la *retape* le soir.

L'*Elysée-Montmartre*, du même prix, vaut peut-être moins encore : les cavaliers se recrutent dans le monde, déjà plus interlope, des garçons coiffeurs, des garçons de café; c'est ici qu'apparaissent en nombre les souteneurs, mais encore bien habillés, sauf le chapeau mou. La gent féminine comprend les coureuses du quartier, de jeunes ouvrières en rupture de sagesse, mais qui font encore *leurs manières*; enfin quelques fillettes avec leur *vraie* mère !

On y remarque quelques étoiles, entre autres, une cocotte qui a eu son heure de célébrité, et qui, parée encore de bijoux d'un grand prix, se galvaude là tous

les soirs avec une bande de souteneurs qu'elle abreuve
de trente ou quarante bocks par soirée ! Puis, la *Queue-
de-Cheval*, une fille des soupers, qui s'y amuse avec le
beau Mimi, dont l'entretien lui coûte les yeux de la
tête.

D'ici à la *Reine Blanche*, il n'y a qu'un pas ; de
1 franc d'entrée on tombe à 50 centimes. Dans ce
nouveau bal, les filles en cheveux sont en majorité,
ainsi que les bonnes en goguette ; on y voit même une
femme sans nez, ce qui pourrait bien arriver à quelques-unes de ses voisines ; enfin, les prostituées de bas
étage.

Les casquettes et les blouses dominent, les souteneurs sont en majorité et forment une vaste famille
dont les membres se prêtent main-forte. C'est dans les
bals de cette catégorie que commence la consommation
presque exclusive des saladiers de vin.

Si nous descendons plus bas encore, aux bals dont
l'entrée coûte 50 centimes, consommation comprise,
nous arrivons à la débauche crasseuse; c'est là que
dansent, boivent, et parlent même d'amour, des
voyous, garçons bouchers et maquignons, ainsi que des
filles avachies sur des tables graisseuses où se multiplient les saladiers de *petit bleu* ; c'est là que le *goujon*
attend que sa sœur ait *fait* un homme ; tout ce monde
pue la sueur, et, comme le vin, sent l'aigre.

Il n'y a pas une nuance appréciable entre ces *bouibouis* et ceux qui ne coûtent que 25 centimes d'entrée, comme l'*Ardoise* ou la *Tuile*, qui entourent
l'École militaire, ces bals où des filles en haillons, qui

suintent la misère et sur la tête desquelles on voit s'agiter la vermine, cherchent à séduire quelque ouvrier ou quelque soldat ivre !

Entre toutes ces filles, il y a peu de différence : la robe seule change, la femme est la même ; toutes suent le vice.

Si, dans les bals *chics*, les petites dames sont tout aux affaires, elle vont souvent s'amuser avec leur *petit* ou leur *dos vert* aux bals des barrières, qui souvent occupent leur chéri mignon, comme employé au service intérieur, ou comme clarinette ou piston à l'orchestre.

Alors, elles ne dédaignent pas de déguster un saladier de petit bleu. Regardez-les : ce qu'elles ne trouvent jamais assez bon pour leur gosier délicat, lorsqu'un *homme sérieux* leur en fait la galanterie, est toujours délicieux dès que c'est payé par elles ou celui qu'elles aiment ; leur estomac se transforme comme leurs affections.

Les habitués des *bastringues* de barrière n'aiment pas qu'un *gommeux* vienne les déranger chez eux avec une *poseuse*; ils pensent sans doute qu'ils viennent flairer leurs femmes. Il est vrai qu'une administration prudente fait laisser les cannes au vestiaire ; cela ne les empêche pas, à la sortie, excités par leurs femmes jalouses de la cocotte mieux nippée qu'elles, de guetter le *moderne* et de lui *descendre leurs crayons sur la colonne* (administrer une dégelée de coups de bâton sur e dos), si toutefois ils n'ont déjà pas commencé à coups de poing.

La fille qui aime se révèle alors, et, tandis que le petit s'esquive ou essaye de se défendre, elle le protége et crie en levant le bras : « *Touche pas au petit ou je cogne.* »

Ce qu'elle ferait, comme elle le dit, car la fille a souvent la force de l'homme, et son chéri la faiblesse de la femme.

On ne se douterait pas du nombre énorme des lieux où l'on danse : il y en a environ deux cent dix de toutes catégories, depuis le fameux Mabille, l'objet de la curiosité des étrangers, jusqu'aux *musettes*, bals de barrière et coupe-gorges, ainsi nommés parce que l'instrument champêtre de ce nom forme généralement tout l'orchestre à lui seul.

Il y a, comme nous venons de le voir, des bals à tous prix, de 5 francs d'entrés à 25 centimes. On comprend qu'un *pékin* bien mis soit mal vu dans ces derniers.

Sur ces deux cent dix bals, il y a à peu près cent vingt musettes. Les plus turbulentes, celles qui exigent la plus grande surveillance, sont situées à Montmartre, à la Chapelle et à la Villette. Chose extraordinaire, celles de Belleville sont relativement tranquilles. Quelques-uns de ces établissements ont été gratifiés de sobriquets dignes d'eux : il y a le *bal des Singes,* des *Chiens,* des *Galeux.* Quand les danseurs ont absorbé plusieurs saladiers de vin chaud, les disputes commencent et ne se terminent guère qu'à coups de poing et de couteaux. C'est ainsi qu'on s'amuse dans les musettes.

Mais revenons au boulevard que la vie commence à

abandonner, et suivons les femelles dans leur travail de nuit.

Les bals, les cafés, les théâtres sont fermés, le silence commence à se faire, troublé de temps en temps par les cris d'une bande d'ivrognes et de filles, passant à pied ou en voiture. Çà et là s'agite une ombre contre un arbre ou contre la devanture d'un café : c'est une fille, couverte de soie peut-être, mais qui a faim et cherche en suppliant à se vendre pour une soupe à l'oignon, et qui, n'ayant rien fait, n'ose rentrer dans la crainte d'être battue par son souteneur, qui a soif.

Plus loin, un vieillard tremblotant, qui, selon le mot de ces dames, devrait *être bordé* à cette heure, est remorqué par une fille qui le montre en riant aux passants.

L'obscurité devient plus complète ; les femmes, comme les cochers fatigués, *chargent* au rabais ; les garçons de café, après avoir dégrossi l'ouvrage du lendemain, vont dormir quelques heures ; filles et chiens abandonnés cherchent un endroit où coucher.

Les agents, par groupes, circulent lentement comme des ombres à travers cette population fort louche, et *cueillent* quelques pensionnaires pour le poste le plus voisin.

Le boulevard, enfin, donne à peine signe de vie, le gaz pâlit, et seules, de loin en loin, apparaissent comme des brasiers les portes bâtardes des restaurants où l'on soupe : ce sont les phares de la débauche. Comme une sentinelle avancée, on voit à la porte de ces établissements le chasseur classique, toujours prêt à soutenir une soupeuse qui descend de voiture, ou un viveur gris qui trébuche.

C'est l'heure commune du travail pour les vidangeurs, pour le patron et les garçons de ces maisons à partie, comme pour leurs clientes, mangeuses d'hommes plus encore que de volailles.

Les restaurants qui ont le monopole des soupers présentent, de minuit au plus tard à six heures du matin, le spectacle de l'immoralité la plus complète. Où sont les agents des mœurs ? Comme les carabiniers d'Offenbach, « par un singulier hasard », ils arrivent toujours trop tard. Tant pis pour les femmes immondes, qui devraient être arrêtées, tant mieux peut-être pour les jeunes gens, qui, excités par de copieuses libations, se laissent aller au paroxysme de la bestialité.

N'ayez pas l'illusion de croire qu'on va dans ces lieux pour manger ! c'est là une question secondaire on y va pour s'abandonner à tout ce que la luxure peut imaginer de plus cynique, dans les cabinets surtout.

La bestialité et l'abrutissement y laissent des traces, depuis les glaces, tellement rayées par les diamants que ces dames y essayent en y gravant des noms entrelacés et des dessins obscènes qu'on ne peut plus s'y voir, jusqu'aux débris de vaisselle que les noceurs entassent dans la caisse des pianos, en les arrosant de champagne !

La population masculine se compose d'un noyau de viveurs, d'habitués, puis de nobles étrangers, de Grecs, d'orientaux, de jeunes étudiants qui ont traversé l'eau pour *boulotter* leurs frais d'examen, de récents licenciés, d'officiers en congé, enfin de tous ceux qui ont à dépenser une somme d'argent arrivée fortuitement, ou de ceux qui se ruinent systématiquement.

Quant aux femmes, ce sont toujours les mêmes (il y en a qui n'ont pas manqué un souper depuis dix ans!) pratiquant là le raccrochage comme sur le boulevard ; ce sont *les soupeuses*, ce sont des spécialistes.

Ces filles se font payer leur addition par le premier venu, le plus gris ; mangent à toutes les tables : une côtelette par-ci, des radis par-là ; chipent un verre de vin ailleurs ; et se composent ainsi un repas complet, un supplément à la modeste portion qu'elles prennent pour la forme. Les plus vieilles se font payer à souper par une amie plus jeune ou font la quête, et accumulent ainsi un pécule qu'elles n'auraient pu gagner d'une manière plus *active*.

Tout cela rit, chante, boit, se dispute ; tout ce monde est gris et ne sait ce qu'il fait ; le malheureux qu'y s'y fourvoie vers une heure du matin peut se croire à une récréation des pensionnaires de Charenton.

C'est là que se fait la cote des hommes et des femmes, c'est la *petite Bourse de l'amour ;* les premiers selon leur bourse, leur tempérament, leurs *exigences ;* les secondes, selon qu'elles sont vieilles ou jeunes, qu'elles ont ou n'ont pas d'amant, qu'elles sont dans leurs meubles ou en garni, *dévouées* ou non. Toutes ces nuances changent les prix.

Tous, comme à la Bourse, crient, parlent, s'insultent, se marchandent ouvertement ; c'est une exposition, on peut même *toucher à la marchandise.* — « Ça me va! »

— « Des nèfles, tu peux te fouiller. » — Voilà comment se conclut le marché.

Dans les maisons de tolérance, ou le tarif est connu d'avance, on ne voit pas de choses si honteuses, et pourtant la police s'y montre plus sévère.

Pendant ce temps, le maître d'hôtel garde sa raideur cadavérique et solennelle, la dame du comptoir sert d'entremetteuse, ainsi que l'éternelle bouquetière et tous les garçons.

Le prix des soupers varie selon qu'on est un *pur*, c'est-à-dire un habitué, selon qu'on a l'air d'un soupeur d'occasion ou d'un étranger. La femme qui a déjà payé son addition, la fait repasser une seconde fois à son *michet* et va en toucher le montant au comptoir ; c'est autant de gagné d'avance, et cela se passe en famille...

Voilà ce qu'on appelle souper ! — « Chasseur, une voiture ! »

Et il faut embarquer l'heureux mortel qui a jeté son mouchoir, et que la belle qu'il a choisie a eu soin de griser complétement pour mieux le filouter.

Tel est le coup d'œil général ; entrons maintenant dans quelques détails sur les acteurs de ce monde qui veille quand tout Paris dort, et qui a renversé l'ordre des facteurs dans les règles de l'existence.

Les *soupeuses* se recrutent dans toutes les catégories de noceuses ; le restaurant de nuit est le dernier refuge de celles qui n'ont rien *trouvé à frire*, soit dans les bals, soit au théâtre ou même au café. C'est aussi la pierre de touche de celles qui viennent là pour sonder

14

les ressources de leurs clients, en jetant, lorsqu'ils paient l'addition, un coup d'œil curieux dans leurs porte-monnaie.

Tout cela compose le troupeau des soupeuses d'occasion ; mais il y a un type bien particulier de filles qui ne travaillent qu'en mangeant.

La *soupeuse*, rentrée chez elle à cinq ou à six heures du matin, dort toute la journée jusqu'à quatre ou cinq heures du soir, avale alors un bouillon, prend quelquefois un bain, et, après avoir procédé méthodiquement à une longue toilette, tout en bousculant sa femme de chambre, cherché des effets de lumière jusqu'à dix heures et demi, arrive au restaurant apprêtée comme une poupée qui sort d'une boîte.

Autant l'étoile chorégraphique de Mabille est sèche et maigre, autant la soupeuse est bouffie et molle : comme le disent les méchantes langues, « *c'est de la viande de seconde catégorie.* »

Chaque soupeuse qui fait son entrée sonde la salle du regard, toise les soupeurs et cherche des yeux si sa place habituelle est libre. C'est, en effet, un point important pour elle d'être servie par un garçon qui connaît ses goûts et sa clientèle, d'être assise à cette table savamment choisie à une place où le jeu des glaces, qu'elle a étudié, lui révèle ce qui se passe dans tous les sens ; cela facilite son travail.

L'entrée au restaurant est pour la soupeuse une opération très-complexe, car elle veut faire sensation : c'est le point capital de son programme. La belle s'avance d'un pas tranquille et lent, sa main joue nonchalamment d'un éventail énorme, ses jupes à traîne font trébucher les garçons, bousculent les chaises et les tables. Arrivée à son poste, piquer son bouquet dans le goulot d'une carafe en faisant déjà beaucoup de gâchis, jeter sur la table chapeau, vêtement, éventail, tout cela ne demande qu'un instant; enfin, quand le garçon a remis tout en ordre, la beauté à vendre ou à louer se décide à s'asseoir, non sans faire valoir l'ampleur de son linge, jeter un regard complaisant dans la glace la plus proche et saluer de la main ses adorateurs les plus pressés.

Avant de dresser son plan de campagne, et ses bateries, il faut se mettre au courant de la situation; le garçon lui sert de reporter : — « M. X... est déjà venu; M. X... est parti la veille avec une femme après le départ de madame; il a payé tant d'addition; on a déjà demandé après madame, ce monsieur repassera; nous avons du monde dans les cabinets, etc., etc. »

Pendant ce temps, la poétique coquette remet en place ses bagues et ses bracelets, astique ses boucles d'oreilles avec le revers de ses gants, s'assure que rien n'a changé de place dans son corsage, et remonte ou ramène ce qui a glissé sous ses bras, enfin enlève délicatement le noir qui a coulé dans le coin de ses yeux et se cure les ongles.

On la croirait enfin bien installée. Non; il lui faut aller au cabinet... de toilette se remettre une couche de poudre de riz, une ligne de noir, se rafraîchir et rajuster les accessoires, sa tournure, souvent sa perruque, quelquefois son râtelier !

Seconde rentrée aussi pénible que la première, mais définitive cette fois, et la belle, solidement assise, attend ferme à son poste le choc des propositions, en dégustant consciencieusement quelques hors-d'œuvre.

Le menu fretin des petites soupeuses s'installe avec plus ou moins de science ou de maladresse, selon qu'elles ont l'habitude de ces lieux, et s'éparpillent à toutes les tables dans les environs des soupeurs déjà en train de bien faire ; les nouvelles recrues sont impitoyablement *blaguées* et épluchées par les anciennes.

Les plus favorisées sont invitées à se restaurer, tandis que celles qui restent à leur compte se font servir, en attendant mieux, un assorti et une demie d'ordinaire ; cela leur coûte trois ou quatre francs.

C'est au souper que se révèle l'extraction commune de ces dames ; peu d'entre elles savent boire et manger, ou même tenir une fourchette. La plupart ne peuvent faire un mouvement sans renverser les verres et les carafes, sans remplir les nappes de sauce ; c'est à qui versera, comme les charretiers, le vin à côté des coupes ou par-dessus les bords, mettra les doigts dans le plat, et les tables ne sont plus qu'un lac rouge ou une tache de graisse, sans compter ce qui coule sur les voisins.

Vers une ou deux heures, l'animation croît, les marchés se dessinent, chacun commence à être fixé sur le dénoûment.

— « Madame, on vous demande dans le cabinet n° 4 », dit le garçon à une de ces soupeuses classiques, ou à une de ses protégées, si on s'en est rapporté à son goût.

C'est, paraît-il, une bonne affaire, quand on *n'est pas manchote*, d'être ainsi demandée comme femme de *fond* ou de *hors-d'œuvre*, et la privilégiée quitte tout, amis, souper, pour se rendre à cet appel ; les voisins sourient car ils comprennent, les voisines crèvent de jalousie et dévoilent, pour se venger, les spécialités d'une rivale qu'elles auraient bien voulu remplacer.

C'est si avantageux de disparaître ainsi pour un instant, que les soupeuses, sans attendre qu'on les demande, vont *faire le cabinet* et rôder à la porte de ces petits réduits, où s'ébattent les raffinés qui n'auraient pas assez de liberté d'action dans la salle commune.

C'est aussi dans les cabinets particuliers que la femme du monde accorde ses faveurs ; après le *truc du bain*, c'est le *truc de la tante* qui a sa préférence. C'est dans une de ces niches étouffantes que la femme de province donne rendez-vous par télégramme à celui qu'elle a remarqué, distingué, sous prétexte d'aller voir sa tante. Quelquefois même, cette timide enfant prie son mari de venir la chercher, et lui donne rendez-vous au restaurant ! Qu'y a-t-il de plus amusant pour une jeune femme que de dîner dans un lieu public ? Quel est le tyran qui lui refuserait cette fantaisie ? Et pendant que le *prédestiné* mâche des cure-dents en l'attendant dans le grand salon, madame est depuis longtemps installée avec son Adonis dans un cabinet particulier du même établissement.

A l'heure dite, elle se rafraîchit par un nuage de poudre de riz et une petite visite au cabinet de toilette (les maisons qui se respectent ont en effet tout ce qui

sert à la toilette la plus intime des dames), et va rejoindre son mari.

— « Quoi ! déjà ! Comme tu es fraîche ! tu n'as jamais
été si jolie, si animée ! cette vie de Paris te tuerait ! Ta
tante va bien, au moins ! »

Il est bientôt cinq heures du matin, les rangs des
soupeurs s'éclaircissent et il ne reste plus guère que le
banc des refusées ou quelque soupeur hébété, qui, accaparé par le rebut des filles restées pour compte, va
passer chez l'une d'elles les deux ou trois dernières
heures de la nuit, pour la modique somme de dix francs,
ou le montant d'une addition.

Les boueurs commencent leur travail quand les
couples se jettent dans une des vieilles pataches qu'on
ne rencontre que la nuit, et qui ressemblent assez aux
tombereaux qui enlèvent les ordures.

Çà et là, une femme *en dèche* regagne à pied son domicile : — « Eh bien, la belle, lui dit en ricanant un
chiffonnier, on n'a donc rien trouvé à *triquer?* les
affaires ne vont donc pas? Le chiffon non plus ! »

Il fait jour, et Paris commence à se réveiller, quand
le dernier oiseau de nuit a disparu dans son aire.

Voulez-vous savoir les surnoms de ces hétaïres vo-
luptueuses qui mangent des soupers de quinze à cinq
cents francs? Voici des types vivants, en circulation et
en activité de service, visibles tous les jours de onze

heures du soir à cinq ou six heures du matin dans un salon ou un cabinet ; ce sont :

Le *Bouillon-Duval*, la *Cuisinière* ; cela indique leur premier métier ;

La *Gadoue*, la *Gueularde*, la *Riche-en-Gueule*, noms dus à leur politesse ;

La *Rodicule*, la *Femme hystérique*, nommées ainsi parce que la première dit rodicule pour ridicule, la seconde hystérique pour historique, signe incontestable de leur instruction ;

Le *Cadavre*, le *Fédéré déterré*, la *Poitrinaire*, la *Tête-de-Mort*, la *Femme sauvage*, la *Crevette*, la *Queue-de-Cheval*, la *Mite-à-l'OEil*, la *Maquillée*, la *Mère-à-Tous*, vu son âge ; la *Femme-Chien*, la *Boule-de-Gomme*, la *Chenille*. Enfin, le *Dos brûlé* ; celle-ci a une spécialité : la malheureuse a failli être brûlée, et attendrit les cordons de la bourse de ses adorateurs en leur racontant sa lamentable aventure, et au besoin en leur montrant son dos dans les cabinets, car elle le cache soigneusement et ne le laisse voir, comme les mendiants qui exhibent une infirmité, que si cela lui rapporte.

N'oublions pas pour terminer : la *Boîte-à-Graisse*, la *Boîte-à-Cirage*, le *Pot-à-Tabac*, qui à elles trois comptent près de cent vingt ans, peut-être plus.

Tels sont les sobriquets expressifs de ces soupeuses habituelles : est-ce assez poétique ? toutes usées, fanées, grossières, immondes, plus éhontées et plus cyniques encore que les filles casernées dans les maisons de tolérance.

Et dire que des sots se sont égorgés entre eux ou suicidés pour plusieurs d'entre elles, et que d'autres recommenceront demain !

D'autres s'affublent de titres nobiliaires pour *épater :* c'est la baronne de Fontainebleau, de Charenton ou de n'importe quoi ! Mais les titres fascinent la *Gomme,* les fils de bourgeois enrichis, et font le bonheur de ceux qui croquent l'argent de papa !

Ils se vautrent avec volupté sur des oreillers couverts de couronnes et d'écussons de fantaisie, ils reçoivent avec extase des poulets sur du papier armorié, et se roulent au pied de ribaudes qui semblent tenir à la noblesse, ne fût-ce que par les ornements nobiliaires de leurs oreillers, de leur linge et de leur vaisselle. Ils vont même jusqu'à s'éprendre des filles usées et célèbres par la débauche de certains hommes de grand nom et de grande position; ils se brisent en voulant rivaliser avec eux de luxe et de prodigalité, et se *décavent* aux applaudissements de la galerie qui les tient en pitié.

N'en avons-nous pas vu un, qui s'est presque tué dans le boudoir d'une courtisane aussi célèbre que laide et vieille, parce qu'il ne pouvait plus suffire aux exigences de cette pieuvre avancée, et aussi gâtée par la fortune que par l'usure

Il n'est pas besoin de monter si haut à l'échelle de la galanterie; ce monde de parvenus, métamorphosés en crevés ou gommeux, s'acoquine avec des filles du plus bas étage, qui remplacent comme servantes les garçons dans certains cafés ou brasseries. Ils les courtisent avec un empressement grotesque, et s'inclinent devant leurs exigences les plus invraisemblables.

Pénétrez dans une de ces brasseries, généralement très-vastes, où le public des consommateurs est très-mélangé, vous verrez ces *modernes* réunis autour d'une fille affublée d'un costume quelconque, alsacien, suisse ou napolitain ; tous la gorgent de friandises, s'enivrent avec elle, l'embrassent, la pincent, bref, la circonviennent comme une forteresse jusqu'à ce qu'elle ait, à prix d'or, jeté les regards sur l'un d'eux, et négligé le garçon charcutier qu'elle adore. .

Elle se laissera entretenir, mais cela coûtera cher, car ces filles sont exigeantes, plus exigeantes que les cocottes. Ces femmes sont d'un cynisme inouï et d'un dévergondage sans bornes ; elles agacent le client par de œillades et des câlineries incessantes pour le pousser à la consommation. Il y a des heures discrètes où l'on peut avoir le spectacle de véritables outrages à la morale publique.

Certains bouillons ne valent pas mieux, dans quelques quartiers surtout ; lorsque l'heure des repas est passée, les habitués restent dans leur sérail de petites bonnes, et agissent comme dans les cabinets particuliers.

C'est au point que le service des mœurs est obligé d'étendre sa surveillance sanitaire sur un grand nombre de filles appartenant à ces établissements, cafés, brasseries, bouillons.

Certes, les emplois de femmes sont peu nombreux et surtout mal rétribués ; nous n'avons pas l'intention de rien dire qui puisse porter atteinte au gain licite résultant de leur travail ; mais l'intérêt public doit l'emporter

sur l'intérêt privé, et il ne faut pas que ces établissements, où certaines bonnes gagnent souvent, grâce à
leur ignoble conduite, des vingt et vingt-cinq francs de
pourboire par soirée, deviennent des écoles de prostitution, ni des succursales des lieux de débauche.

D'après une statistique récente, Paris renferme cent
quatorze cafés-concerts : autant de lieux de rendez-vous
pour les filles, et vraies maisons de passes, car leurs propriétaires n'exposent certaines chanteuses que pour attirer les consommateurs, plus encore par la lubricité de
leurs gestes que par le charme de leur chant. Un certain nombre d'inspecteurs de police ont été délégués à
la surveillance de ces cafés-concerts, dont les spectacles
avaient dépassé outre mesure ce que la morale la plus
indulgente pouvait tolérer.

La plupart des brasseries que nous venons de citer
réunissent la double attraction des filles-servantes et des
chanteuses. Ce sont les établissements les plus fréquentés; la population s'y précipite chaque soir après la fin
du travail; les casquettes s'y trouvent pêle-mêle avec les
chapeaux mous et les chapeaux de soie, les blouses
avec les pelisses fourrées, parfois les habits noirs ; tout
cela boit, fume, trépigne et applaudit, avec un tapage
furieux, chaque saleté bien accentuée.

Disons-le à cette occasion, la censure des chansons
est absolument illusoire : on lit sans comprendre, ou
vise, l'interprétation échappe au contrôle. Le *galbe* des
acteurs, le *chien* des chanteuses surtout qui se permettent des indécences brutales, déroutent les calculs de
dame Censure; les artistes montrent plus d'esprit, de

souplesse et d'obscénité que l'auteur lui-même n'a voulu en mettre dans son œuvre.

Les titres des romances interprétées dans les cafés-concerts, déjà par eux-mêmes affriolants, ne sont rien, répétons-le, comparés aux gestes des artistes et aux rires du public soulignant les gravelures ou les obscénités. A côté de ces licences, on peut revenir sans honte aux propos de *haulte graisse* de Rabelais, aux joyeux devis de Bonaventure des Périers, aux hardiesses de Brantôme, aux mots bien sonnants de Molière, et aux petits vers de La Fontaine; ils étaient spirituels, au moins : les auteurs d'aujourd'hui sont seulement sales.

Que dire des enthousiasmes du public qui frémit d'aise et frissonne de plaisir à toutes ces gaudrioles luxurieuses? Il a ses favorites parmi les interprètes de ces jovialités ordurières. Les actrices du genre peuvent aller, sans hésiter, dans cette voie : le public les aime, les auteurs sèment à profusion leurs œuvres indécentes et malsaines. L'une d'elles, qui s'est fait une réputation colossale et une fortune respectable par son talent à dire des cochonneries avec un air de pensionnaire, a poussé en ce genre le raffinement jusqu'à l'art; par moment, ses dix doigts agiles semblaient persuasifs comme dix arguments, et le public ravi se pâmait de jubilation sur les fauteuils d'orchestre, pendant que d'autres dilettanti la marchandaient à son mari.

Les théâtres-cafés-concerts sont répandus partout; il y en a à la portée de toutes les bourses, de 25 centimes à 5 francs. Il en existe même un, près de la barrière

Fontainebleau, qui a pour clientèle les rôdeurs et les voleurs. Là, comme ailleurs, on accole l'infamie et le patriotisme dans des chansons de genre dont voici quelques titres : *Je ne comprends pas ça. — Je suis tout chose. — Complet partout. — La Vénus au Battoir. — Comment qu'ça s'fait.— La Culotte de velours.— Je ne suis pas préparé.*

Tous ces établissements ont presque atteint le libertinage de la riche Hollande et de la rigide Angleterre. A Amsterdam, à Londres, à Berlin, dans certains *caboulots* qui ne basent le chiffre de leurs affaires que sur la prostitution (comme à Paris certains cafés, restaurants et concerts), les bonnes, chanteuses et figurantes, après la représentation terminée, restent dans la salle comme à une exposition publique, se mêlent aux consommateurs, les aident à boire, à souper, font, en un mot, aller le commerce en se prostituant : on trouve des chambres garnies pour la nuit.

Nous pourrions envier encore à l'Allemagne, à Berlin surtout, ses *Delicatessen*, où, pour quelques *moos* de bière, le père de famille vient vendre l'honneur de sa fille; son *Orpheum*, grande salle entourée de loges, où s'engagent des conversations qui conduisent aux loges. Tout est permis dès que la porte du bal est fermée. Dans ces établissements, le décolletage est de rigueur, les femmes se déshabillent au vestiaire, et la directrice leur prête au besoin des costumes de pages, de féerie, ou de plus indécents encore.

On danse sur la scène et, après le ballet, on descend dans la salle pour se mêler au public.

Paris n'est pas encore à cette hauteur, mais il peut aspirer bientôt à égaler Berlin en pareille matière. C'est ainsi que les habitants comprennent la revanche.

V

LA FILLE DANS SON INTÉRIEUR

Les Femmes *chic*. — Économie des filles. — Vie intérieure. — La *Concubine* et *la Bonne à tout faire*. — Beauté des filles. — Aspect de l'intérieur des *Lorettes*. — Industries et habiletés de la fille. — Ses qualités, son dévouement, ses affections. — Fin ordinaire des *Cocottes*, leur superstition. — Leur ténacité. — Leurs idées fixes. — Le placement de leur argent, leur avarice. — Les grands sentiments chez la fille. — La *Fausse vertu*, la Femme *interlope*. — La *Courtisane-Vierge*. — La prostitution morale, ses dangers et ses ravages. — La haine de la fille.

Toutes les filles que nous venons de passer en revue appartiennent à la prostitution de bas étage : ce sont les *femmes qu'on paie*. D'autres ne valent pas mieux, quoique s'offrant aux regards sous des vêtements plus riches, et entourées d'une aisance réelle ou apparente :

ce sont les *femmes qu'on se paie*, les vieux *bébés* du bois qui défilent chaque jour aux Champs-Élysées, les archi-drôlesses qui rivalisent de luxe avec les archi-duchesses.

Au fond elles sont toutes les mêmes : plus ça change, plus ça est la même chose ; la forme seule varie, et l'article finance surtout. Les unes et les autres se retrouvent à certaines heures, parmi les *femmes qui paient*, car c'est une loi inexorable de la prostitution : la femme qui ruine les hommes se dépouille à son tour pour un petit favori, dont le type vient d'être stigmatisé dans *M. Alphonse*.

La femme *chic*, cette étoile du demi-monde, cette élégante prostituée, qui ne voit dans ses sœurs cadettes, les filles de la rue, que des êtres méprisables, est donc la femme que l'on s'offre, comme l'on fait d'un cheval de luxe, d'un objet à la mode, pour l'exhiber au bois, ou avoir le droit de la saluer et de manger sa fortune avec elle.

Cette nouvelle classe de filles publiques fait tout comme les autres la *retape* et le raccrochage, mais seulement en voiture, et leurs cochers les aident comme nous l'avons vu.

On traite avec elles par correspondance, ou par l'intermédiaire d'une entremetteuse ; ça ne se marchande pas, ça coûte tant, c'est à prix fixe ; ça coûte 5 louis, 500 francs et au-dessus, c'est un prix fait comme celui des petits pâtés.

Envoyez à l'une d'elles *son prix* sous enveloppe, ou dans un bouquet : le soir, car à Paris la femme est consciencieuse, la porte de sa chambre à coucher et ses deux bras s'ouvriront pour l'inconnu qui l'a payée d'avance et qu'elle n'a quelquefois jamais vu.

Il y a pourtant bon nombre de ces femmes *chic*, si dures pour le pauvre monde, qui oublient trop facilement le stage qu'elles ont fait jadis en province dans des maisons de tolérance, ou leur *villégiature à Saint-Lazare*, pour raison de santé. Mais elles ont eu le bonheur de trouver un imbécile qui les a sorties de l'ornière, en les faisant monter de la fange dans un certain luxe, en les couvrant d'un flot d'or qui a lavé leur ancienne souillure, et effacé de leur mémoire, comme l'eau du fleuve Léthé, le souvenir de leur passé.

Il ne faudrait pas confondre la femme à la mode, qui souvent, comme figurante, embellit de sa présence ou de l'éclat de ses diamants un théâtre de cinquième catégorie, avec une autre genre de femmes, de la même famille, la *femme entretenue*.

Si la femme lancée vit au jour le jour, quoique sur un grand pied, si cette reine des impures est esbrouffante et *épate* par son extravagance, sa sœur, la femme entretenue, fait tous ses efforts pour ressembler à une femme élégante mais honnête ; cultivée de près par un gros bonnet de la finance, ou un vieux fils des croisés, distraite par une petite cour des crevés de la fine fleur, elle vit dans le luxe, mais sans trop d'étalage, et augmente ses mois, c'est-à-dire ses appointements, en tirant des carottes et en faisant sauter l'anse du panier comme une vraie cuisinière : la fille du bois, autrement dit *la biche*, rappelle assez la voiture de grande

remise prise à la journée; la femme entretenue, la voiture louée au mois. La première est plus chère relativement, la seconde meilleur marché en apparence ; mais
l'une est préférable, car elle sert à satisfaire un caprice
seulement, tandis que l'autre, plus dangereuse, devient
une habitude, un besoin, et en résumé coûte plus
cher.

Cette spécialité, la femme entretenue, nous servira
de transition naturelle pour passer à la *bonne à tout
faire*.

En effet, si l'entreteneur est libre de ses actions, et
que sa liaison dépasse quatre ou cinq mois, sa maîtresse,
après l'avoir accaparé et s'être rendue nécessaire, deviendra sa concubine.

L'homme qui n'aura pas le courage de quitter ou
d'épouser une *singesse*, aura celui beaucoup plus grand
de braver l'opinion publique, de supporter une compagne qui ne lui tiendra aucun compte de ses sacrifices, le bernera à la première occasion, après en avoir
fait son esclave, son chien couchant.

La concubine n'est reçue nulle part, il est vrai ; mais
elle est heureuse relativement et jouit des bénéfices du
mariage sans en avoir les charges.

On ne saurait trop répéter que la concubine est la
fille la plus dangereuse, car elle affermit le vice par
son exemple, par le bien-être dont elle jouit en faisant
concurrence au mariage légal, auquel elle porte un défi.
Ces *mariages à la Parisienne* sont la consécration du
vice érigé en principe, et, dans ces relations interlopes
et irrégulières, vont s'éteindre bien des intelligences,

15.

s'engloutir bien des fortunes au profit de ces parasites femelles, de ces accapareuses.

Cette espèce de déclassés tend à augmenter tous les jours, grâce à l'indulgence du monde pour certaines relations, au relâchement des liens de la famille et à l'égoïsme toujours croissant qui refroidit tous les bons sentiments, en faisant du moi une nouvelle divinité.

Un des types les plus communs sous lequel se re-produit la concubine, *le collage*, comme on dit, qui se retrouve surtout chez les vieux garçons, c'est la *bonne à tout faire*, ou la *femme crampon :* c'est une de leurs créations.

Ces maîtresses servantes, qui règnent clandestine-ment au logis, mais qui ne sont pas admises au salon lorsque leur maître reçoit, cherchent dans leur secret dépit à espionner les hôtes privilégiés, dont la compa-gnie leur est interdite et préférée momentanément. Si une femme surtout s'y trouve, la bonne à tout faire examine et envie sa toilette, dénigre sa beauté, et tout le long du jour reproche à son maître, son amant, la position injuste et fausse où elle se trouve. De quel droit n'est-elle pas assise à cette table, qu'hier encore elle considérait comme sienne? où elle étale pour d'autres, qui la traitent en domestique, l'argenterie et la vaisselle de réserve? où elle sert, en les savourant du regard, les mets qu'elle avait choisis pour elle et son maître? Pourquoi tout cela n'est-il pas pour elle, pourquoi n'avoir pas sa place dans ce monde qui sem-ble lui voler son bien, elle qui dans le huis-clos, élevée par un amour insensé au-dessus de tout le monde, règne sans partage, et quitte son *plomb* pour partager le lit douillet de son amant ?

Mais le véritable danger de la concubine, c'est qu'elle accapare les fortunes dans des mariages *in extremis*, et qu'elle détourne d'avance une grande partie des biens sous forme de cadeaux destinés à la consoler de ses humiliations : à ce prix seul, son malheureux esclave a le droit de recevoir ses amis.

Pourtant, toutes les existences irrégulières que nous venons d'étudier rapidement, et d'essayer de stigmatiser par leur côté caractéristique, commencent souvent par un amour vrai, loyal. Toutes les femmes, même celles qui réclament leur inscription comme filles soumises, ont aimé, et quelle est la femme qui n'aime pas, quand elle se donne pour la première fois ?

Presque toujours, un enfant sera la conséquence de la première faute d'une fille séduite, qui s'est donnée sans mesurer l'étendue du danger qu'elle courait, en immolant son honneur, toute sa vie, à un suborneur éhonté.

Bientôt, alors, le séducteur craindra l'enfant, qui lui-même grandit, et cette malheureuse *petite maîtresse*, aujourd'hui *fille mère*, abandonnée et méprisée, commencera son long martyre, l'expiation de sa faute.

La société, elle-même, est trop sévère pour les malheureuses égarées, qui se voient refuser l'entrée des ateliers ou des familles, quand un mot de consolation leur permettrait peut-être la réhabilitation. Le préjugé qui exclut de tout milieu honnête la fille-mère, la fait tomber plus bas encore, car si la maternité eût pu la

ramener à des sentiments de repentir, la misère et l'isolement lui enlèvent toute possibilité de retour à une vie
honnête, et la maîtresse adorée et chérie par son séducteur, poursuit sa chute, en passant des bras de l'amour
dans ceux de la débauche, pour nourrir son enfant!

L'infanticide est, le plus souvent, causé par cette détresse désespérée, et, chose étrange, la mort acciden-
telle ou volontaire des enfants. quand on l'attribue à la
pauvreté de la mère, attire sur elle la compassion qui
eût suffi à la faire revenir dans la bonne voie.

Nombre de filles infanticides ont été *lancées* par
leurs amants après des atrocités de ce genre ; toutefois,
elles gardent au cœur une haine inexorable contre les
hommes ; elles font expier à tous ceux qui tombent
dans leurs griffes, *sous leur coupe*, le crime de celui
qui les a séduites et abandonnées. Il ne faut pas, souvent, chercher ailleurs l'explication de certains achar-
nements.

Nos prostituées de tous rangs sont peu remarquables
par le fugitif privilége de la beauté ; laides ou à peu
près, elles se ressemblent toutes, grâce au maquillage ;
elles ont une figure et une beauté de convention ; tout
cela, comme la rondeur de leur taille, s'évanouit au
déballage, et sur *cent* femmes, il n'y en a certes pas *dix*
que l'on embrasserait si elles se montraient sans leurs
accessoires ! sans être sous les armes !

En effet, les filles entretenues, recrutées comme les
raccrocheuses dans les rangs les plus infimes de la so-

ciété, ne peuvent guère posséder que la beauté du diable. Ornée d'un faux chignon rouge, ou même d'une perruque, la bouche rougie, les yeux noircis, le masque blanchi, la fille actuelle n'est qu'une pseudo-femme ; blanchissez une bicoque au lait de chaux, une fille au lait de lis, vous obtenez le même résultat : du replâtrage.

Les femmes vénales, qui, par leurs passions, sont bien au-dessous de la bête, ont un caractère essentiellement mobile ; elles passent de la plus sotte confiance à la défiance la plus ridicule et la plus superstitieuse ; elles ne confieraient pas cent sous à l'amant qui se ruine pour elles, mais abandonneraient tout leur avoir à un souteneur quelconque, qui le compromettra à la bourse ou autre part, sans qu'elles aient rien à réclamer, que des coups.

Cette mobilité insensée, cette confiance et cette défiance hébétées, constituent la *nature fille*, nature complexe, composée des vices de tous les sexes, moins la beauté du sien.

Un de ses principaux caractères est l'exclusivité, quant au beau idéal, au type d'homme que la fille s'est créé. C'est si vrai, que ces créatures blanchies sont capables d'aimer plusieurs hommes à la fois, car, s'étant formé un type à elles, ces femmes aiment dans chaque individu la *partie de son corps* qui se rapproche du modèle qu'elles rêvent ; leurs amants sont comme les jeux de patience dont chaque pièce se soude à une autre, et leur imagination reconstruit le tout dans le silence du cabinet. C'est tellement vrai, que certaines filles, qui mènent de front trois ou quatre amours, sans compter le casuel, choisissent une série d'êtres du même type, se perfectionnant les uns les autres : elles aiment l'un pour le nez, l'autre pour la bouche, l'oreille, etc., etc.

Chaque nuance de femmes, au reste, aime spécialement certaines classes d'individus : les jeunes préfèrent les hommes rassis, les vieilles les jeunes gens; c'est toujours la loi des contraires; d'autres n'aiment que les militaires : ce sont souvent d'anciennes bonnes; leurs goûts n'ont pas changé, il n'y a que les galons en plus.

Mais la masse prend un homme et ne choisit pas ! C'est la *femme pratique* ; elle est la machine ; l'animal qui s'honore du titre d'homme la paie ; elle prend un homme parce qu'il représente une somme de, et ne voit que le porte-monnaie : elle lui demande plus de chèques que de chic.

Que lui fait qu'il soit jeune ou vieux, gras ou maigre, grand ou petit, propre ou sale même, ce n'est qu'un instant désagréable à passer.

Ce troupeau de filles publiques de tous prix peut être comparé aux journalistes ; les unes et les autres ont assisté à tant de vicissitudes, à tant de drames ou de comédies amoureuses ou politiques, qu'ils en arrivent au scepticisme et au dégoût de toutes choses. La fille, qui a subi tant d'hommes et tant d'humiliations ; qui a vu tant de drames, depuis son souteneur qui la bat, jusqu'au désespoir du sot qui se ruine pour elle; arrive au dégoût de l'homme, qu'elle supporte comme un chiffonnier supporte son mannequin.

Comme les rois et les voleurs, elle a le privilége d'être partout chez elle : entre-t-elle quelque part ? Madame touche à tout, fouille tout, fait une sorte d'inventaire de ce qu'elle pourra utiliser ou emporter. Son métier, du reste, est de vivre sur le commun, et de prendre sans remords tout ce qui lui plaît, sous prétexte de le payer d'une monnaie qui, malheureusement, n'a pas un cours officiel.

Aussi les filles commettent-elles tous les jours des coups qui *sentent leur Saint-Lazare* ! Que de femmes seraient poursuivies, si leurs dupes ne craignaient pas de se compromettre en avouant leurs relations avec elles ! Cette impunité presque certaine rend leur *indiscrétion* incroyable ; aussi les débauchés préfèrent-ils aller chez la femme elle-même : c'est plus prudent ; de plus, avant de s'y égarer, certains d'entre eux ne gardent sur eux que ce qu'ils veulent sacrifier à leur... plaisir, quittent leurs bijoux, allégent leur bourse et se mettent ainsi à l'abri du pillage.

Comme le chevalier pillard d'autrefois, la fille qui *va en ville* rentre au logis chargée d'épaves de toutes sortes, qui sont le butin de ses expéditions ; aussi l'intérieur d'une femme galante offre à la vue, comme un bazar, un amas confus de saletés et d'objets magnifiques, émaillé d'objets d'art, de petits meubles, de bibelots ineptes, placés çà et là, sans goût et sans ordre, sans aucune harmonie. Sa garde-robe elle-même est le charivari le plus singulier d'étoffes de toutes sortes, et certaines femmes, qui comptent jusqu'à quarante toilettes, n'en ont pas une seule complète à se mettre sur le dos.

Leur seule préoccupation est de *viser à la conserva-tion*, au bon entretien de leurs moyens d'existence. Aussi prennent-elles presque toutes un grand soin de leur corps et se livrent-elles à cette longue et minu-tieuse toilette, à ces mille petits soins qui semblent pué-rils, et qui cependant prolongent leur fraîcheur, leur capital.

Cette toilette pratiquée par les cocottes et les grandes dames, qui n'hésitent pas à y sacrifier une grande partie de leur journée, et qui du reste n'ont que cela à faire, ne l'est peut-être pas assez par les femmes de la classe moyenne, qui, une fois mariées, se négligent trop fa-cilement et s'offrent à leurs maris dans des négligés peu poétiques, tandis qu'ils savent qu'une femme galante se présentera à leurs yeux comme une fleur toujours nouvellement... éclose.

Aussi, malgré les fatigues qu'elles endurent, malgré des nuits sans sommeil et des abus de toutes sortes, certaines filles sont merveilleuses de conservation : les femmes, à Paris, n'ont pas d'âge réel, et sont cotées, auraient-elles cinquante ans, ce qui n'est pas rare.

Dans la galanterie comme dans les arts, le succès n'arrive le plus souvent qu'au déclin de la carrière. Aussi la *femme faite* est-elle la femme préférée à Paris. C'est elle qui a le plus de succès quand elle est bien conservée, car elle a plus d'acquis, plus de monde ; elle possède un certain fumet de femme bien élevée ; elle joint à son expérience des choses de l'amour le tempérament de son âge, qui lui donne un attrait tout particulier aux yeux du Parisien viveur.

Mais surtout qu'elle soit grosse ! grasse ! charnue,
qu'elle ait les cheveux dorés !

On aime la viande, à Paris, et tout ce qui rappelle
l'or ! on embrasse avec conviction la perruque blonde
et neuve d'une vieille brune, on lèche avec amour les
produits de la cosmétique : comme la femme, l'homme
vit d'imagination.

Ces vieilles femmes, rajeunies [avec art, comme de
vieux canassons par les maquignons, savent être drôles,
garder un certain décorum ; leur méchante langue les
rend redoutables. Toujours l'œil au guet, avides de
nouvelles, méprisantes jusqu'à l'insulte, humbles jusqu'à l'esclavage, elles ont un répertoire complet 'les
chroniques scandaleuses et se font respecter par la
crainte qu'elles inspirent.

Le *chantage* leur sert, malgré une vieillesse souvent
avancée, à vivre sur un certain pied, car elles ne quittent jamais un amant *qui est quelqu'un* sans avoir
dans les mains de quoi l'envoyer aux travaux forcés.
Nous ne citerons que l'exemple [d'une [femme, dont
l'amant fit un jour un faux billet signé du nom de sa
maîtresse : celle-ci le sut, paya le billet à l'échéance,
et depuis, chaque fois que le faussaire, qu'elle aime,
n'est pas suffisamment tendre, elle le [menace du
parquet.

La fille est un être dangereux, quelques-unes cependant conservent encore quelque sens moral ; si elle est
toujours sans pitié pour son entreteneur, sa raison parfois lui fait honneur : l'une d'elles suppliait en vain de
la quitter un jeune crevé qui l'adorait, le prévenant

que ses instances comme ses prodigalités seraient im-
puissantes à gagner son amour. Le malheureux se
ruina malgré tout.

Elles donnent bien souvent aux jeunes gens des avis
salutaires, et les lorettes parfois ne sont plus responsables des folies commises à leur propos. La femme
représente souvent l'intelligence, son amant la sottise,
et si, dans bien des cas, elle semble l'exploiter, c'est
par un raisonnement bien simple : elle se dit que ce
fils de famille tient à se faire *gruger*, qu'il regarde
comme un honneur de se ruiner systématiquement
pour une femme, et qu'il se croirait déshonoré s'il
comptait avec elle. C'est le principe de nos crevés actuels. La femme pense alors qu'il vaut autant profiter
de ce qui irait fatalement à une rivale : c'est cynique,
mais logique.

La femme peut pousser son affection plus loin : elle
défend l'homme auquel elle porte intérêt contre les em-
bûches des autres femmes, contre les séductions de la
vie; elle met en œuvre tous les ressorts de son esprit
et les forces de ses relations pour le protéger avec une
sollicitude quasi-maternelle : soit dit en passant, nulle
protection n'est plus efficace, et nous connaissons bien
des jeunes gens qui ont dû de mettre le *pied à l'étrier* à
l'entremise de filles, même de bas étage.

Elle n'est donc pas toujours la plus coupable dans
les ruines des jeunes gens qui *jettent leur gourme;*
leurs parents ont parfois, plus que les filles, des torts à
se reprocher, grâce à l'éducation qu'ils donnent à leurs
fils,

La femme galante est donc, en une certaine mesure, susceptible d'attachement; parfois elle sacrifiera à un amant jusqu'à sa fortune, mais, si elle est généreuse, elle avilit celui qui reçoit de telles subventions ; elle ne peut même plus faire le bien : la société la met hors de son sein, comme la nature qui la frappe d'infécondité.

Toutes les filles ne profitent pas du produit de leur location, car leur insouciance les empêche de songer à l'avenir ; après être sorties de la fange, et avoir souvent connu une certaine opulence, ou au moins le bien-être, elles retombent dans la boue après avoir flambé et dissipé leur argent, sans même songer à manger quand la vieillesse et les maladies les atteindront.

Plus de la moitié des femmes qui meurent à l'hôpital ont eu des positions plus ou moins brillantes dans la galanterie. Un fait digne de remarque, et qui prouve bien la superstition des filles, c'est que, tandis que plus du quart des femmes du peuple qui meurent à l'hôpital refusent les secours de la religion, presque toutes les repenties sont les premières à les réclamer.

Le sentiment religieux se réveille du reste en elles à certaines époques, à certaines occasions, sans préjudice aucune des affaires du métier. Elles savent parfaitement mener deux choses de front, religion et prostitution. Nous venons encore d'en avoir un exemple qui nous avait déjà frappés. A la fête de minuit, le grand souci du ban et de l'arrière-ban des filles est de faire réveillon, et de trouver quelqu'un qui leur en paie les frais.

Elles accourent en foule aux églises, circulent sans cesse sur les bas côtés comme sur le boulevard, agaçant l'un, pinçant l'autre, faisant à tous des moues significatives, et leur lançant des regards pleins de promesses. Puis, tout d'un coup, saisies comme par un souvenir d'enfance, elles tombent à genoux et se mettent à réciter une prière oubliée, avec la conviction la plus profonde : on les prendrait pour de vraies femmes ; et on ne se tromperait pas, car elles s'oublient à prier.

Cela ne dure qu'un instant, c'est pour elles une sorte de rêve, d'extase momentanée. Pour la plupart, c'est un *truc* encore plus qu'un mouvement sincère : passant aux yeux d'un dévot peu recueilli, ou par *pose* comme il en existe, pour une femme honnête en proie à une surprise des sens, elle lui paraît une bonne fortune rare, qu'il se garde de laisser échapper. Après avoir mis le doigt dans le bénitier, il sort en lui offrant son bras, et se trouve ahuri en se voyant en face d'une *rigoleuse* qui l'a *refait à la piété.*

D'ailleurs, la fille n'est pas impie : elle *respecte la messe*, comme elle dit, et bien souvent elle s'emporte quand on profère devant elle des insultes contre les croyances religieuses : — « Tais-toi, dit-elle, cela me porterait malheur ! » D'autres se confessent dès qu'elles sont malades ; d'autres brûlent des cierges devant l'autel de la vierge, soit pour le même motif, soit quand leurs affaires ne vont pas ! Nous en avons eu plusieurs exemples, tout invraisemblable que paraisse cette assertion.

On s'explique difficilement où passe tout l'argent que certaines filles gagnent, et cela confirme le proverbe qui dit que « l'argent mal acquis ne profite pas. »

En effet, pour satisfaire ses moindres caprices, la femme la plus banale même saura trouver des moyens de toutes sortes, surtout s'il s'agit d'obtenir un bijou ou une toilette quelconque qui la fasse remarquer tout en provoquant la jalousie de ses rivales.

Toutes les prostituées sont douées d'une organisation terrible et singulière, d'une sorte d'instinct de leur métier, qui comporte une vigueur de caractère, une lucidité d'esprit, une promptitude d'exécution, une insouciance feinte, cachées sous l'apparence d'une faiblesse et même d'une naïveté enfantine : elles savent, en un mot, *faire le bébé.*

Quand une fois elles ont une idée fixe en tête, rien ne peut les en faire démordre; les caresses, les pleurs, les menaces, les brutalités et la bestialité sont leurs moyens les plus ordinaires; si cela ne réussit pas, elles savent en apparence abandonner leurs projets, qui renaissent sous une autre forme et dans un moment plus propice.

C'est à cette insistance désespérée qu'elles doivent d'arriver toujours à leurs fins; c'est par leur entêtement inflexible qu'elles font commettre aux hommes de tous âges et de tous rangs des vilenies, des bassesses et des lâchetés quotidiennes pour les satisfaire ; car il y a une chose évidente, c'est que plus un amant a dépensé d'argent, plus il tient à la femme et plus elle sera en droit de lui en demander : c'est un cercle vicieux dont l'exploité ne peut sortir, et les prodigalités qu'il a faites en vain, pour satisfaire sa sensualité, sont des chaînes qui le rivent à la fille.

Pour donner un aperçu de la persistance de l'idée

16.

fixe chez la femme, citons un trait qui ne manque pas
d'une certaine actualité. Une fille des boulevards, re-
tirée aujourd'hui des affaires grâce à son truc, était
adorée, pendant le siége de Paris, par un malheureux
jeune homme, maître de sa fortune.

Il faisait partie des bataillons sédentaires, et, dans
un moment d'ivresse et d'enthousiasme, il avait
promis à cette fille son héritage en cas de malheur.
Cette promesse fut son arrêt de mort. A partir de ce
moment, la fille dressa son plan, et le fit, comme un
grand général, déposer, pour plus de sûreté, chez un
notaire. En effet, après avoir obtenu en riant que son
amant fasse son testament, elle lui prêcha nuit et jour,
sans trêve ni merci, mettant en jeu son amour-propre
et l'amour de la patrie, de s'enrôler dans les bataillons
de marche.... Il alla se faire tuer à Montretout, la fille
hérita : son procédé avait réussi. Voilà un crime que la
loi n'a pas prévu.

La femme, au reste, a toute espèce de *ficelles* pour
captiver son amant, soit qu'elle flatte sa bestialité, soit
qu'elle le soigne et le dorlote comme un enfant. Il
trouve chez elle l'amour et la table, ces mille petits soins
intéressés qui le séduisent et l'enchaînent, ces petits dîners ou soupers, vulgairement appelés *gueuletons*, dont
l'addition se paye, comme au restaurant, par le solde de
quelques factures présentées adroitement entre la poire
et le fromage. Elle a des *ficelles* pour tous les âges,
tous les tempéraments, pour tous les caractères, et sa
subtilité délicate la rend nécessaire à celui qui la protége;
mais son plan ne s'arrête pas là ; le bien-être, le luxe

ne suffisent pas ; il lui faut encore jouer à la femme du
monde, qui a des relations, et paraître celle qui est fré-
quentée par *la haute*.

L'entreteneur, en général, homme fort commun,
boursier ou commerçant parvenu, est flatté de barboter
dans la même auge que M. le comte un tel ; il y met
sa vanité, car c'est toujours avec lui qu'on le trompe.
Cette seule idée d'un collaborateur haut placé ou célèbre est un puissant stimulant, c'est presque un aphro-
disaque pour lui.

Sous Louis-Philippe, les lorettes, voulant faire croire
à des relations quasi royales, avaient inventé le cigare
des princes, que les naïfs bourgeois, les Arthur d'aujour-
d'hui, fumaient avec la gravité et le respect dont ils sont
seuls capables. De nos jours, les impures ont modifié
le *boniment*, et l'ont remplacé par les cartes de visite
cornées, s'il vous plaît, de ministres et autres hauts
fonctionnaires, qu'elles laissent traîner dans leurs boudoirs du quartier Bréda.

Tout ce que nous venons de dire s'applique aussi bien
à la basse prostituée qu'à l'esbrouffante cocotte ; à la
fille qui fait son boulevard aussi bien qu'aux actrices et
aux filles entretenues, qui, après avoir débuté comme
vadrouilleuses au bal de la Tour-Solférino, se promènent
majestueusement au bois dans un landau à huit ressorts.

Nous avons dit que l'insouciance des femmes les em-
pêchait de faire des économies. Il en est cependant quelques-unes, même des plus ordinaires, les *femmes sérieuses*, qui deviennent avares. L'argent devient pour elles

une gêne, persuadées qu'elles sont que tous les voleurs de la capitale guettent leur *magot* ; la Banque de France elle-même ne leur offre pas assez de garanties.

Une femme, n'osant lui confier ses économies , s'était fabriqué un sac solide en grosse toile, où elle mettait toutes ses valeurs et ses bijoux, puis elle en cousait l'ouverture. Ce sac, fixé à une ceinture à toute épreuve, se plaçait où se placent les tournures, et bien de *ses amis*, en lui prenant la taille, ne se doutaient guère qu'ils mettaient la main sur... sa fortune.

Chez elle, ce fameux sac cauchemar changeait de place tous les jours; aujourd'hui il était dissimulé derrière un tableau ou une armoire, demain il disparaissait dans le tas de linge sale, et la nuit il couchait avec elle, comme l'amant le plus assidu et le plus aimé.... Heureusement pour elle, peut-être, les compagnons de lit ne l'ont jamais su !

Mais ces femmes sont plus que rares. D'autres, après avoir fait gain de leur corps, ouvrent un compte régulier de leurs bénéfices,. et le tiennent au jour le jour sur un journal singulier, où elles inscrivent leurs recettes et leurs dépenses. En voici un échantillon :

Reçu de Monsieur (lisez entreteneur).. . . . . 500 fr.
— d'un Parisien (le notaire).   25
— d'un Anglais, du Grand Hôtel. . . .   50
— d'un Russe, de Mabille.. 100

Réglé ma bonne pour la nourriture.   46 fr.
Payé le blanchissage. . . . , ...   25

Acheté une occasion. . . . . 600 fr.

Envoyé à ma mère. 35

Arthur me doit.. 50

Eugène m'a avancé sur parole. . . . . . . 100 fr.

Je l'attends vendredi.

Ceci donne la proportion de l'équilibre du budget d'une femme.

Aussi, si parfois elle fait des économies, ce n'est pas de sa faute, mais bien parce qu'on lui a donné une certaine somme à la fois. Il se passe alors en elle un phénomène bien caractéristique : le respect que lui impose cette petite fortune, qui n'est plus à ses yeux une somme à gaspiller, mais pour ainsi dire une non-valeur. La manie de la capitalisation la saisit : une femme dans ce cas avait un rouleau de 1,000 francs rempli de louis; ce fameux rouleau était pour elle un personnage, un banquier, et si parfois, dans un moment de gène, elle lui empruntait quelques louis, c'était en contractant avec lui une sorte d'engagement de le rembourser, avec l'intention de n'y pas plus manquer qu'un bon commerçant ne manque de faire honneur à sa signature.

A propos de comptes, il faut ici reconnaître que les filles ont en amour une aussi grande probité qu'un épicier à livrer la marchandise payée d'avance.

En effet, dans un certain monde galant, les cocottes empruntent souvent à leurs amis, aux bons garçons, aux joueurs les jours de veine, des sommes en compte. Jamais la fille ne manque à son engagement *mo-*

ral, car elle tient à ménager son crédit pour les jours
de creux, et pousse la bonne volonté jusqu'à prévenir
elle-même son créancier, par un langoureux poulet :
« *Qu'elle est libre de tous soucis, et qu'il peut venir
sans craindre d'être dérangé par aucun importun.* »

D'autres paient à présentation et sans lettres d'avis,
car elles s'exécutent toujours. Leurs fournisseurs n'en
peuvent dire autant, à moins, ce qui arrive bien souvent, qu'ils ne soient payés de la même monnaie que
leurs banquiers amoureux ; demandez-le plutôt à leurs
coiffeurs, à leurs loueurs de voitures, à leurs galants
propriétaires, voire même à leurs cochers !

Celles qui ont des économies placées (ce sont des
oiseaux rares), et dont le revenu pourrait les dispenser
de continuer de *trimer* en se prostituant, ne prennent pas leur retraite ; la manie de la capitalisation
est plus forte que tout ; elles joignent les intérêts au
capital et vivent sur le *casuel,* car l'habitude de se
vendre est chez elles si incarné, qu'elles ne cesseront de
cascader leur... vertu que le jour où elles tomberont
épuisées par l'usure, fanées par la vieillesse, ou par la
maladie : comme pour les filles soumises, ce sont les
causes de leur radiation, non des registres de la police ;
mais du rôle de la prostitution clandestine.

La fille vit rarement seule : si elle n'a pas un souteneur, il lui faut une amie, mais il la lui faut, surtout,
plus laide qu'elle-même, ce qui est souvent difficile à
trouver ; il la lui faut blonde si elle est brune, avec un
genre de physionomie qui ne lui fasse pas concurrence.
Elle préférera surtout une femme *moins heureuse* qu'elle ;

c'est une petite satisfaction d'amour-propre qu'elle se donne, un encouragement ; car l'idée seule d'enfoncer son amie lui donne une activité, un courage qu'elle n'aurait peut-être pas sans ce stimulant.

Sa bonté ira jusqu'à loger, entretenir sa protégée, et ces deux femmes formeront ensemble un de ces petits ménages si nombreux dans la population des prostituées.

Si la prostituée est quelquefois susceptible d'un certain attachement, comme nous venons de le voir, elle est incapable de grands sentiments. L'argent pour elle n'a pas d'odeur ; bravant les puanteurs nauséabondes des camps, ces vivandières de l'amour allaient à Saint-Denis pour regagner (prétendaient-elles) notre or ravi par les Prussiens, et boire avec l'ennemi le champagne volé, pendant que les nouvelles couches sociales réduisaient Paris en cendre.

Ces femmes vénales se firent les facteurs de la Prusse, tandis qu'elles allaient sous la tente de nos ennemis tendre leur *tire-lire* en livrant les secrets de notre défense.

Aussi, dès le commencement du siége, le premier soin du Gouverneur de Paris avait-il été d'expulser ces bouches inutiles, d'autant plus dévorantes qu'elles engloutissaient sans appétit, et par habitude, leurs soupers nocturnes.

Que devint ce grouillement humain poussé comme un tas d'ordures hors de l'enceinte, où la soie frôlait le haillon ?

Le 29 décembre 1870, l'*Étoile belge* annonçait :

« Bordeaux-Capoue : La galanterie de Paris y compte
bon nombre de représentantes, qui écrasent les dames
indigènes par leur chevelure luxuriante et la désinvolture de leurs toilettes. »

Eh bien, celles-là, malgré leurs coiffures ébouriffées,
étaient les meilleures ; les autres étaient passées à l'ennemi. Ce dernier parodia d'abord le vertueux édit du
Gouverneur de Paris, mais bientôt nos farouches enva-
hisseurs furent adoucis par ces *Dalila !* Il y a un cœur
combustible dans cet être guindé qui fume en rêvant !

Le 30 décembre 1870, le *Journal du Havre* donnait
les détails suivants :

« Avant le siége de Paris, une centaine de femmes
auxquelles le bureau des mœurs imposait une retraite à
Bicêtre, furent transférées à la Maison d'arrêt de Rouen.
Maîtres de cette ville, les Prussiens les mirent en liberté ;
et ces filles banales, déjà traînées dans toutes les hontes,
se livrèrent à eux sans combat. Pendant toute la durée
de l'occupation, elles se consacrèrent aux récréations
nocturnes de ces messieurs. »

A Versailles, pendant le séjour de l'empereur Guil-
laume, on montrait du doigt ces femmes, passées du
service public à celui des Prussiens ; chaque soir elles
exhibaient leur museau maquillé, sous les charmilles
du parc, à l'heure de la musique. Pour s'assurer leurs
faveurs, les Prussiens ne se ruinaient pas, et déposaient
à leurs pieds ce qu'ils volaient dans les délicieux cotta-

ges des environs de Paris. Les filles acceptaient tout
cela, espérant peut-être que les Prussiens resteraient
toujours en France, et sans songer que, si leurs adorateurs volaient, elles étaient recéleuses.

Ces filles ne vendaient pas seulement leurs charmes
et leurs lèvres, elles vendaient aussi leurs oreilles. La
nuit, ces nouveaux espions glissaient comme des ombres
souples et mystérieuses jusqu'aux avant-postes prussiens, et là leur indiquaient les secrets que leur avaient
dévoilés les quelques Français assez lâches, alors, pour
penser au plaisir pendant que leurs frères mouraient.

« Une élégante personne, qui franchissait tous les
matins, dans un coupé élégant, la porte Maillot, a été
arrêtée il y a quelques jours : c'est une espionne des
Prussiens. » (*Union* du 4 décembre 1870.)

« Depuis quatre mois, Paris se plaignait des filles se
constituant correspondantes de la Prusse. Les nouvelles
nous apprennent qu'un général, commandant autour
de Paris, vers l'ouest, aurait pris le parti nécessaire de
faire passer par les armes deux ou trois filles de mauvaises mœurs qui servaient audacieusement d'espions à
l'ennemi. » (*Constitutionnel* du 4 décembre 1870.)

Le 16 mars, lorsque les Prussiens furent parqués sur
la place de la Concorde, plusieurs de ces impures pécheresses voulurent échanger avec eux quelques mots aimables; on sait avec quelle courtoisie elles furent
accueillies par les voyous qui les entouraient. Les vêtements de l'une furent arrachés comme s'il se fût agi de

17

plumer une grue ; l'autre prit à l'instant l'aspect d'une
Vénus Callipyge : certaine partie de son corps s'épa-
nouit à l'air libre, et reçut une correction sanglante.

Le commerce de ces dames continua encore pendant
l'occupation ; tous ceux qui ont voyagé à cette époque
sur le réseau de l'est ont pu être témoins des provocations indécentes qu'elles faisaient aux officiers prussiens, soit dans les wagons, soit dans les gares.

On a dit, il y a un siècle, que les mœurs débauchées
des classes influentes avaient causé la tourmente révolutionnaire de 1793. Ne pourrait-on pas répéter la
même chose à l'égard des sauvageries de la Commune ?

Etudions de plus près, pour nous en convaincre, le
rôle joué par les femmes dans cette orgie de trois mois.

On s'occupe toujours activement de l'émancipation
politique des femmes : « Il est douloureux de le dire,
s'écrie le grrrand poëte, dans la loi actuelle, il y a une
esclave : la loi a des euphémismes, ce que j'appelle une
esclave, elle l'appelle mineure. Cette mineure, selon la
loi, cette esclave selon la réalité, c'est la femme. L'homme
a fait verser tous les devoirs du côté de la femme, tous
les droits de son côté ; de là la servitude de la femme.
Dans notre législation, la femme ne possède pas, elle
ne *vote* pas, elle ne compte pas, elle n'est pas. Il y a
des citoyens, il n'y a pas de *citoyennes* ; c'est là un état
violent, il faut qu'il cesse ! »

Elles sont jolies, les protégées du grand poëte, à en
juger par celles qui se sont révélées dans les affaires

publiques, celles dont le rôle nou~~s~~ été dépeint par l'enquête sur le 18 mars !

Des 1,051 femmes déférées au 4ᵉ conseil de guerre, 221 étaient mariées vivant avec leurs maris ; 117 mariées vivant en concubinage ; 82 célibataires vivant seules ; 302 célibataires vivant en concubinage ; 246 célibataires soumises à la police.

1,032 étaient Françaises ; 5 Prussiennes ; 2 Italiennes ; 6 Belges ; 1 Espagnole ; 1 Suisse ; 4 Polonaises.

Quant à la profession, on comptait :

  1 Propriétaire.
  4 Concierges.
  4 Institutrices.
  3 Sage-femmes.
 10 Maîtresses d'hôtel.
  5 Maîtresses de café.
 18 Marchandes de vin.
 11 Marchandes et Fabricantes.
 16 Fruitières.
 45 Modistes.
  3 Demoiselles de magasin.
 37 Corsetières.
 44 Culottières.
 38 Giletières.
 26 Couturières en robes.
 13 Passementières.
 22 Fleuristes.
 31 Piqueuses de bottines.
 20 Gantières.

   4 Costumières.

 11 Cartonnières.

 49 Matelassières.

 57 Blanchisseuses.

 39 Lingères.

 45 Repasseuses.

  5 Marchandes de journaux.

 56 Femmes de ménage.

 16 Gardes-malades.

 85 Domestiques.

 78 Journalières.

246 Filles soumises.

La fille n'oublie jamais qu'elle aurait pu être heureuse et avoir sa place légitime au soleil ; elle souffre cruellement de sa honte à chaque instant renouvelée et ne pardonne pas à la société qui ne lui ménage pas le moyen de rentrer dans son sein.

C'est, comme nous l'avons vu, le sentiment unanime des déclassés ; elle y fait moins exception que tous les autres.

Déclassée elle-même, elle se sent condamnée pour toujours à se traîner dans le ruisseau ; la prostitution de son corps est le seul moyen de fuir la misère ; aussi appelle-t-elle de tous ses désirs l'heure à laquelle elle verra les heureux du monde tombés à son niveau.

Pourtant il est une famille de déclassées qui gardent leur rang dans le monde, et qui sont peut-être plus à craindre encore que toutes les précédentes.

Nous en avons fini avec tous les types de la prostitution ; nous ne pouvons pourtant terminer cette étude
sans parler des fausses vertus, des courtisanes vierges.
Le type qui nous servira de transition est cette femme
que l'on ne connaît pas, qui n'est ni femme du monde
ni cocotte, comme la femme qui suivra n'est ni prostituée ni honnête.

On la voit, mais sa vie est un mystère ; elle est partout, aux promenades, aux concerts, aux églises, mais
ne s'affiche jamais avec personne : c'est presque une
femme honnête.

Le mystère dont elle s'entoure cache pourtant une
vie anormale, car les existences que l'on ne peut deviner sont rarement immaculées. La *femme qui intrigue*
est très-commune à Paris ; c'est en général une veuve
qui désire se caser, mais qui possède le moyen d'attendre une bonne occasion, ou bien encore une fille
repentie qui jouit de ses économies : c'est en tous cas
une *femme interlope*.

Nous arrivons enfin à cette catégorie de femmes qui
ne sont ni honnêtes selon la morale, ni malhonnêtes
selon le monde. Ce sont à coup sûr les plus dangereuses : on ne s'en méfie pas, car elles se rencontrent
surtout dans les classes aisées et même élevées.

Ces êtres femelles en sont arrivés au grand respect
de leurs corps, joint à la plus profonde dépravation de
l'âme ; ce sont des sirènes enchanteresses et veni-
meuses qui réunissent le corps d'une femme respectable et l'esprit d'une fille de joie ; elles sont ce que nous
appellerons des courtisanes vierges, de fausses vertus.

17.

Ces femmes qui ont du monde, n'ont su retenir que
le mal; par leur curiosité avide et malsaine, elles ont
provoqué certaines explications, et sondé les profon-
deurs mystérieuses d'une vie qu'elles ne connaissent
pas, de l'amour surtout. Elles se sont fait une vertu à
elles, et, pourvu que leur corps *soit intact*, peu leur
importe ce que devient leur âme; *scripta manent, verba
volant*, voilà leur devise.

Elles arrivent ainsi à un état moral plus corrompu
que le vice, plus abject que celui de la malheureuse
qui se vend parce qu'elle n'a que ce moyen de vivre.

Il n'y a rien de plus écœurant que d'entendre les
théories de certaines femmes, jeunes ou vieilles, toutes
du meilleur monde, et le cynisme qu'elles mettent dans
leur langage. Ce qui choque même chez la fille publique, mais ce qui enfin est, sinon naturel, du moins
probable dans sa bouche, est horrible chez ces femmes
qui ne connaissent la vie que de nom, et dont les
lèvres, souvent à peine écloses, blasphèment avant
qu'elles y soient entrées !

C'est une sorte de *prostitution morale* seulement,
c'est vrai, mais plus effrayante que celle des filles, qui
souvent isolent leur cœur, car elle n'annonce même
pas la folie de la sensualité : elle prouve la dépravation
profonde qui ronge à tous les degrés l'échelle sociale.

Cette fille qu'elles méprisent vaut mieux qu'elles,
car elle s'est peut-être jetée dans la prostitution, victime
d'un élan généreux, aussi souvent que par le besoin de
manger. Au moins a-t-elle un certain courage, celui
d'afficher son métier; au moins sait on qui elle est, ce

qu'elle vaut. Ce n'est pas une vipère qui pique sous des fleurs : on peut prévoir le danger et l'éviter.

Mais la femme dont nous parlons garde sa place dans le monde ; elle est là, près de la jeune fille innocente, près du jeune homme enthousiaste, qu'elle arme contre les séductions du monde.

Cette rosière de fait serait mieux à sa place parmi les filles numérotées à la police, car si son corps est moins maculé, son âme est plus noire. On ne saurait mieux la comparer qu'aux eunuques qui parlent des femmes sans savoir ce que c'est : elles parlent ainsi de l'homme sans le connaître.

L'objectif de la courtisane vierge sera donc l'amour, l'homme, les enfants; ces trois mots sortiront continuellement de ses lèvres, qui n'ont jamais touché celles d'un autre être. Elle émettra des théories obscènes sous des mots couverts et niera la nature ; cette femme parlera, comme si elle le connaissait, de l'amour, cette sublime communion de deux âmes, mais n'y verra que ce que les amants n'y voient pas : le côté matériel.

C'est alors qu'apparaît tout le hideux de ses appréciations et que, par des mots à son usage, cette nouvelle institutrice tournera et retournera cette question en tous sens, oubliant l'homme pour ne voir que la bête.

Nous arrivons donc à ce résultat anormal, d'une femme fille d'imagination et pucelle de corps, chez qui l'animal est réfractaire aux élans des sens, mais dont l'esprit absorbe le vice : elle résout le problème de la *prostitution de l'âme* jointe à la *virginité du corps*.

Méfiez-vous de ces vertus rigides, de ces femmes qui

traitent l'amour de saleté, de fatigue ; qui ne peuvent traduire que par ces mots le rapprochement intime de deux êtres ; qui ne comprennent pas cette expansion si naturelle, l'unification de deux âmes et de deux corps, où l'homme et la femme, faits l'un pour l'autre, obéissent, dans un commun oubli, à leur cœur et au cri de la nature.

Elles ne comprennent pas les transports de deux âmes en présence l'une de l'autre, qui essayent chacune de faire passer dans l'âme aimée sa propre substance ; cette exaltation profonde qui, à certain moment, les fait sentir, pleurer à l'unisson, réalisant dans toute sa profondeur philosophique tout ce qu'exprime le beau mot de *sympathie*.

Dans toutes les marques d'amour qui ont parfois un parfum d'enfantillage, elles ne voient qu'ignominies, ordures ; on dirait que leur âme n'est pas unie au corps qui l'emprisonne : le Créateur semble avoir manqué l'œuvre de l'union substantielle de ces deux éléments qui font la nature humaine.

Loin de là, ces filles honnêtes n'ont plus de sexe : cyniques comme de vieux garçons, réservées comme des vierges, prodigues de leur beauté et avares de leur corps, elles ne sont plus que des êtres dangereux par leurs sentiments, et inutiles au monde.

L'homme, leur point de mire constant, devient un être dangereux, laid, égoïste, matériel : sa passion n'est que de la sensualité, son amour de la bestialité ; et cependant notre vertu cherchera à l'attirer à elle dans l'espoir cruel de le mettre au martyre, et de le berner ensuite.

Si cette femme est besoigneuse, elle saura bien l'apitoyer sur son sort, se servir de ses sens pour lui soutirer ce dont elle a besoin ; et si, trompé par un fol espoir donné à demi-mot, si, dans un moment d'expansion, le malheureux, fou d'amour, croit sa passion comprise et partagée, il trouvera devant lui, comme la statue du Commandeur, la *vertu* de cette femme, une barrière infranchissable qui se dresse toujours à temps ! le cri d'alarme sera jeté, le scandale immense !

Le mariage seul sera accepté comme réparation : voilà l'apothéose de la vertu récompensée, par la *prostitution légale !* c'est le *chantage de l'amour.*

Alors commencera le long calvaire, l'attelage conjugal, cette existence à deux que produit un scandaleux mariage ; la femme adultère de sang-froid, l'époux veuf avant la mort de sa femme, des enfants malheureux et misérables, pépinière de ce monde incroyable et démoralisé qui pullule à Paris.

Voilà d'où viennent tous ces gens au sourire factice et voltairien qui cherchent l'oubli dans une vie fiévreuse et maladive, et qui jettent tous les jours un défi à la morale et à Dieu.

Chez les filles qui tombent, on rencontre le même bouleversement moral, car la femme qui a reçu une certaine éducation passe, avant de devenir une fille de marbre, par les mêmes phases, et reste un certain temps dans un état transitoire entre la vertu et le vice.

Forcée par sa position de vivre hors de chez elle, au

contact d'êtres corrompus et corrupteurs, elle reçoit le germe du vice, qui demeure longtemps chez elle à l'état latent; longtemps la pauvrette médite, le front penché sur son travail, ou même dans l'oisiveté, tout ce qu'elle a entendu, tout ce qu'on lui a insinué.

Et cette égarée, après s'être laissé toucher, salir, un beau jour, après avoir gardé en silence ces choses dans son cœur, lancera n'importe où, à propos de n'importe quoi, des énormités, des *ordures* à faire frémir.

Le mal commence ainsi, et, quand il est éclos, rien ne peut enrayer sa croissance : *la femme est morte, la fille commence.*

Mais, un jour, cette victime se vengera; elle vengera ses illusions perdues, sa vertu outragée; car sous cette opulence factice, et malgré la satisfaction de ses sens, de tous ses caprices, la fille souffre.

Il ne faut pas s'étonner des malheurs qu'elle cause, des ruines qu'elle entasse autour d'elle, avec une cruauté calculée et impitoyable.

Toute femme perdue a la jeune fille à venger; elle se souvient toujours, et regrette ce qu'elle était, ce qu'on a fait d'elle, car, malgré la misère qu'elle a cru fuir en se livrant machinalement, elle a conscience de son abjection; elle hait sans distinction ce qui presque toujours fut cause de son malheur :

L'homme.

VI

EXPLOITATION DE LA PROSTITUTION

Métiers greffés sur la prostitution; la *bonne à femme.* — Son rôle dans le ménage; son influence dominatrice; les mères d'actrices. —*Logeuses en garni.* — Aspect des quartiers à femmes dans la matinée; les tables d'hôtes chez la concierge; la fille en déshabillé. — La *Marchande à la toilette,* entremetteuse, usurière. — La *proxénète du grand monde*; types et exemples; détails. — Les sages-femmes et l'*avortement.* — L'art, et les protecteurs des artistes. — Orgies dont l'art est le prétexte. — Le Conservatoire et les actrices. — A quel prix elles arrivent. — L'art dans les salons et les journaux. — Les *Poseuses* des ateliers de peintres et de sculpteurs.

Le complément de la fille, c'est *sa bonne*; elle a pour la servir des êtres spéciaux qui n'ont de bonnes que le nom, et dont le caractère malléable est apte à tout. Il est déjà bien vil de servir de machine à plaisir à tout le monde, mais il est plus vil encore, si cela est possible, de préparer, de servir, de faciliter le vice.

La bonne à femme n'est pas souvent jeune, encore moins jolie. Rarement polie, toujours égoïste, elle se recrute le plus fréquemment parmi ces affreuses mégères qui n'ont plus d'âge, et qui peuvent avoir de 35 à 60 ans sans qu'il soit possible de le préciser. Elle porte un costume particulier, qui n'est ni celui de la bonne, ni celui de la femme de ménage : chamarrée de quelques débris de la garde-robe de sa maîtresse, couverte d'une vieille chemise brodée et hors de service, chaussée de bas de soie troués qui se perdent dans des chaussures de lisière, elle rappelle la garde-malade ou l'ensevelisseuse qui a volé les dépouilles d'une morte.

Un caractère qui la distingue surtout, c'est son appétit insatiable ; elle semble créée pour faire aller le commerce, et toujours craindre de ne pas manger le lendemain.

Si vous l'observez, vous lui trouverez ce regard patelin et louche du chat, un air de suffisance qui fait comprendre l'importance qu'elle a dans la maison, et les services qu'elle peut vous rendre selon votre générosité.

En effet, pour entrer chez presque toutes les femmes, il faut d'abord *éclairer*, et payer la bonne avant de pouvoir approcher de sa maîtresse. Cette première obole lui fait pressentir ce dont on est capable, car la bonne est la conseillère de sa maîtresse ; c'est elle, pour ainsi dire, qui dispose de ses charmes et mesure ses caresses.

En effet, le rôle de la bonne est capital, car la femme,

craignant la solitude qui la forcerait à trop approfondir sa situation, fait de sa servante, qui se trouve plus souvent au salon qu'à la cuisine, son confesseur habituel. Cet être parasite, esclave et tyran, devient fatalement une confidente, et même plus encore, car elle joue le rôle d'une mère.

Après avoir donné, en entrant chez une femme, un premier appoint au cerbère de la maison, vous êtes introduit dans le salon : madame n'y est pas, elle fait sa toilette, se lève; mais la vérité est qu'elle s'est précipitée dans son cabinet de toilette pour se mettre sous les armes, rajuster son indispensable chignon, retoucher son maquillage, réparer la banqueroute de sa beauté, enfin se rafraîchir le corps.

Pendant que vous attendez, la fidèle servante l'a rejointe, et déjà vous jauge, vous estime, donne un avant-goût de votre personne : « Il est comme ceci, comme cela; il est grand, petit, gros, maigre; il a du linge, il est bien chaussé, il a l'air calé; c'est, je crois, une bonne, ou une mauvaise affaire; madame devrait y aller prudemment, ou madame peut y aller de confiance, etc., etc. » Enfin, toute cette théorie de la physiologie à l'usage des femmes et de leurs bonnes. Chaque âge a sa désignation spéciale : pour un homme de 20 à 25 ans, c'est : ce petit; de 25 à 35, c'est : ce monsieur; de 35 à 50, c'est : ce gros monsieur; de 50 à 60, c'est : ce vieux.

De plus, la bonne doit s'occuper de faire écouler les chalands dans le plus bref délai, de vider la place en faveur des nouveaux venus; tous les appartements de

18

femmes galantes possèdent·plusieurs issues à cet usage.
Il lui faut calculer les moyens de retarder, sans le
compromettre, un rendez-vous promis et profitable,
selon que l'amateur est un habitué ou un *casuel.*

Madame, bien instruite, paraît enfin dans un salon
obscur, plongé dans un demi-jour avantageux au teint.
Son abord doit faire pressentir les flots d'amour qu'elle
va dépenser.

Mais par exemple elle dorlote bien sa *chère madame,*
sans l'aimer cependant ; car elle est, comme toutes ses
pareilles, *dure pour le pauvre monde.* Mais son corps
est le gage de l'argent qu'elle lui doit. Il est rare qu'une
cocotte paie régulièrement sa bonne, qui dans un moment de *dèche* devient sa caissière, et possède toujours
deux ou trois cents francs qu'elle prête, mais qu'on
oubliera de lui rendre. Du reste, elle n'est pas pressée
de rentrer dans ses fonds ; car cette sorte d'usurière
domestique sait qu'en faisant cette avance elle deviend-
dra la maîtresse au logis et aura le droit de contrôle et
de conseil. Aussi soigne-t-elle bien sa chère madame,
lui fait manger ce qu'elle aime, et tous les jours examine la physionomie de son capital. « Madame a bien
mauvaise mine ce matin ! Elle ne veut donc plus plaire ?
Je lui dis pourtant de ne pas se fatiguer ; les hommes sont
si égoïstes et si matériels ! Ces petits panés d'amants
de cœur ne rapportent rien, et vous empêchent de faire
vos affaires ! Madame va se couler. Le terme approche ;
la modiste est encore venue ce matin avec sa facture ;
la couturière doit venir. » Et ce chapelet de reproches

ne se termine que lorsque sa maîtresse a promis que le
petit ne serait pas reçu.

Lorsque la semaine n'a pas *rendu*, la bonne est la
première à relever le moral de sa maîtresse découragée,
du gagne-pain du logis ; elle lui fait endosser la toilette
qu'elle sait avantageuse, ou du goût de madame, et la
chasse, pour ainsi dire, pour l'envoyer au *travail*, sans
oublier de lui donner, par la fenêtre, un dernier adieu
d'encouragement.

Puis, elle l'attend toute la nuit, anxieuse du rapport ;
mais par exemple, après avoir bien bassiné le lit, pour
que sa maîtresse ait bien chaud, elle préparera un bon
souper, qu'elle croira devoir partager pour lui tenir
compagnie et l'engager à se refaire des forces.

La camériste sait venir déranger à propos madame
et monsieur quand ils s'attardent trop ensemble ; com-
ploter les carottes qu'il faut tirer à monsieur ; lui reprocher son avarice, lui dire que madame vaut mieux
que cela. C'est elle qui prévient les fournisseurs de passer à telle heure avec leur facture, et quel est l'amant
plein de désirs qui oserait refuser de la payer ? En un
mot, elle est l'âme du logis ; sa maîtresse n'est qu'un
instrument de rapport exploité par sa bonne, qui, avec
ses petits sous du franc, sait faire de gros bénéfices chez
ses marchands à elle.

Il faut, envers et contre tout, qu'elle fasse ses petites
affaires, sa *pelote* ; en entrant en place, son habitude
est de se mettre sur un certain pied de dépenses, et que
sa maîtresse mange ou ne mange pas chez elle, le livre
des dépenses s'élève toujours au même chiffre. Si ma-

dame lui en fait l'observation, elle lui fait remarquer vivement et même avec un accent de reproche que cela coûte cher d'offrir une tasse de thé par-ci, par-là, et que cela augmente la dépense. « Si madame n'est pas contente, qu'elle le dise, je puis m'en aller. » Mais elle sait bien que cela n'est pas possible, car ces disputes n'arrivent que dans des moments de gêne, et madame lui doit de l'argent.

Souvent une cocotte n'aime pas sortir seule, surtout en plein jour ; aussi la servante se coiffe d'un chapeau, emprunte une paire de gants à sa maîtresse (souvent elles ont la même pointure), et voilà la bonne transformée en suivante et dame de compagnie ; on la prendrait pour une mère au besoin.

Madame marche raide comme la justice, a de la tenue, pendant que sa bonne fouille des yeux les flots de promeneurs, répond aux regards et aux propositions, fait les marchés et donne les rendez-vous.

Souvent, et c'est honteux à dire, c'est la vraie mère qui fait ce métier abject, qui tient de l'entremetteuse et de la maîtresse de maison ; la sœur, si la nature ne l'a pas douée d'assez de charmes pour suivre les traces de son aînée, ou si elle n'a pas encore eu l'occasion d'entrer dans la carrière ; en attendant, elle fait ses classes, une sorte de volontariat.

C'est souvent aussi une amie malheureuse ou avariée par une maladie qui se charge de ce rôle, parce qu'elle a la vocation, le feu sacré, et qui se console de son imperfection en voyant le succès de sa maîtresse. C'est encore une vieille amie dans la *dèche*, ou qui, ne pou-

vant plus faire partie des bataillons de marche de la
prostitution, entre dans le cadre de réserve et fait profiter une femme de sa précieuse expérience, tout en
faisant, sous le masque d'une bonne, tous les métiers,
excepté le sien.

On connaît cette plaisanterie proverbiale, mais saisie
sur le vif de la réalité : Deux vieilles filles devisaient ensemble : « Non, la mère Lafitte, tous les enfants ne
sont pas des oublieurs ; ainsi, voilà moi, par exemple,
ma petite est pour le moment avec un monsieur comme
il faut ; eh bien ! c'est moi qui les blanchis, et que je
leur-z-y fais la cuisine !... »

En fait de familles ignobles, qui n'a pas remarqué
sur le boulevard cette mère raccrochant pour sa fille
qui n'a pas seize ans, et qu'elle a déjà vendue quatre
fois, entre autres dans cette fameuse rue de *Suresne !*
ce vieux père, imbécile ou complice, promenant sa
fille qui *lève* à son nez ; un certain matelot qui suivait sa
sœur à quinze pas, et qui venait, dans un café fermé
récemment, lui demander en public la plus grande
partie de sa recette !

Ces trois exemples sont frappants, et les faits du
même genre sont trop fréquents à Paris. La femme qui
se prostitue est à plaindre plus qu'à blâmer, mais quelle
est l'épithète à donner aux parents qui l'exploitent et
l'engagent « à faire quelque chose pour sa famille? »

Et pourtant ce sont les femmes les plus courues : on
recherche l'originalité, surtout dans la prostitution.
Mais le débauché oublie trop souvent les conséquences
que ces relations peuvent avoir pour lui, car, un beau

jour, l'aimable famille le fait chanter au nom de sa dignité, et crie au scandale.

Il faut *lâcher* ce qu'elle exige pour lui fermer la bouche.

Les filles insoumises, comme nous l'avons vu, ont envahi tous les lieux publics dans une proportion alarmante : elles y font tache de graisse. Il en est de même des lieux qu'elles habitent ; loin d'être refoulées par la police dans des quartiers spéciaux, elles tendent à se disséminer.

La famille la plus honnête est exposée aujourd'hui à subir le voisinage d'une femme à vendre, à entendre le va-et-vient continuel qui ne cesse à sa porte.

Les maisons neuves sont surtout infestées par les filles, car, pour un prix assez raisonnable, elles trouvent à s'y loger en *séchant les plâtres*.

Elles habitent quelquefois aussi dans des maisons qui ne sont pas dites *libres*, grâce à l'amitié d'une concierge, une payse, qui, sous la condition de ne pas *faire remarquer* l'immeuble, leur sous-loue des chambres ou des appartements dans *sa maison*.

Cependant, malgré cette tendance qui s'accentue tous les jours pour la dissémination, les prostituées sont encore concentrées dans certains quartiers, le quartier Bréda, par exemple.

La ressource de ces bohèmes, dont la plupart n'ont pas de meubles, est la *logeuse en garni*, dont le métier rappelle l'exploitation des maisons de tolérance, car la logeuse facilite et encourage la débauche, la protége.

Ses locataires sont ses choses; non-seulement elle les loge, mais elle les nourrit, les surveille, leur donne les conseils que lui dictent son expérience et son intérêt. Cette sorte de protectrice, cette vendeuse de chair humaine, sert même de caissière à ses pensionnaires, dont le travail doit payer ses fournitures. Seule, ou à peu près, elle en profite, et saigne les malheureuses qui sont tombées dans son guêpier.

Certaines rues ne sont composées que de maisons garnies et présentent un spectacle curieux :

La prostituée dort très-tard ; aussi ces maisons semblent-elles inhabitées jusqu'à une heure assez avancée. De rares fenêtres, où apparaissent quelques têtes au teint plombé, s'ouvrent çà et là avant midi, et le soleil indiscret jette un rayon de gaie lumière à l'intérieur, illuminant un lit, des meubles râpés, passés, rapiécés; au milieu d'un tas de jupons boueux et effrangés qui traînent par terre, se prélassent une cuvette et un vase de nuit.

C'est une fille qui n'a pas de bonne, et qui, après avoir vainement demandé à sa pendule de lui indiquer l'heure, respire l'air frais du matin avant de descendre à la crèmerie ou chez le charbonnier.

Dans cette fille râpée et en souillon, on chercherait en vain à reconnaître la pimpante cocotte de la veille ; on ne la retrouverait pas dans cette femme qui traverse rapidement la rue, chaussée de sandales éculées, coiffée d'un chignon presque détaché de la nuque, le teint blafard et les mains rouges.

La vue d'une *crevette* en déshabillé est peut-être le spectacle le plus repoussant ; mille détails poétisent, dans sa chambre à coucher, la femme honnête et élégante : là fille est simplement horrible lorsqu'elle n'a ni son chignon, ni son maquillage. Celle qui le soir, au bal public, étincelait sous l'éclat des lustres, paraît plutôt une sorcière défigurée par les maléfices et les orgies sataniques. Tout est sale sur elle, autour d'elle ; sa tignasse n'est plus qu'une chevelure ébouriffée et sordide, pareille à une brosse râpée ; son linge est flétri, jaune ; ses jupons crasseux ; sa figure, ravagée par le vice et l'ivresse, rappelle la face livide des cadavres ! Il n'y a plus là de quoi inspirer aux hommes des *idées volumineuses*, comme le disait l'une d'elles.

Ce n'est plus cette femme si insolente hier soir, devant son *homme*, avec sa concierge, et qui, ce matin, en fait son égale et boit pour quatre sous de café au lait dans un coin de la loge ; qui, remontée chez elle, les yeux bien ouverts, constate avec désespoir l'usure de ses bottines, les nouveaux accrocs et les nouvelles taches qui envahissent une robe qu'elle n'a pas encore *fini de payer*.

Enfin, vers midi, la maison s'anime, tous les étages sont réveillés, et les locataires qui ne déjeunent pas dehors ou bien chez elles se réunissent le plus souvent dans la loge de la concierge, qui tient une table d'hôte à l'usage de ses pensionnaires.

Ces bégueules, qui peut-être hier soir mangeaient des truffes du bout des dents, et cela pour poser, se jettent sur la soupe aux choux de l'ordinaire, comme

des chevaux sur l'avoine. A table, les querelles de jalousie ou de métier se vident, et si l'hôtesse, aidée de son
mari, n'était pas là pour les calmer par de bonnes paroles, la vaisselle pourrait souvent s'en ressentir.

Enfin, on se calme, et quand apparaît (comme chez
Ganivet, au quartier Latin), en guise de *fruit du jour*,
l'assiette traditionnelle de biscuits, la plus *veinarde* de
la société, celle qui *a le sac*, offre une tournée, pendant
que la maîtresse de céans établit les comptes, réclame
les arriérés. Si l'argent dû ne rentre pas à temps, les
vivres sont coupés à la retardataire pour le repas suivant : — « Elle peut crever de faim si elle n'a pas *de
quoi !* »

Le café pris, ces dames pensent au coiffeur, puis
enfilent un jupon, une camisole ou un peignoir, pour
attendre l'une *son petit*, l'autre *un ami*, ou la marchande
à la toilette, qui a toujours de *bonnes occasions* à offrir
à ses clientes.

Mais, si la saison le permet, la fille, pour passer le
temps, après s'être tiré les cartes, s'installe à la fenêtre
pour faire un *casuel*, ou guetter un ami.

Dans certaines rues, de 2 à 4 heures, les fenêtres des
garnis sont ornées de tant de têtes, qu'un étranger
passant rue Pigalle ou rue Geoffroy-Marie par exemple,
pourrait se demander s'il n'est pas arrivé quelque accident, ou si l'on n'attend pas le passage du bœuf gras.

En attendant une bonne fortune, tout cela fait la
causette d'une fenêtre à une autre; on se conte ses
petites affaires. Celle qui aime les fleurs en profite
pour les arroser, ainsi que la tête ou le store de la

femme du dessous ! Une autre simplifie la chose en cra-
chant. La plupart fument la cigarette, quelques-unes le
cigare; la pipe elle-même n'est pas inconnue, et l'on
peut compter celles qui prisent.

Toutes, enfin, cherchent à se voler mutuellement le
passant attiré par leurs extravagances, ou qui, plutôt,
au fait des habitudes du quartier, cherchait de lui-
même une conquête facile et au *rabais* dans le jour.
C'est l'*homme d'un instant*. Quand le client monte au
quatrième étage, il trouve toutes les portes entre-bâillées
sur son passage à chaque étage; des voix aimables
cherchent à l'arrêter : là, comme dans tous les bazars,
la concurrence est l'âme du commerce. Enfin, l'heure
de l'absinthe sonne; nous avons déjà vu que c'est surtout l'heure où la journée commence au quartier Bréda
et dans ses succursales.

La *marchande à la toilette* est souvent logeuse en
garni; en tous cas, c'est l'acolyte obligé de la logeuse,
dont elle a l'origine et le caractère. Elle se trouve toujours là à propos pour fournir de la marchandise à
crédit, ou plutôt *à tempérament*, si sa cliente a une
figure à hommes. Elle habille la femme sur cette réfé-
rence d'un nouveau genre, et pousse elle-même la complaisance jusqu'à lui fournir des amateurs de sa beauté.
Elle porte sur son visage, à côté des signes d'une méchanceté froide, le génie de l'intrigue.

Dans le labyrinthe mystérieux de la prostitution,
dont les exploiteurs et les exploités appartiennent tous

à la famille des déclassés, on découvre des commerces qui font frémir, tellement honteux que l'imagination recule, refusant de croire à cette *traite des blancs*, dans laquelle la marchande à la toilette, entremetteuse par excellence, fait la banque en nature, escomptant deux valeurs à la fois : la malheureuse qu'elle vend, le passionné qui l'achète. L'aspect même de son magasin fait horreur : « Elle trône entre les plus belles parures arrivées à cette phase horrible où les robes ne sont plus des robes, et ne sont pas encore des haillons. Le cadre est en harmonie avec cette femme, car ces boutiques sont une des plus sinistres particularités de Paris : on y voit des défroques que la mort y a jetées de sa main décharnée, et l'on entend alors le râle d'une phthisie sous un châle, comme on y devine l'agonie de la misère sous une robe lamée d'or ; les atroces débats entre le luxe et la faim sont écrits là sur de légères dentelles ! C'est le hideux dans le joli ; c'est un fumier de fleurs, où çà et là brillent des roses portées un jour, et sur lequel est toujours accroupie cette exploiteuse, l'usurière, prête à vendre le contenu tant elle a l'habitude d'acheter le contenant, la robe sans la femme, ou la femme sans la robe ! »

C'est dans son arrière-boutique que se conclut le honteux marché de la prostitution ; c'est là qu'elle prépare les entrevues où l'on débat la possession d'un corps de femme, mis à l'enchère. Elle-même fait le prix, et empoche la moitié, quelquefois davantage. La familiarité la plus déshonorante est le premier impôt que ces sortes de femmes prélèvent sur les passions effrénées ou sur les misères qui se confient à elles : elles ne s'élèvent jamais à la hauteur du client; elles l'abaissent jusqu'à elles, et le tutoient même.

— «Oh ! gros polisson, dit-elle en tapant sur le ventre d'un de ses clients, tu t'amuses encore à ton âge ! tu ne veux pas de filles en circulation ! cela te reviendra plus cher, mais j'ai *ton affaire*! c'est *garanti neuf et sans pain* ! »

Pour trouver cette perle rare à Paris, non pas une vertu, ce n'est pas le mot, mais une virginité plus ou moins authentique, elle guette les femmes à corrompre, les attire chez elle, fait luire à leurs yeux l'éclat des toilettes et des bijoux, leur en livre même à crédit, et plus tard, les trouvant incapables de se libérer, exige ou obtient d'elles qu'elles payent *en nature* à celui qu'elle aura lancé sur elles.

Le viveur qui craint de se compromettre lui fait demander une femme d'un type déterminé, d'un tempérament indiqué.

Sur ces données, l'entremetteuse cherche dans le répertoire des fillettes qu'elle a aidées ou de ses clientes ordinaires, et les envoie à domicile, toutes stylées, avec le mot d'ordre et des instructions.

Ces femmes sont tous les jours coupables d'excitation à la débauche; si elles sont quelquefois poursuivies, la plupart restent malheureusement assurées de l'impunité, car, en pareille matière, la preuve est difficile. Ce sont pourtant ces procureuses qui, chaque jour, accroissent le nombre des éléments de la prostitution clandestine. De temps en temps, sur la plainte des familles, ou même d'office, la police fait des descentes dans leurs garnis et maisons de passe ; parmi les filles qu'elle y arrête, se trouvent souvent des fillettes appartenant à des familles honorables et qui découchent pour la première fois, ou qui, sur des conseils émanant d'une de ces *procureuses*, n'ont pas craint de se fourvoyer dans un de ces repaires de la prostitution. Mais la corruption, depuis vingt-cinq ans surtout, a envahi la société jusque dans ses classes les plus élevées, qu'elle a abaissées jusqu'à son triste niveau.

La vulgaire marchande à la toilette est dépassée ; il existe un type créé sur ce modèle et à son image, mais plus distingué, et partant plus dangereux : la *proxénète* du grand monde.

Celle-ci dissimule sous le luxe et des flots de dentelles son infâme industrie : connaissant sur le bout du doigt toute sa civilité, reçue dans les salons les plus orthodoxes grâce à un titre de comtesse ou de baronne, elle possède un répertoire où se font inscrire les femmes nécessiteuses et envieuses d'améliorer leur sort. Elle se fait ainsi le commis-voyageur de la haute prostitution. Presque toujours d'un certain âge, son air de douairière lui donne un ton de gravité et de sagesse qui l'aident à capter la confiance des femmes gênées par de folles dépenses. A l'affût des passions naissantes, qu'elle allume au besoin, qu'elle avive toujours, la proxénète prépare le rapprochement de son client et de celle dont il a envie : elle sert de trait d'union entre le besoin et le désir.

Corrompue elle-même, mais ayant perdu la jeunesse,

19

cette procureuse possède toute la science qui est l'apa-
nage exclusif de sa vieillesse, car elle a sondé per-
sonnellement tous les abîmes que recouvre le vernis
mondain, et met toute son expérience au service du
mal et de la cupidité, pour jouir même du plaisir de
voir, à leur tour, tomber les autres.

Ces entremetteuses, exploitant ainsi leur air respectable, leur position sociale, trouvent le moyen, grâce à
leur complaisance, de se faire des rentes, pour le malheur et la jouissance des autres, et de figurer dans le
monde sur un certain pied.

Le travail préparatoire qui doit amener la livraison de
la victime est le même que celui des procureuses ordinaires ; les mots seuls changent, car il leur faut surtout
éviter d'irriter la délicate nature de la femme convoitée
et qu'on leur demande! Elles ont surtout la spécialité
des adultères qui s'accomplissent chez elles. Ces *accidents conjugaux*, comme les appelle Molière, cette banqueroute dans laquelle Chamfort trouve que celui à qui
l'on fait faillite est le mari, ont rarement lieu sans l'intermédiaire d'un tiers femelle. Nous pourrions citer le
nom et l'adresse d'une de ces proxénètes, fort bien élevée du reste, qui se sert d'une charmante jeune fille, sa
nièce, pour faire ses affaires.

Cette femme habite un appartement somptueux, et
possède des relations dans le monde des noceurs dis-
crets, la classe la plus en vogue des artistes et des lorettes. De plus, elle tient des registres où sont scrupuleusement inscrits les noms et adresses, le chiffre de
la générosité ou des exigences de ses clients ou de ses

clientes. Son album contient la photographie de tout le sérail qu'elle peut offrir à ses initiés. Là, à côté des artistes et des folles hétaïres qui sont inscrites sur ce grand livre de la honte, comme les chevaux de course sur les tableaux du turf, pour le plus grand prix possible, on peut lire les noms de jeunes femmes mariées, ou de jeunes filles besoigneuses, qui, tout en faisant, dans un demi-jour discret, le bonheur d'un vieux Céladon, peuvent, sous la plus grande discrétion et la plus sévère prudence, se procurer ainsi une subvention pour leur toilette, et, peut-être même, ce qui n'est pas le moins triste, pour leur ménage !

Voilà qui explique ce qu'on dit de plus d'une femme : *On peut l'avoir !* C'est qu'elles ont déjà passé par là.

Ces albums remplacent le céramique d'Athènes, où les amoureux saisis du *love at first sight* (amour à première vue), dont parle Byron, inscrivaient mystérieusement leurs aspirations, et le nom de leur belle ; ils ont succédé à cette ancienne agence..... matrimoniale, à ce bureau de placement, où les caméristes des folles Athéniennes venaient tous les jours relever, pour le compte de leurs maîtresses, le nombre des cœurs qu'elles avaient enflammés.

Le marchand qui possède une toile remarquable, le maquignon qui a découvert un cheval de branche, sont assiégés par des nuées de courtiers qui viennent leur offrir des amateurs, ou le placement de leur marchandise.

Ainsi en est-il pour la femme qui n'a pas ou qui n'a

plus de fortune. Est-elle remarquable, ou simplement *inconnue* dans le monde galant, qui n'en a pas *goûté*, sa porte est assiégée, c'est le mot, par les entremetteurs qui viennent lui offrir de s'occuper de son bonheur et de lui *faire un sort*. Le courtage de la femme qui vend son corps est passé dans nos mœurs.

— Mais, qui êtes-vous donc, madame? disait une jeune fille, obsédée par une entremetteuse qui lui proposait d'aller faire une visite à un riche Espagnol, propriétaire d'un des plus vastes hôtels en brique de Paris.

— Qui je suis? Mon Dieu! mademoiselle, j'ai une fille à marier; depuis vingt ans, je vais tous les jours chez la personne en question, pour lui lire les journaux, lui raconter ce que j'ai vu, lui signaler les jolies femmes que j'ai rencontrées; il me charge de ses commissions, car j'ai sa confiance. Ceux qui sont en relation avec M. X... ne s'en repentent pas; je pourrais vous citer une jeune fille qu'il a eue trois ans chez lui : elle y a fait sa petite affaire et s'est mariée. Au reste, n'ayez pas peur, c'est un parfait galant homme; il est vieux, et ne peut plus être trop... indiscret.

— Mais enfin, que me veut-il? Est-ce pour chanter ou pour lire?

— Ma foi, mademoiselle, vous êtes bien innocente; si cependant vous vous décidez, faites-le-moi savoir.

N'est-ce pas bien typique? et que penser de ce vieillard, qui, courbé par l'âge, ne pouvant plus lever les regards au ciel, veut cependant abaisser les femmes jusqu'à lui?

Et les marchandes de journaux ou de bouquets, dont les kiosques sont de véritables boîtes aux lettres! qui se chargent du rôle d'intermédiaires et donnent souvent le mot d'ordre, la *commande*, à leur fille ou à leur protégée qui fait le boulevard!

Le métier de procureuse se pratique aussi sous le couvert de certaines industries, et rien ne le ferait soupçonner si le hasard ne le trahissait parfois. Certaines lingères, couturières, modistes, blanchisseuses, etc., font de leur boutique ou de leur atelier un véritable lieu de prostitution; elles attirent chez elles de jolies ouvrières, qu'elles aident à se vendre en leur procurant, moyennant une participation aux bénéfices, les occasions et les tentations nécessaires.

Il faut ajouter à cela les filles qui ne vendent que des articles spéciaux aux hommes.

Tous les jours la police fait des descentes chez ces parfumeuses et ces gantières, le plus souvent établies dans les passages ou leurs environs. La propriétaire est ordinairement accusée d'avoir annexé à son commerce de cravates et de pots de pommade un commerce..... de procédés aimables, auquel elle fait participer ses demoiselles de magasin, trop souvent et malheureusement mineures.

N'en citons qu'un exemple, pris dans la *Gazette des tribunaux* :

Mademoiselle B..., parfumeuse gantière rue Laffitte, ne savait pas son âge avant de venir devant la justice sous l'inculpation d'excitation de mineures à la débauche. Dans l'instruction, elle déclarait avoir trente ou

19.

trente et un ans, mais l'acte de naissance demandé et
expédié du pays natal lui en donne dix de plus. Peu importe, c'est de l'âge de sa demoiselle de comptoir qu'elle
aurait dû s'occuper. Ajoutons qu'elle paraît bien fatiguée et semble avoir besoin de repos. C'est peut-être
dans un intérêt de santé qu'elle se fait suppléer dans
son..... commerce par la demoiselle O.... Mademoiselle
O..., que le tribunal entend comme témoin, est fraîche
et rose, elle a vingt ans et trois mois, se dit institutrice
et est la fille d'un légionnaire. Elle avoue avoir reçu des
messieurs, auxquels elle se livrait dans l'arrière-boutique,
et gagner quatre-vingts à cent francs par jour.

Elle abandonnait *la moitié* à mademoiselle B.... Elle
est restée peu de temps parce que son âge faisait craindre des désagréments à la parfumeuse. On voit qu'ils
n'ont pas manqué, pas plus pour elle que pour mademoiselle O..., qui, escortée par les gardes, a été ramenée
à Saint-Lazare, où elle est détenue administrativement,
pour s'être livrée à la prostitution clandestine.

On voit que le ministère public a pu, non sans raison,
traiter ce magasin de *maison de tolérance*, et il y en a un
nombre énorme à Paris. Certains bureaux de tabac ne
valent pas mieux.

N'avons-nous pas vu la proxénète se révéler dans la
triste affaire Dubourg? Ce procès dramatique a soulevé
une fois de plus le voile qui dissimule toujours le côté
intime de la vie conjugale. On y a reconnu tout au long
le rôle étrange de cette amie; des scènes qui ne se rencontrent que dans la prostitution de bas étage : ce fa-

meux lit à trois si commun à Paris, si aimé des vieillards!

Les proxénètes se rencontrent sous toutes les formes. La concierge fait le métier d'entremetteuse, le plus clair de son bénéfice; quelle épouse de Pipelet refuserait, pour une *honnête* récompense, de donner des renseignements sur les locataires femmes ou filles, sur leurs habitudes, leurs besoins, de transmettre des messages amoureux, et même de dire quelques mots en faveur du séducteur?

Que fait surtout la concierge des maisons où l'*on est libre*, qui nourrit toutes les *crevettes* de son immeuble, se mettant ainsi au courant de leur recette, les grondant quand elles négligent les *vieux* pour s'oublier avec les jeunes, enfin leur donnant des conseils?

Ce qui est plus grave encore, c'est que certaines *sages-femmes* se chargent d'attirer chez elles des jeunes filles pour les vendre à leurs clients. Si la jeune fille craint de se compromettre (toujours la question des enfants qui seule retient bien des femmes dans leur chute), elles leur promettent qu'il n'y a rien à craindre, et que d'ailleurs, si un malheur arrivait, elles les débarrasseraient comme elles en ont débarrassé bien d'autres.

Ce qui est effrayant, c'est le prix minime que les sages-femmes entremetteuses demandent pour commettre le crime d'avortement; à certaines, elles demanderont vingt-cinq francs, à d'autres cinquante; quelquefois elles travaillent pour l'art, mais alors elles expérimentent sur leur victime des traitements nouveaux et des opérations inédites.

Ces misérables, qui chaque jour se rendent coupables de manœuvres abortives, n'opèrent pas toujours seules. Elles ont des complices, des *rabatteurs* qui leur amènent des clientes.

Recrutés parmi les irréguliers de l'amour, parmi ces jeunes gens, qui, tombés de chute en chute, sont arrivés à vivre aux crochets des filles, ces associés courent les soirées du monde interlope, les coulisses des petits théâtres, tous les lieux à femmes en un mot, où ils sont assurés de trouver des filles de vertu facile, et susceptibles d'avoir besoin des soins de cette nouvelle ogresse de Montauban.

On a même vu des médecins entrer de compte à demi avec ces femmes dans les avortements. Ils leur fournissent les ordonnances pour obtenir chez les pharmaciens les substances emménagogues qui leur sont utiles pour leurs criminelles manœuvres.

Nous avons réservé pour la fin une dernière forme sous laquelle on voit exploiter la prostitution. Ce n'est pas la moins ignoble ; c'est pourtant celle qui a provoqué le moins d'indignation.

Il s'agit de l'art, des artistes, et de la protection qui leur est accordée.

Oui, parlons de l'art en France, et s'il n'est pas dans notre intention de l'attaquer, il nous paraît utile de révéler ses mystères, et toutes les hontes qu'il dissimule :

Le théâtre est un des principaux refuges des déclas

sés, et là encore la femme qui veut utiliser le talent
dont la nature l'a douée, peut-être pour son malheur,
subit comme partout l'impôt prélevé sur son sexe, sur
sa position.

La femme qui se voue au métier d'artiste se déclasse
nécessairement; toute artiste, en effet, est fatalement
doublée d'une courtisane, et ce second rôle lui est
imposé, si elle veut se faire ouvrir les portes du sanc-
tuaire.

Nous pourrions presque nier qu'une femme ait
jamais pu échapper à cette loi. Mais si cette exception
existe, elle est due à des causes que nous révoquerons
en doute, jusqu'à ce que la preuve du contraire soit là.

Les artistes étaient autrefois mis au ban de la société;
on les considérait comme des êtres malfaisants, destinés
à battre en brèche la vertu et les mœurs de la multitude. On sait quelles foudres l'Église n'a cessé de
lancer contre eux, et, aujourd'hui même, elle s'est à
grand'peine un peu relâchée de sa sévérité inexorable.
Les préjugés les plus défavorables ont eu cours par
suite à l'égard de cette classe, malheureusement à trop
juste titre, et si aujourd'hui les artistes ont repris une
place dans l'échelle sociale, ce n'est pas qu'ils valent
mieux, c'est que la société vaut moins.

Où se recrutent les artistes femmes? Partout; depuis
la fille du monde ruinée, la courtisane qui veut se
faire une petite position, la fille de concierge qui veut
faire quelque chose pour sa famille, jusqu'à l'enfant de
l'ouvrier à laquelle un professeur a trouvé l'étoffe ou la
vocation d'une artiste.

Savez-vous seulement par combien de *mains* doit passer une artiste, sans compter ses affections person- nelles, avant que son âme remplisse son chant d'amour et d'expression ?

Le professeur ne livre les trucs, les ficelles, enfin ne donne de bonnes leçons qu'à l'élève qui devient sa maîtresse : On n'exprime bien, dit-il, que ce qu'on a ressenti ; la voix devient plus chaude, plus souple. Le camarade veut, pour applaudir au concours, profiter des faveurs de sa condisciple. Certain directeur du Conser- vatoire ne *laissait arriver* qu'à la condition de s'assu- rer *de visu* et *de tactu* si les jambes étaient droites, bien plantées, assez rondes pour les rôles de page : « Je ferais bien quelque chose pour vous, disait-il, mais vous êtes si peu aimable avec les hommes ! » Il est mort aujourd'hui : que la terre lui soit légère !

— Ah ! disait une jeune fille qu'il avait protégée, et que l'on félicitait d'un prix obtenu au Conservatoire, *vous ne savez pas ce qu'il m'a coûté ; j'en rougis quand j'y pense !*

Puis viennent les directeurs de théâtre, les ténors qui donnent la réplique, les journalistes qui s'occupent des coulisses, les protecteurs d'artistes qui exigent des témoignages de reconnaissance avant la lettre, sous peine d'empêcher le succès de la débutante.

Il faut avouer que les mœurs de tout ce monde qui fréquente la scène, les loges d'artistes et les coulisses sont particulièrement dépravées : sous des formes dont la crudité est à peine gazée, la prostitution s'y déploie sans vergogne, avec une licence qui ferait rougir la vertu la moins farouche.

Tous ces amants de cœur, souteneurs, protecteurs, entremetteurs, sont doublés d'un type nouveau, et bien particulier, la *mère d'artiste*, entremetteuse au premier chef, qui excite sans relâche sa fille à la débauche, débat le prix, encaisse la recette, tient les cordons de la bourse, et n'ouvre la caisse qu'à son gré !

La mère d'artiste, en général déclassée elle-même, fait son métier avec dévouement; elle soigne sa fille pour l'art et la vend pour manger ; elle a un penchant pour l'attendrissement, mais pense surtout à se réconforter pendant que son enfant chérie charme le public.

Quand on assiste à certaines audiences de la police correctionnelle, on est épouvanté des monstrueuses orgies auxquelles donne lieu chaque jour l'intrusion des mères d'artistes dans la prostitution de leurs filles. Citons un trait tout récent, qui a amené ses auteurs devant la justice au dernier mois de novembre : Une mère d'artiste conduisait sa fille Eugénie dans les ateliers de peintres où elle posait ; non pas que la petite, quinze ans et demi, et artiste à la Gaîté, n'eût pas pu ni préféré y aller seule, mais parce que la mère voulait elle-même empocher les appointements de sa fille. Cette enfant, dès l'âge de onze ans et demi, était la maîtresse d'un gamin de treize ans.

— Je l'ai connue, dit ce dernier, à la Gaîté, où elle était figurante; quelques mois après, j'avais des relations avec elle : c'est elle qui m'y a forcé.

Comprenez-vous maintenant que de pauvres filles,

élevées par des mères de cet acabit, et elles se ressemblent toutes plus ou moins, soient fatalement vouées au vice ? L'avidité et la vanité maternelle sont impitoyables, et ne reculent devant aucune honte.

Exigeantes et défiantes jusqu'à l'excès, elles ne livrent leurs filles qu'en échange d'argent comptant, ou de billets en bonne forme et revêtus des meilleures signatures « pour valeur reçue en marchandises ! » Parfois elles obtiennent de leur enfant, ce qui est presque inouï en matière de prostitution, que la femme empoche l'argent et refuse d'exécuter les charges qui sont sa part dans le contrat !

Voilà ce que souffre la pauvre fille qui vous charme en souriant; elle a bien gagné son succès : l'art y est pour peu, la prostitution pour beaucoup.

En voulez-vous encore des preuves? Examinez ce qui se passe dans la salle lorsqu'elle va débuter ! Les protecteurs, les soupirants, et *tutti quanti*, n'applaudissent que si la petite a été *bonne* pour eux. Si elle n'a pas été assez bonne fille, ouvrez les journaux du lendemain, passez à l'article coulisses : vous l'y verrez *béchée*, *tombée* ; on lui reproche tout, jusqu'à ses qualités, et, avant tout, sa vertu, qu'on appelle raideur et pose. Si elle a laissé espérer ses faveurs, toute cette meute de chiens en gaieté la trouve charmante, délicieuse, souple, élégante. Les courriéristes la chauffent, citent les bons mots qu'elle a ou qu'elle n'a pas trouvés, vantent ses toilettes, son corsage, ses jambes.

Le Conservatoire ne fait pas seul des élèves : toute une population de futures cabotines fait ses études dans des écoles lyriques où les hontes du premier sont dépassées. Là, dans une petite salle de théâtre, une sorte d'estaminet, de *bouibouis*, on peut chaque jour contempler les familiarités obscènes d'un professeur Céladon qui tutoie ses biches sous les yeux des pauvres mères qui destinent *leurs demoiselles* au théâtre.

—Non, disait un artiste,— et sa fille, en vogue aujourd'hui, eût bien fait de l'écouter,— non, mes pauvres enfants, mes filles, ne paraîtront jamais sur les planches ! Je préférerais les voir mourir. Maudit serait ! j'en connais les détours. Celles qui ont un talent réel doivent livrer les plus horribles combats, celles qui n'en ont pas sont forcées de se vendre, pour que le public imbécile soit abusé sur leur compte.

Avouons-le, à la honte de l'art français : non-seulement, pour réussir, l'artiste doit devenir une femme galante, mais elle ne réussit même que parce qu'elle a déjà depuis longtemps exercé ce métier.

Ce n'est pas tout : chaque jour, dans les théâtres subventionnés, des femmes « distinguées, remarquées » par de hauts personnages, sont imposées aux directeurs, et touchent des appointements de 15 à 20,000 francs, sans être capables de remplir le rôle le plus futile, pendant que des artistes de talent, mais honnêtes, crèvent de faim sur le pavé ! C'est une manière économique d'entretenir une maîtresse aux frais de l'État.

Dans les petits théâtres, où les farces obscènes et populacières sont à l'ordre du jour, les directeurs préfèrent, comme attraction, la mauvaise réputation et les diamants de leur étoile à un talent réel et soutenu ;

20

plus elle promet de lubricité, plus elle est payée, et
plus le public spécial de ces lupanars est heureux.

On voudra bien nous permettre de mettre ici les
points sur les *i*; ce sujet nous tient à cœur, et nous
aimons trop l'art pour n'être pas outrés de ce qui se
passe.

Il est vraiment honteux pour Paris d'avoir vu le
spectacle qui s'est donné, il y a déjà quelque temps,
aux *Folies-Bergère*, où une trop fameuse troupe anglaise exécutait *notre danse nationale*. La police, il est
vrai, y a mis bon ordre, et si une grande partie du public a sifflé, ce n'est pas que sa pudeur ait été outragée,
mais bien pour céder au plaisir de faire du *chahut*, plaisir
essentiellement français. Rien ne peut retracer l'ignominie de cette danse, si on ne l'a pas vue; ni Mabille,
ni les bals mêmes de barrières n'ont encore eu de gui-
ues aussi échevelées, soulignées de gestes aussi immondes : on en fait encore des imitations lointaines.

Et cette pièce, naguère encore supprimée en cours
de représentations aux *Menus-Plaisirs*, venant après
d'autres déjà suffisamment *corsées*. On nous avait fait entendre tout ce qu'il est possible d'exprimer, on avait
laissé deviner par la mimique de l'interprétation toutes
les orgies de la passion en délire. Un poëte, inconnu,
avait pu dire d'une actrice, maintenant riche et célèbre,
qu'elle avait « dix doigts persuasifs comme dix arguments. » Ce n'était pas assez pour la paillardise des
genoux et des *gommeux* de l'orchestre et des avant-
scènes; il fallait que l'allusion du geste fût plus trans-
parente, le mouvement lui-même plus imitatif; bref,

comme le disait devant nous un spectateur indigné, au
sortir de la première : « Attendons-nous à voir reprendre la tradition du théâtre grec, où le réalisme était
complet. »

Que fait donc la censure, répéterons-nous, à propos
du théâtre! Quelle est sa raison d'être? Ou elle n'a aucune influence : alors, qu'on la supprime, et qu'on laisse
la scène se convertir en un salon de maison de tolérance;
où elle lit les pièces, et, alors, qu'elle les interdise.

Tout ceci est pour le théâtre : parlons aussi quelque
peu des salons.

Ici l'art sert de pavillon au mari adultère pour intro-
duire au nez de sa femme sa maîtresse au foyer conjugal. Il sert également de couverture à certaines saturnales données dans des *buen retiro* par des hommes
du meilleur monde, amis des arts, c'est-à-dire de la
prostitution qui en est l'envers obligé.

Ces réjouissances de la fressure, comme disait Rabelais, datent déjà de loin. Dès 1722, le Palais-Royal était
témoin des immondes *fêtes d'Adam*, où l'on rencontrait
des filles, conduites la nuit, les yeux bandés, pour
qu'elles ignorassent où elles étaient. Le régent, ses
femmes et ses roués, qui ne voulaient point être connus,
se couvraient de masques. On le lui dit un jour à sa
barbe : lui seul et Dubois étaient capables d'imaginer
de pareils divertissements. — D'autres fois, on choi-
sissait les plus beaux sujets des deux sexes qui dan-
saient à l'Opéra, pour répéter les ballets que le ton facile
de la régence avait rendus si lascifs, et que ces artistes
exécutaient dans le costume de l'Eden.

La tradition ne s'en est pas perdue. On sait avec quel enthousiasme elle fut cultivée sous la Terreur et, après elle, sous le Directoire. Depuis vingt-cinq ans, elle est remise en honneur en France, et les fêtes où paraissent les artistes sont plus nombreuses sinon plus décolletées que jamais.

Il ne faut même pas chercher bien loin ces *buen retiro* : certains cercles leur en tiennent lieu quelquefois, au moins pour la première partie du programme ; la seconde s'accomplit au dehors, soit en voiture, soit au logis des cavaliers galants.

Et nous connaissons des jeunes gens de valeur, préoccupés ordinairement de choses sérieuses, qui commettent des bassesses pour pénétrer dans ces repaires de la prostitution ; et des journaux insèrent des comptes rendus pompeux de ces orgies, qu'ils présentent à leur public abusé comme des solennités où l'art se livrait dans le mystère à ses adeptes... : De mystère, il n'y en avait pas, même dans la honte.

Tels sont, sous leur véritable aspect, ceux qui se disent les protecteurs de l'art. Ils sont tout simplement les exploiteurs de malheureuses qui sont les victimes d'un rêve de jeunesse, ou de l'ambition de parents vaniteux ; ils font *chanter la faim* : Livre-toi, ou tu ne gagneras rien !

Les arts qui ne se rattachent pas directement au théâtre sont moins gangrénés peut-être, mais ils n'échappent pas à cette contagion : les *poseuses* des ateliers sont une autre branche que les protecteurs cultivent de près. Rarement les artistes peintres ou

sculpteurs ont des relations avec leurs modèles. C'est
un tradition qui fait presque loi ; c'est un dogme dans
les ateliers que ces liaisons tuent la flamme et l'inspiration, et le véritable artiste doit pouvoir regarder avec
calme et sang-froid le marbre vivant qui se dresse devant lui.

Mais les artistes ont de nombreux amis, de riches
oisifs, qui encouragent leur talent, ou prétendent vou-
loir en acheter les produits ; ce sont des écrivains, des
journalistes, qui se donnent la mission d'en faire l'éloge
au public. Leur assiduité dans les ateliers n'a, le plus
souvent, d'autre but que de contempler sans voiles les
beautés plastiques que les nécessités du travail con-
traignent d'y étaler.

Cette indiscrétion, qui compromet parfois gravement
l'achèvement ou le succès d'une œuvre, est tout le fruit
que l'artiste recueille de l'amitié intéressée de ces *protecteurs.*

Voilà ce que l'œil attentif découvre sous la surface
brillante de ce monde qui *vit*, et se vante de *vivre.*
L'ignominie y fleurit à son aise dans la fange et donne
des fruits amers qui apparaissent chaque jour sous de
nouvelles formes.

VII

LE LUXE

Cause universelle d'affaissement; soif des jouissances et du bien-être, antécédents du luxe, ses ravages actuels. — *Luxe de la bâtisse.* — *Luxe de la toilette*, règne du faux : le *Pseudo* et le *Toc ; luxe du vol*, dans le commerce, multiplication effrénée de la falsification. — Magasins de luxe, mœurs des commerçants. — Les jeunes gens *chic* à Paris, crevés et gommeux et leurs familles. — *Luxe de l'éducation*, les pensionnats et les jeunes filles, la *Femme pratique* et l'*Élégante ;* la mère et la fille. — La *Mondaine ;* sa toilette, son budget, ses fournisseurs, comment elle les paie et se prostitue pour échapper à la ruine. — Influence du théâtre sur le luxe. — Budget de l'ouvrière. — *Luxe du mari,* les maîtresses, l'indifférence conjugale, faveur accordée à l'adultère et à la prostitution de sa femme, compromis honteux. — Les enfants *abîment !* - Soins pris pour les... éliminer.—Généralité de cette... industrie. — Les nourrices et la mortalité des bébés. — Mariage des filles, mariages de convenance. — Séparations de fait et judiciaires. — Dépopulation de la France. — *Luxe du boutiquier,* la bourgeoise, ses jalousies et ses tours, sa débauche. — L'ouvrière qui se vend pour un ruban. — Le mariage, *règle de trois.* — La *Femme officielle.* — Les buffets pris d'assaut. — L'*Ouvrier* et le *Mannezingue.* — *Luxe de l'ivresse et de la parole :* le blagueur et l'avocat révolutionnaire. — Le *Sublime.* — Suites de l'ivrognerie.

Nous approchons du terme de cette étude si attristante ; le lecteur a parcouru avec nous les principaux cantonnements de cette immense peuplade des déclassés, et il a constaté comme nous de quel épouvantable poids leur influence pèse sur la société.

Il a vu défiler devant lui des actes horribles, des faits lamentables, des mœurs affligeantes; il a pu remonter aux origines logiques de ces dégradations honteuses et si vite criminelles, car nous nous sommes étudiés à suivre le type depuis son apparition dans le monde jusqu'à son épanouissement dans la fange.

Une conclusion générale se dégage dès maintenant de ce lugubre tableau d'ensemble, c'est que toutes les classes de la société sont infectées du même virus ; les effets apparaissent sous des formes différentes, comme les milieux où ils se produisent, mais avec une nature absolument identique.

Nous pouvons donc affirmer que la cause elle-même est unique, et, pour compléter cette longue étude, il nous faut maintenant analyser cette cause générale de démoralisation, qui, si l'on n'y prend garde, achèvera de nous dissoudre tout à fait.

Nous la désignons sous ce terme générique : le LUXE, pris dans son acception la plus large, c'est-à-dire comme l'expression du superflu, l'absence et la fuite de toute gêne, de toute contrainte, l'oubli du devoir et de l'honneur qui sont un frein aux entraînements de la passion. Nous allons essayer de montrer quels ravages elle cause à tous les degrés de l'échelle sociale.

De tous temps, le luxe a exercé ses ravages et amoncelé des ruines, en creusant des abîmes profonds dans les sociétés où il a pris trop de développement.

Ce développement est lui-même l'indice irrécusable de la démoralisation d'un peuple; depuis la chute de l'empire romain, on ne l'avait pas vu atteindre d'aussi vastes proportions, ni un niveau aussi général que dans ces dernières années.

Aussi les catastrophes sont-elles survenues avec une soudaineté qui nous a permis à grand'peine d'avoir conscience de ce grand effondrement. Les esprits sages et réfléchis ont voulu se rendre compte de la facilité avec laquelle la ruine et l'anéantissement ont succédé à une fortune qui paraissait prodigieuse.

L'enquête à laquelle ils se sont livrés a prouvé que cette décadence rapide est due à l'affaiblissement profond du sentiment religieux dans les masses, à l'absence générale des convictions, au dédain des traditions, au progrès du matérialisme prêché par la science, à l'insuffisance et à l'immoralité de l'enseignement public par la littérature, la presse, le théâtre, etc., *au désir immodéré du bien-être à la suite duquel le parvenu s'est élevé à la hauteur d'un danger social*; toutes causes multiples, mais qui, s'enchaînant et dérivant les unes des autres, se ramènent à celle que nous avons appelée : le LUXE.

En inaugurant la *Revue Indépendante* (1848), Pierre Leroux, le philosophe socialiste, avait signalé ces causes dans une page éloquente, qu'il faut relire encore, même après tous les sermons des moralistes et les enquêtes des parlementaires :

« Puisqu'il n'y a plus sur la terre que des biens matériels, j'en veux ma part, a le droit de vous dire tout homme qui respire.

« — Ta part est faite, lui répond le spectre de la société que nous avons aujourd'hui.

« — Je la trouve mal faite, répond l'homme à son tour.

« — Mais tu t'en contentais bien autrefois, dit le spectre.

« — Autrefois, répond l'homme, il y avait un Dieu dans le ciel, un paradis à gagner, un enfer à craindre. Il y avait aussi sur la terre une société, j'avais ma part dans cette société, car si j'étais sujet, j'avais le droit égal du sujet, le droit d'obéir sans être avili. Mon maître ne me commandait pas sans droit au nom de son égoïsme, son pouvoir remontait à Dieu qui permettait l'inégalité sur la terre. Nous avions la même morale, la même religion ; au nom de cette morale et de cette religion, servir était mon lot, commander était le sien ; mais servir, c'était obéir à Dieu et payer de mon dévouement mon protecteur sur la terre.

« Puis, si j'étais inférieur dans la société laïque, j'étais l'égal de tous dans la société spirituelle, qu'on appelait l'Eglise... Et cette Eglise encore n'était que le vestibule et l'image de la véritable Eglise, de l'Eglise céleste, vers laquelle se portaient mes regards et mes espérances... Je supportais pour mériter, je souffrais pour jouir de l'éternel bonheur... J'avais la prière, j'avais les sacrements, j'avais le repentir et le pardon de mon Dieu !...

« J'ai perdu tout cela ; je n'ai plus de paradis à espé-

rer ; il n'y a plus d'Eglise ; vous m'avez appris que le
Christ était un imposteur ; je ne sais s'il existe un
Dieu, mais je sais que ceux qui font la loi n'y croient
guère et font la loi comme s'ils n'y croyaient pas.

« *Donc, je veux ma part de la terre ; vous avez tout
réduit à de l'or et du fumier, je veux ma part de cet
or et de ce fumier !*

« Pourquoi parler d'obéissance ? pourquoi parler de
maîtres, de supérieurs ? Ces mots n'ont plus de sens.
Vous avez proclamé l'égalité de tous les hommes, donc
je n'ai plus de maîtres parmi les hommes. Mais vous
n'avez pas réalisé l'égalité proclamée, donc je n'ai pas
même ce souverain abstrait que vous appelez, tantôt
par un mensonge, la nation ou le peuple, tantôt par
une autre fiction, la loi.

« Donc, puisqu'il n'y a plus ni rois, ni nobles, ni
prêtres, et que pourtant l'égalité ne règne pas, je suis
à moi-même mon roi et mon prêtre, seul et isolé que
je suis de tous les hommes, mes semblables, égal à
chacun de ces hommes et égal à la société tout entière,
laquelle n'est pas une société, mais *un amas d'égoïsmes,
comme je suis moi-même un égoïsme...*

« Vous me demandez où est aujourd'hui la religion,
et moi je vous demande où est aujourd'hui la société !
Ne voyez-vous pas que l'ordre social est détruit comme
l'ordre religieux ? La ruine de l'un joint la ruine de
l'autre... *Vous m'avez ôté le Paradis dans le ciel, je le
veux sur la terre.* »

Telles sont bien les revendications de tous les déshérités, et les heureux de ce monde semblent n'avoir d'autre but que de les justifier.

Dans cette chasse furieuse par laquelle on poursuit frénétiquement la jouissance, chacun ne pense qu'à soi, ou aux autres par rapport à soi, ce qui est pareil : le *luxe* est le but convoité par tous.

Il apparaît comme le terme final de tous les actes de la vie, dans les manifestations extérieures surtout. Il a envahi les constructions nouvelles, et un ancien semblait prédire les catastrophes qui viennent de frapper Paris, lorsqu'il s'écriait :

« Il fallait une ville de marbre à ce peuple qui allait périr. »

Un décret de Philippe le Bel avait déjà tracé des limites au luxe des habits : 6,000 livres de rente en terres avec le titre de comte ou de baron, ne permettaient à un mari de donner à sa femme que quatre robes par an. Une dame possédant 2,000 livres avait droit à une robe seulement dans l'année. Les femmes de grands seigneurs ne mettaient que des robes à 30 sous l'aune : aujourd'hui elles valent 30 francs : c'est du progrès.

Les bourgeoises n'y pouvaient mettre que 10 sous : celles du jour veulent toutes porter de la faille ; il n'est pas jusqu'à l'ouvrière qui n'achète des étoffes imitant la soie et le satin.

Malgré tous ces efforts, généralement, du reste, infructueux à toute époque contre le luxe, les *colifichets* vinrent, au XIII° siècle, s'ajouter accessoirement au principal de la toilette.

Dès lors, on rehaussait le luxe des habits par des or-

nements en métaux précieux et en pierres fines, artis-
tement disposés dans les cheveux ou à la ceinture.

Les fleurs naturelles et surtout les plumes de paon
s'ajoutaient à la décoration de la tête. Il y avait même
une corporation de *chapeliers de paon* qui travaillaient
ostensiblement pour les seuls gens de qualité, mais
nombre de bourgeoises avaient su franchir sournoise-
ment leur porte, et obtenir de leurs maris les chapeaux
de plumes de paon qui faisaient sécher d'envie leurs
compagnes.

Les chapeliers de fleurs recrutaient leur clientèle dans
le même milieu de galants et de coquettes; ils avaient
le privilége de travailler le dimanche tant que durait la
saison des roses. Savez-vous ce que coûtait un *chapel
de roses* en 1260? De 15 à 20 sols parisis (de 16 à
22 francs), et la coiffure ne durait qu'un jour. Déjà le
luxe de la dépense laissait peu à désirer.

Aujourd'hui tout ce qui brille a pour nous, Français,
le même attrait que pour les Orientaux et les sauvages
des zones tropicales ; le luxe n'est plus la récompense
d'une longue vie de travail et de privations, c'est le
premier désir de l'homme, qui cherche à le réaliser
par tous les moyens sauf un, le seul juste et vrai, *le
travail*.

De là tous les crimes, les violences, les bassesses qui se
commettent chaque jour, l'immoralité et la prostitution
croissantes et l'avilissement général du pays.

On a grand tort de s'imaginer parfois que le luxe
ruine seulement le prodigue, le *poseur*; il engendre
dans tout le peuple, par la contagion de l'exemple,

l'envie et le découragement. On ne voit que le résultat brillant, et l'on ne s'occupe pas des moyens qui l'ont obtenu : la paresse s'ensuit et, avec elle, la démoralisation universelle.

Pour n'en citer qu'un exemple, l'exagération des constructions sous l'Empire, ce *luxe de la bâtisse*, ce désir de faire en quelques années l'ouvrage des siècles, a attiré à Paris les ouvriers des départements et du monde entier ; il a accru de la sorte, dans une énorme proportion, le chiffre de la population nomade qui vit au jour le jour.

La destruction du vieux Paris, la substitution *d'habitations de luxe* aux modestes maisons dans lesquelles l'ouvrier pouvait se loger, a rejeté aux extrémités toute cette population de travailleurs ; elle a fait en quelque sorte deux villes dans la même cité.

Relégués dans les faubourgs, les ouvriers ont vécu tout à fait isolés des classes riches restées au centre ; ils en sont arrivés à n'avoir pour elles que de l'envie et à les considérer comme des ennemies.

Tout lien de voisinage étant ainsi interrompu entre le riche et le pauvre, la classe élevée a vu disparaître l'influence qu'elle a le droit d'exercer sur la classe laborieuse.

Le mal est partout ; la gêne a pénétré dans les familles les plus favorisées de la fortune, depuis la femme que l'on admire dans les bals officiels et qui emprunte à son valet de quoi payer sa robe, jusqu'à l'héritière dont la dot sert à solder les fantaisies et les dettes de son mari.

Cette banqueroute générale ouvre toutes les portes au vice, celle de la femme du monde comme celle de l'ouvrière. L'amour devient la raison sociale du commerce des appâts, l'adultère est élevé à la hauteur d'une institution sociale ; la femme se laisse facilement déshabiller pour se rhabiller avec d'autres vêtements assez éclatants pour dissimuler ses taches.

Le luxe *subit* d'aujourd'hui n'est plus ce vrai luxe dont nos pères se glorifiaient avec raison et jouissaient à bon droit, ce luxe payé pièce à pièce, dont chaque détail rappelait un sacrifice, une récompense ; où l'argenterie était en argent, les bijoux en or, les diamants en diamants. De nos jours, *le luxe est faux ;* — c'est le règne du *toc* et du *pseudo*, — et aussi ruineux que le vrai.

Entrez chez ce parvenu de la finance ou de toute autre industrie : vous n'y trouverez rien de vrai, pas même le sourire qui vous accueille. Vous admirez son argenterie, c'est du ruolz ; ses statues, c'est de la pseudo-céramique ; ses bronzes, c'est de la galvanoplastie ou du zinc ; ses marbres, c'est du plâtre stéariné. Ses meubles en vieux chêne sont en bois noirci ; tout cela craque et sent le creux.

Pourquoi ? C'est qu'il a voulu briller avant le temps ; il s'est hâté de jouir d'une fortune mal acquise et mal assise ; il se contente de la forme. L'existence consiste pour lui à jouir bien vite, à briller comme un météore, pour s'éteindre peut-être aussi vite qu'il est monté.

Aussi l'or est-il le pavillon qui couvre toutes les tur-

pitudes. Il rend aveugle et sourd : Respect à qui en a !
peu importe comment il l'a acquis.....

Les prix absurdes qu'ont atteint les marchandises de
luxe n'ont plus de bornes, et les commerçants bâtissent
des fortunes bien discutables sur ce besoin de briller.

Tel article est cher parce qu'il est à la mode, parce
que telle élégante s'en sert ; ce fournisseur fait payer
ses marques parce qu'il est breveté par tel souverain ;
cette autre chose est tout bonnement hors de prix parce
qu'elle est laide ou inutile.

Après tout, c'est peut-être un service que le commerçant rend à la morale, en se moquant du client qui
est assez stupide pour acheter des vilenies à des prix si
élevés.

Quelques-uns spéculent sur la bêtise et l'immoralité,
et refusent de vendre aux honnêtes femmes Ils savent
que les autres ne reculent devant aucun prix, puisqu'elles tirent l'argent des poches d'autrui, et par-dessus
le marché, leur font une réclame.

Aussi ne faut-il plus s'étonner du luxe qu'affiche le
commerçant du jour : l'or, le marbre, les tapis font de
ses magasins un véritable palais ; c'est à qui exhibera
des étalages magnifiques et des voitures phénoménales.

— « Comment, mon cher, vous avez fait faillite ! »
dit-on aujourd'hui. — « Non, mieux que cela, j'ai fait
banqueroute !... »

Aussi la faillite est-elle devenue un moyen de réclame, et voit-on chaque jour des faillis sans foi ni loi
braver insolemment la loi et l'opinion publique, en
continuant d'afficher un luxe qui est le produit de leurs

vols. Leur audace grandit avec leur avilissement et ils éclaboussent en voiture les malheureux qu'ils ont ruinés.

Il faut l'avouer, il se trouve malheureusement des gens qui les saluent encore. — Ne sont-il pas riches ? l'or n'a-t-il pas un éclat qui cache toutes les hontes, ferme toutes les bouches, et donne de cette considération qui semble un pardon ou plutôt un oubli de convention d'un passé enterré sous des billets de banque ?

Hélas ! qu'est devenu ce bon et modeste commerce parisien, dont les magasins, il est vrai, n'étaient pas dorés sur panneaux, mais où la marchandise était honnêtement vendue et achetée ?

Aujourd'hui, tout commerçant, grand ou petit, vole.

La laitière allége son lait de sa crème, et l'enrichit d'une notable proportion d'eau ; la crème est remplacée par l'addition d'une infusion de riz, d'orge ou de son, agrémentée de blanc d'œuf battu ou de colle de poisson !

L'épicier ne vend guère que du café en poudre où la chicorée dépasse les limites d'un mélange bienfaisant. La chicorée elle-même est peut-être remplacée par de l'avoine grillée ! La chicorée qui sert déjà à falsifier le café est falsifiée à son tour avec des marcs épuisés, de l'ocre, de la brique, du noir animal, de la suie, et même par de la terre teinte en noir.

Le chocolat se fabrique avec de la farine de haricots, de la fécule de pommes de terre, des amandes grillées, du suif de veau ou de mouton, du cinabre et de l'ocre ; la liaison du tout se fait avec de la mélasse !

Le thé se compose d'aubépine, de sureau, d'églantier, de frêne, de prunier sauvage, etc. ; cela est coloré avec du bois de campêche ou du sulfate de cuivre, selon que l'inventeur le veut noir ou vert !

Le sucre en poudre se mélange avec de la fécule, de la craie, du plâtre ; le sel se combine admirablement avec du sulfate de chaux, de l'alun, du salpêtre ; le poivre avec du chènevis.

La chimie a découvert la recette pour fabriquer le vin de Bourgogne, de Champagne, de Bordeaux, enfin le secret de la transubsstantiation de l'eau en vin.

Le poiré, le cidre, l'alcool, la mélasse, le bois de campêche, le jus de betterave ; la craie, le plâtre, l'alun, le carbonate de potasse, le sulfate de fer, l'oxyde de plomb, l'acide tartrique, amique et acétique, en sont les éléments essentiels.

Tous les jours la police chargée de la dégustation des boissons, qu'on paie 60,400 francs par an, saisit et coule des tonneaux de vin falsifié à l'aide du plomb. Les vins aigres sont a'oucis avec du protoxyde de plomb (litharge) ou de la céruse (carbonate de plomb); ces vins plombés ont une saveur styptique, métallique, sucrée. Parmi les cas d'empoisonnement dus au vin plombé, nous nous rappelons celui d'un certain nombre de soldats du camp de Compiègne, dans les dernières années du règne de Louis-Philippe.

Ce genre de falsification est fort en usage pour la clarification du cidre que l'on vend à Paris, et nous n'hésitons pas à attribuer un grand nombre de malaises et d'affections des voies digestives dans la classe ouvrière aux sels de plomb que contient le cidre, si difficile, comme on le sait, à conserver en futaille.

Les commerçants ne se contentent pas de falsifier leur marchandise au détriment de la santé publique, ils profitent de tout pour exploiter les consommateurs : c'est leur luxe particulier, *le luxe du vol.*

Demande-t-on à acheter du vin, le marchand répond : Il est augmenté de 100 francs par barrique, « à cause des nouveaux droits. » — S'il s'agit d'huile minérale, il déclare qu'elle est augmentée de 15 centimes par litre, toujours « à cause des nouveaux impôts. » — Pour le café, le débitant annonce qu'il est forcé de le vendre 20 centimes de plus par litre, « à cause des nouveaux droits. » — Le sel est vendu 5 centimes de plus par kilogramme, encore « à cause des nouveaux droits, » et ainsi de suite.

Or, c'est là une pure escroquerie, car souvent il n'y a encore aucune taxe ni surtaxe nouvelle sur ces divers produits. Mais ils ne s'arrêtent pas là.

La plupart des commerçants remplissent un rôle ignoble en aidant les fils de famille à se ruiner. Mais, leurs affaires avant tout ! Si le père offre des garanties de fortune, si le jeune homme a des héritages en perspective, le fournisseur escompte longuement tout cela, et pousse le malheureux fou à dissiper son avoir futur.

Le crédit est une invention destinée à enrichir les uns aux dépens des autres : il achève ce que la débauche a commencé.

Le crédit offert à la jeunesse qui s'amuse n'est autre chose que de l'usure, et le commerçant qui l'accorde se rend complice des débordements qui amènent la

ruine des fortunes les plus grandes : il devient le souteneur de la luxure et de la prostitution. — Nous pourrions citer tel marchand de meubles et de bijoux, etc.,
les marchands à la toilette des prodigues, qui s'enri-
chissent par le vol et le chantage exercés sur les familles
pour obtenir le remboursement de leurs créances, en
marchandise ou en argent.

L'usurier classique, qui fait signer un billet de
2,000 francs pour 1,000 qu'il avance, existe toujours,
mais son métier a été perfectionné.

Vous avez besoin, par exemple, de 2,000 francs : cet
honorable industriel vous fournira, en marchandise
facile à écouler, un objet de 1,000 francs ; mais, que
faire de cela, ce n'est pas encore de l'argent.

Un de ses complices vous en offre 600 francs ; bénéfice net pour l'usurier : 1,400 francs sur 2,000.

Un des types les plus étranges et les plus écœurants
de Paris est celui de cette usurière extrêmement
connue dans un certain monde. De temps immémorial,
elle vend de tout, depuis de vieux habits jusqu'à des
femmes. Laide, prétentieuse et sale, elle court le Temple
le matin, et le soir le quartier Bréda, achetant, reven-
dant, poursuivant, et cherchant toutes les occasions
possibles de connaître des jeunes gens de famille à
court d'argent. A l'échéance, le signataire ou ses
parents paient les billets ; mais sa spécialité est de
conserver le titre par devers elle, sans qu'on s'en aper-
çoive, pour le faire ensuite rembourser une seconde
fois.

D'autres ont toujours en portefeuille un assortiment

de billets à ordre, couverts de signatures et d'endos fantaisistes que de pauvres hères leur donnent pour vingt sous ; les *brochettes*, précédées de deux ou trois noms connus, sont passées aux petits commerçants, garés de leurs échéances.

En échange, ils demandent aux pauvres dupes des billets d'elles, qu'ils font impitoyablement solder à l'échéance. Quant aux valeurs fournies par eux, elles sont invariablement impayées. Quant, à la suite de deux ou trois opérations de ce genre, le client est arrivé à la faillite, l'homme d'affaires l'aide par ses conseils à se tirer de là le mieux possible. Pour cela, il a en réserve un assortiment de valeurs de Bourse, tombées dans le plus complet discrédit, et qu'il achète au prix du papier. Il les vend, lui, à bon compte, et, en déposant son bilan, le négociant présente à son actif 150 ou 200,000 francs d'actions de chemins de fer en faillite ou de sociétés financières en déconfiture, achetées pour quelques centaines de francs.

Cet usurier est un type très-fréquent...

Pendant que de modestes familles sacrifient avec courage leur avoir pour donner de l'éducation à leur fils, celui-ci s'en vient à Paris, où il se laisse séduire par l'éclat du luxe ; le malheureux dévore sans remords le bien de ses parents, tire ce que l'on appelle en souriant dans le monde qui s'amuse des *carottes,* avoue même de fausses dettes de jeu, et ne craint pas de faire pleurer sa mère de désespoir pour arracher à sa tendresse de quoi dîner au restaurant avec des filles en vogue, fumer des *londrès*, porter un habit coupé à la dernière mode, de quoi *poser* enfin !

Pendant que sa sainte mère économise et liarde pour réparer les saignées qu'il fait à la fortune commune, pendant que sa pauvre sœur peut être se prive du nécessaire pour que son lâche frère puisse « faire figure » à Paris, cet infâme se promène *tout flambant* sur le boulevard.

Vous ne saurez jamais, pauvres familles, vous qui avez gardé l'innocence et la modestie de la province, les ignominies que commettent presque tous vos fils avec le prix du pain qu'ils vous volent ! vous ne voudriez même pas le croire !

Pendant que vous souffrez sans vous plaindre, croyant accomplir un sacrifice utile, tandis que vous pleurez même en silence de ne pouvoir faire plus, votre gandin de fils *gobelotte* avec des filles, rit et pose avec elles, ne se prive de rien, et surtout rougit de dire encore ce mot sacré : *Maman!*

Croyez-le, celui qui ose le prononcer encore devant ses camarades est un honnête garçon, mais combien de fois l'entendrez-vous sortir de la bouche d'un jeune homme lancé à Paris ?

Mais le *chic* est le plus fort ! Dût-on payer ses folies de son honneur, expier ses excentricités en police correctionnelle, il faut *poser !*

Et ils sont innombrables sur le pavé de Paris, ces fils de bons bourgeois ou de familles riches ou pauvres, dont le *luxe* est de gaspiller une fortune que « *Papa* » a gagnée ou s'efforce d'arrondir ! Leurs pauvres têtes

vides et affolées du désir de briller, pleines de sottise
vantarde et idiote, ne sont capables que de rêver à de
nouvelles dépenses qui leur donnent une notoriété dans
le monde galant. C'est un châtiment infligé à bien des
parents honorables, et, nous le voulons bien, animés
de bonnes intentions, mais remplis d'une imprévoyance
coupable, qui donnent à leurs enfants des goûts et des
besoins au-dessus de leur fortune, les habitudes d'un
monde qui n'est pas le leur. Ceux-ci, arrivés à l'âge des
passions, dissipent un argent dont ils privent leur
entourage, car ils n'ont jamais appris à connaître la
valeur de l'argent, ils ne savent que le dépenser !

Le luxe agit encore plus directement sur la femme,
et l'éducation moderne des jeunes filles n'est pas faite
pour leur inspirer le sentiment de leurs devoirs.

Sont-elles, en effet, préparées aux obligations de la
famille, aux labeurs de la vie, aux revers possibles,
dans ces établissements somptueux où elles passent
leur première jeunesse?

Que sont devenus les modestes uniformes de pensionnaires, ces humbles chapeaux, ces robes de laine et
surtout le sarrau classique, qui ont fait place à la soie
à la mode?

Qu'ont besoin les jeunes filles destinées à la maternité des faux chignons et du maquillage qui ont envahi
les dortoirs? La pensionnaire n'a-t-elle pas l'air d'une
cocotte de l'avenir?

Qu'est-il besoin d'élever dans le luxe les jeunes filles

de militaires, qui n'ont aucune fortune et qu'on accoutume aux splendeurs dans la maison de la Légion d'honneur, à Saint-Denis ? Elles en sortent, il est vrai, avec de bonnes manières, des talents d'agrément; elles savent danser, mais elles n'ont que des goûts au-dessus de leur position de fortune, sans aucun gagne-pain. On ne les retrouve ensuite que trop nombreuses dans la *haute* et la *basse cocotterie*.

On se fait difficilement l'idée de certaines discussions entamées entre elles par les jeunes filles du monde sur le rôle de la femme, son éducation et sa destinée.

Nous en avons entendu traiter avec le plus souverain mépris la jeune fille à qui sa mère enseignait à faire la lessive, à repriser le linge et les vêtements, à tenir la comptabilité du ménage, ainsi qu'à soigner la cuisine et à surveiller les domestiques.

Il fallait voir avec quelle verve elles *blaguaient* une de leurs amies ainsi formée, qui avait le bon sens de l'avouer et le courage d'en louer sa mère. — Nous avons vu avec tristesse une femme du monde, âgée de quarante-cinq ans, mère de trois enfants et à la tête d'une maison assez considérable, applaudir à ces railleries et les renforcer encore.

Il faut dire que le ménage de cette dernière *va à la diable*, et que, sans la sollicitude d'une ancienne cuisinière, le modèle du dévouement domestique, la misère serait déjà venue depuis longtemps pour tous les siens. Elle est cruellement punie maintenant de son dédain pour l'humble pratique de la vie d'intérieur !

Frappée particulièrement dans nos malheurs patriotiques, sa fortune a presque disparu ; aussi est-elle aux prises avec les plus redoutables embarras pour faire face aux nécessités de sa position si diminuée.

Toutes ces femmes et ces jeunes filles ne vantaient que l'art, ne voyaient que lui dans la vie ; c'est le moyen le plus efficace de briller et de charmer.

Les malheureuses ! elles auraient plu bien davantage si elles avaient su réformer l'aigreur et l'emportement d'un caractère entier et entêté, et acquérir les qualités de femme de ménage, dont l'absence a jusqu'à présent fait fuir loin d'elles tous les candidats au mariage.

Quand donc voudra-t-on comprendre que le premier attrait de la femme destinée à être épouse et mère, ce sont les dons solides du caractère et de l'expérience? Les dons de la nature ne viennent qu'après ceux du cœur et de l'éducation. On s'en félicite, s'ils existent, comme d'un charmant surcroît; on s'en passe fort bien, s'ils sont absents, et nombre de maris vous exprimeront comme un axiome que le ménage le plus constamment heureux est celui dans lequel la femme, n'étant pas très-jolie, cherche à être attrayante par le cœur et le dévouement de tous les jours.

Ce n'est pas en tous cas avec des rosières qu'on relèvera la vertu des femmes, — la vertu ne peut être officielle ; — c'est en leur donnant l'intelligence de leur rôle sublime en ce monde, en leur apprenant la modestie, le respect d'elles-mêmes, et non en leur enseignant la mode et les travaux de fantaisie, en leur inculquant le goût du luxe et des jolies choses.

Si les directrices des pensionnats de jeunes filles, au

lieu de gaspiller tant d'argent à leur inspirer l'amour
de la toilette et le désir de plaire, sous prétexte d'en
faire des femmes du monde, leur avaient appris à aimer
les charmes de l'intérieur, la valeur de l'argent, à comprendre, à juger, et à rester telles que Dieu les a faites,
c'est-à-dire charmantes et naturelles, nous ne verrions
pas tant de poupées de modes se promener dans la
vie, si gonflées d'elles-mêmes et si vides, que le moindre coup de vent les abat.

Au sortir de la pension, que de jeunes filles, abandonnées par leur mère à la surveillance complaisante
d'une femme de chambre, succombent aux séductions?
Les magasins de Paris, du reste, ont un luxe de portes
qui paraît fait exprès pour seconder ces fautes : presque
tous possèdent deux sorties qui semblent favoriser les
amours clandestines. Souvent, pendant que la duègne
attend à l'une, sa jeune maîtresse, séduite par un calicot endimanché ou un cabotin entraînant, s'esquive par
l'autre et va rejoindre celui qui se meurt d'amour pour
elle et qui la déshonore dans un cabinet particulier ou
dans une voiture.

Les femmes de chambre ne sont pas seules à fermer
les yeux, ou à faciliter les folies de leurs jeunes maîtresses! Certaines maîtresses de piano ou de dessin, chez
lesquelles les parents envoient leurs filles avec confiance,
ne sont guère que des entremetteuses, dont les appartements servent de lieux de rendez vous. On y apprend
plus à faire des écarts dans la vie que sur le clavier;
on y apprend plus la bosse sur nature que sur le plâtre.

Avant de s'occuper de l'émancipation de la femme,

22

les larmoyeurs qui font métier de s'apitoyer sur son compte feraient mieux de demander la réforme de son éducation, de faire sans relâche une guerre acharnée à ces fabriques de poupées articulées qu'on appelle *pensionnats*. — Si la femme est tenue en tutelle, elle le mérite bien, et le méritera toujours, car, outre l'éducation superficielle et élégante, aussi dangereuse que l'ignorance la plus absolue, elle est et restera *femme*, c'est-à-dire un être sans aucune suite dans les idées et sans consistance. Une femme ne raisonne que par intermittence, et sauf la maternité qui fait alors converger ses idées vers un but naturel, la femme est presque toujours impuissante à faire des choses sérieuses par elle même. Elle serait, sauf quelques *bas-bleus* fort ennuyeux, du reste, bien embarrassée de la capacité que ses défenseurs réclament pour elle.

Si l'homme n'est pas toujours digne de l'autorité absolue dont la loi l'investit, la femme ne serait jamais capable d'user de la liberté qu'on réclame. Ce n'est pas l'institution même du mariage telle qu'elle est, qu'il faut battre en brèche ; — ce n'est surtout pas le moment, alors que la famille tend de plus en plus à se décomposer ; — mais bien l'exploitation du mariage, mais les mariages de convenance, les parents qui livrent leurs filles à des invalides, les filles qui épouseraient leur concierge pour sortir du sein de leur famille.

Voilà ce qu'il faut blâmer, et non pas l'autorité légale du bon mari, la protection qu'il doit à sa femme, à qui la loi ne demande que l'obéissance.

Apprenez aux jeunes filles à se respecter, à comprendre le vrai but du mariage, la maternité, la dignité, la réserve, et non pas la liberté, leur seule ambition.

De mauvais plaisants, des idiots naïfs ou des optimistes aveugles, croyant que les ruines accumulées par les *pétroleuses* ramèneraient les Parisiens à la sagesse, ont fait courir en province le bruit que Paris, décapitalisé, avait secoué son ancien luxe césarien, était revenu à l'austérité des Spartiates ; que les chignons rouges, les talons en échasses, les soupers étaient oubliés, les faillites à réclames suspendues, la presse raisonnable ; que la vertu des boulevardiers faisait chômer les filles !

Hélas ! l'étalage est revenu à son petit train-train, le carnaval parisien a repris son cours !

Nous possédons toujours la *mondaine*, cette race qui est de toutes les fêtes sur les promenades, qui va au théâtre comme au prêche, ce gracieux démon qui, possédant autant de toilettes que de caprices, rivalise avec les filles publiques, les femmes de la rue, les dépasse même.

Rien ne peut arrêter la femme dans ses folies et ses ridicules quand la mode les commande. Là encore elle est extrême, comme dans le crime. Que n'a-t-on pas dit des faux chignons, teints et poudrés, en nattes ou en boucles, des cheveux ébouriffés autour du maquillage ! Satires, pamphlets, rien n'a fait.

Le luxe est resté triomphant sur la brèche ; la femme a disparu, et Paris est toujours peuplé de jolies et extravagantes gravures de mode ; la confusion est dans tous les rangs du beau sexe, la courtisane ne se distingue plus de la femme du monde, qui la copie et la jalouse, et ces nouveaux « diables aux ongles roses », sans cœur et sans âme, sacrifient impitoyablement à leur passion du luxe, famille, maris et enfants !

L'idée fixe du luxe accapare tellement leur imagination, que l'existence des mondaines n'est plus qu'un long rouleau de dépenses sans fin.

Ces êtres ensevelis sous plusieurs couches d'ingrédients savamment superposés et combinés, avec des ballons de crin sur leur maigre poitrine, sur leurs reins, avec de faux mollets, de fausses dents, des talons en échasses, des cheveux énormes et empruntés, se promènent dans la vie le nez au vent, cherchant le moyen de dépasser le luxe de leurs voisines.

La France importe annuellement, pour ne donner qu'un exemple, 57,897 kilogr. de cheveux non-ouvrés, représentant une valeur de 3,400,000 francs !

Le tout composé de cheveux achetés sur des têtes infectes, recueillis partout, sur les tas d'ordures et dans les hôpitaux, classés suivant la couleur et la longueur, nettoyés le plus possible, et livrés à Sainte-Pélagie aux détenues, qui les travaillent et les préparent ainsi à l'honneur d'orner une élégante dont la chevelure fait le succès.

Marseille est le plus grand entrepôt du commerce de cheveux : les coiffeurs engagés dans ce commerce y sont au nombre de 100 environ.

Certaine maison de Paris ne vend pas moins de 15,000 chignons par an, à des prix variant de 12 à 70 fr. la pièce, et pouvant s'élever jusqu'à 250 fr. Les chignons les plus chers sont fabriqués avec des cheveux rouges ou blond cendré , provenant la plupart d'Ecosse !...

A part la toilette, le prix qu'elle y met, la réception de ses fournisseurs, tout est indifférent à la femme élégante ; tout lui sert de prétexte à la dépense, sa religion même ; ne faut-il pas exhiber des toilettes de circonstance pour aller au sermon ou à l'office mondain et galant de midi et demi ?

Aussi le budget d'une femme lancée prend-il des proportions de plus en plus effrayantes. Ce qu'il lui faut surtout, ce sont des choses chères, très-chères ; le prix même suffit pour la séduire.

Son cabinet de toilette, comme celui des filles qui ont toujours besoin d'effacer les traces du passage de *celui* qui est remplacé, contiendra les mille petits pots qui sont la beauté et la jeunesse éternelle, le succès des femmes.

Vous y verrez : l'eau de la Virginie parfumée, dont l'usage est préservatif et curatif ; le lait antéphélique, la fraîcheur du teint ; la quintessence balsamique du harem ; l'eau de toilette astringente ou émolliente, suivant l'usage, etc., etc. En outre, la glycérine, le cold-cream, la veloutine au bismuth, et une collection de crayons, pinceaux, brosses ; on se croirait chez un *rapin !*

Et dire que chaque jour elle met sur son corps et sur sa tête une partie de ces petits pots ! Quel mélange ! Sa tête s'embellira et se chargera avec courage du chignon *impératrice* ; elle mettra la c   *jrand-prix*, la *mignonne*, la *nouvelle Française*, le jupon *impérial*, le corselet *grec*, la ceinture *des Grâces*, etc.

André Gill a spirituellement fait, dans *la Parodie*, sans trop s'écarter de la vérité, le prix de la mise en scène d'une femme :

Décors. . .	Blanc.	15ᶠ »
	Carmin fin	28 »
	Noir.	12 »
	Faux chignon.	120 »
	Râtelier Osamore.	250 »
Costumes et agréments d'avant-main. . . .		200 »
— d'arrière-main. . .		500 »
Diamants.		20 000 »
Maillot garni.		120 »
Jupes et jupons.		500 »
Accessoires. . . .	Corset.	60 »
	Corsage	8 »
Discrétion de Julia		500 »
	Total par mois. . . .	22 313ᶠ »

Cette facture à payer n'est certes pas au-dessus de la réalité : il faut à une femme qui se respecte : un chapeau de 150 francs par semaine; des robes, qu'une goutte de pluie met hors de service, de 20 à 30 francs le mètre : le moindre vêtement de fantaisie coûte de 500 à 700 francs ; des bottines de chez Féry à 50 francs et plus ; des gants de 10 à 15 francs par jour ! etc., etc.

Elle aura même *son tailleur !* production androgyne et toute moderne ; ce pilote du luxe, cet artiste ingénieux, plein d'habileté à présenter sa cliente à des protecteurs, sert d'entremetteur au grand monde.

C'est un génie qui se fait prier pour accorder une audience, pour favoriser *d'une première* et mettre au monde en faveur de l'heureuse privilégiée une toilette à sensation, une inspiration.

Bon garçon, il pousse la complaisance, lorsqu'il présente des factures de 150,000 à 300,000 francs, jusqu'à négocier la beauté de ses clientes, et au besoin jusqu'à l'escompter lui-même. Les habituées forment son sérail, ses salons une *maison à parties.*

Cette charmante manière de payer ses dettes s'appelle *être dans le mouvement.*

Nous négligions la lingère, qui fournit des chemises de 80 à 150 francs l'une, et la blanchisseuse, qui prend de 25 à 50 francs pour un jupon ! Sans compter les équipages de Madame, et vous oublierez toujours quelque chose !

Les faibles femmes sont sublimes en ce qu'elles n'entendent rien à l'argent; elles se croient priées au banquet de la vie et le droit d'en jouir; comme les enfants qui ne se rendent pas compte d'où peut bien provenir l'argent, elles vont et vont toujours, si une barrière ne leur est pas opposée.

La soif de la vanité, de l'égalité de la toilette, la multitude des tentations qui les environnent, leur enlèvent la préoccupation bourgeoise de joindre les deux bouts à la fin de l'année, et ces folles, sans prévoir les malheurs qu'elles amassent sur leur tête, s'endettent avec le charmant abandon de l'ignorance...

Tant que le mari a de l'argent, cela va bien ; il paie plusieurs fois, en faisant des scènes au lieu de raisonner, puis il déclare un beau jour qu'il ne paiera plus.

Il faut cependant briller !... Que faire ?

Que n'invente pas alors la femme pour expliquer des dépenses qui ne diminuent pas ? et les bons parents qui envoient des cadeaux, et les occasions de bon marché, les liquidations à tout prix que les commerçants semblent avoir inventées à son usage !

Mais tout cela fait boule de neige ; les 15 ou 20,000 francs que lui donne *son rat de mari* suffiraient à peine pour donner des à-compte à ses fournisseurs les plus exigeants et à reculer de quelques jours le moment de l'expiation, ou rendre sa chute plus inévitable.

Car le jour où les créanciers l'assiégeront, elle rencontrera une proxénète qui lui donnera les conseils et les consolations de son expérience du mal, et la livrera, après avoir guetté le moment propice, à un protecteur, à un ami qui en a envie... et un jour, aux abois, folle de désespoir, le sourire de commande aux lèvres, elle cachera sa chute derrière la portière d'une alcôve.

La proxénète aura augmenté ses revenus !

Le châtiment commence, car elle est l'esclave de sa confidente, l'esclave d'un débauché qui la marchandera peut-être demain et la quittera comme on quitte une fille qui a calmé un désir ou un besoin.

La malheureuse marchera dans le monde avec un regard assuré et d'emprunt, soutenant avec l'effronterie du désespoir les regards insolents et lascifs de ceux qui comprennent *qu'on peut se la payer !* Elle trouvera le triste courage de tout supporter pour payer son luxe, ce luxe qui l'a fait tomber, mais qui aujourd'hui la fait vivre !

Le théâtre lui-même, qui devrait se maintenir dans les sphères intellectuelles, se ravale au point de devenir un magasin de modes et de nouveautés et l'une des causes principales de ce luxe.

Il y a des scènes à femmes, où le public se précipite pour admirer un plastique de faux mollets, etc., où la luxure s'étale à l'aise. On n'y va plus admirer Mme X... dans tel rôle, mais dans telle toilette; certaines pièces n'ont dû leur succès qu'au luxe incroyable et saisissant, disons même *empoignant*, de leurs exhibitions de poupées vivantes de modes, qui expriment en beau langage des sentiments uniquement dignes d'être sifflés. Certain théâtre fit la fortune des couturières qui avaient créé et signé les chefs-d'œuvre par lesquels était attiré le spectateur.

La femme, transportée d'admiration, regarde, étudie, creuse, mais n'écoute pas, — c'est quelquefois heureux ! —et le soir, en rentrant, étourdit son mari, ses enfants, par la description de ces merveilles, en rêve tout haut la nuit et voudrait bien en posséder une ! Comment peut-on avoir assez d'argent pour payer tout cela ? Problème qu'elle saura résoudre au prix de... sa vie peut-être.

Des journaux d'un certain poids eux-mêmes se font fort de relever les scandales de toilettes et ne manquent pas de signaler les grands succès des couturières au

théâtre et aux courses : ils se rendent ainsi complices
de l'effet dangereux de ces exhibitions.

Ainsi nous lisions naguères dans un compte rendu
des courses :

« J'ai gardé ces dames pour la bonne bouche. Il
était au grand complet, le bataillon sacré des demoiselles, venues à Paris en sabots et qui ont amassé une
honnête aisance *à la sueur de leur front.* C'était un
prestigieux défilé de soie, de dentelles, de diamants,
un fouillis éclatant de nuances diversifiées à l'infini, un
vrai conte des *Mille et une Nuits.*

« Laissez-moi seulement vous signaler Caroline
Hacé, toilette splendide prune de monsieur, brodée de
marguerites ; Moisset, en bleu et noir ; Blanche d'An-
tigny, noir et blanc, toilette sévère et d'un goût exquis ;
Schneider, en bleu canard, mise simple mais charmante ;
Nelly Harcourt, bleu verdâtre ; Gabrielle Tremblay,
bleu céleste ; Rosalie Léon, étoffe treillis sur un jupon
rose, original mais joli ; Marie Colombier, en vert
bronze, etc., etc. »

Il y en avait une colonne entière, et, pour terminer :

« Si j'oublie quelqu'une de ces charmantes créatures,
qu'elle vienne réclamer aux bureaux du journal : *je
suis prêt à lui rendre raison.* »

Les femmes riches et luxueuses rougiraient de leurs
intraitables désirs si elles connaissaient plus à fond le
budget de la malheureuse ouvrière, qui gagne 500 fr.
par an, et doit sur ce chiffre, qui ne solderait pas un

seul de leurs caprices, manger, se loger, se chauffer, s'habiller, en travaillant 12 à 13 heures par jour!

Vous vous vendez pour briller, Madame ; l'ouvrière meurt quelquefois plutôt que de se déshonorer, mais, si elle succombe, c'est pour manger.

Ces créatures, ces *singesses*, ces machines, comme vous les appelez, qui sont souvent jetées dans leur malheureuse vie par la misère, sont plus à plaindre qu'à mépriser ; elles vous valent. Qu'auriez-vous fait à leur place, vous qui avec des monceaux d'or trouvez encore le moyen d'avoir besoin d'un entreteneur de vos plaisirs et de vos folies, vous qui avez sous la main la famille, le bien-être, qui n'avez jamais connu le cruel besoin de la faim, et cependant leur faites concurrence !

Nous avons établi plus haut que l'ouvrière seule, isolée, sans famille, comme elles sont en foule à Paris, pouvait gagner 500 francs en moyenne par an. Nous allons exposer le calcul de ses dépenses. Le récit de ces misères devrait être le bréviaire des jeunes filles ; cela vaudrait beaucoup mieux que le *luxe de la dévotion*, et les sermons à la mode de tel révérend père, qui sait attirer un auditoire si élégant de charmantes ouailles. Le plus grand danger de ceux qui n'ont que la peine de naître pour voir leur moindre caprice satisfait, sans jamais être initiés à la souffrance du travailleur, est de ne pas connaître la valeur de l'argent, ni la somme de courage et d'abnégation que représente un de ces billets de banque qui leur glissent si facilement dans les mains.

Dans ce récit, vous verriez, belles mondaines, que

l'ouvrière est privée par sa naissance, son sexe, le prix
qu'on lui donne de son travail, de cet intérieur, de ce
bien-être qui est si nécessaire à la femme, et que vous
perdez par votre folie ; que si vous fanez votre beauté,
votre santé, à courir l'aventure, elle détruit tout cela
pour gagner de quoi se couvrir de haillons et ne pas
mourir de faim, pour gagner un *maximum* de 2 francs
par jour, ayant à subir la concurrence de la grande
industrie, de la machine à coudre, des hommes qui
prennent sa place, des prisons et des couvents qui travaillent au rabais, après avoir eu à compter avec le
chômage, la maladie et cinquante-deux dimanches où
elle ne travaille pas, mais où il faut manger, ayant enfin
sous les yeux l'exemple décourageant et dissolvant de
vos excentricités.

Son logement, — et quel logement ! — sera au moins de.	100ᶠ	»
3 robes à 75 centimes le mètre, 4 mètres par robe avec les fournitures.	30	»
2 tabliers de laine.	4	»
1 corset.	5	»
4 bonnets de linge.	8	»
Cols et manches.	5	50
Petit châle de 20 fr. pour 4 ans ; pour 1 an.	5	»
3 paires de bottines à 7 fr.	21	»
Bas.	9	»
Linge : 3 chemises.	9	»
A reporter. . . .	204ᶠ	50

Report. . . .	204ᶠ 50
4 jupons.	8 »
6 mouchoirs.	3 60
4 serviettes.	2 10
1 paire de draps.	5 »
Blanchissage.	36 »
Chauffage et éclairage.	36 »
Total.	287ᶠ 50

qui, déduits de 500 francs, donnent un reste de 212 fr. 50 pour sa nourriture, soit 50 centimes à peu près par jour !

Avec cela, elle peut, il est vrai, ne pas mourir de faim. Mais, nous avons admis un salaire de 2 francs par jour : que peut faire l'ouvrière qui ne gagne que 1 fr. 25 et même moins ? et elles sont en immense majorité ! Elle ne pourra que loger dans une soupente de 5 pieds de profondeur sur 3 de largeur ; elle devra se contenter de 3 sous de pain et de 3 sous de lait par jour, car c'est sur la nourriture que porteront nécessairement ses restrictions ; ne faut-il pas qu'elle soit vêtue pour travailler ?

Sa nourriture lui reviendra à 90 francs par an ; sa niche, à 20 centimes par jour, ou 72 francs par an.

Si la femme se lance de la sorte, monsieur de son côté en fait autant ; ils font ménage à part : chacun a officiellement ses gens, ses équipages, ses fournisseurs.

Aussi, entre ces deux époux vivant si près et si loin

l'un de l'autre, il n'y a plus aucune communication, aucune surveillance possible de la part du mari ; a-t-il seulement le temps et la sage précaution, la bourgeoise préoccupation, de s'occuper des détails de son intérieur ?

Cependant, quelle que soit sa fortune, le mari devrait avoir le soin prudent de supputer ce que coûtent par an la toilette de sa femme, et toutes les dépenses qu'elle entraîne. Il serait édifié et peut-être sauvé de la ruine et du déshonneur !

C'est l'insouciance du mari sur ce point qui laisse au luxe toute facilité de se développer, et le temps d'entraîner une femme dans tous les débordements. Les maris, par l'affectation qu'ils mettent à ne pas connaître l'*article-femme*, causent eux-mêmes leur ruine, en autorisant près d'eux l'exhibition de toilettes insensées.

Ne sont-ils pas, la plupart du temps, responsables de leur ridicule, en faisant de leurs femmes une exhibition indécente et périlleuse, en leur laissant montrer en public ce qu'elles cacheraient peut-être dans l'intimité ? Ne les mènent-ils pas dans le monde couvertes de diamants et à moitié nues ? Ne semblent-ils pas tout faire pour exciter de folles dépenses et provoquer les désirs des Céladons ? N'en font-ils pas un élégant gibier pour les procureurs, qui se chargent de les livrer à ceux qui offriront un jour leurs services, leur amour et leur bourse ?

Car le luxe vit un jour de l'adultère, l'adultère s'appuie sur le luxe, semant la zizanie avec la gêne, la gêne avec l'horreur du foyer.

Les maris sont donc en partie responsables des excentricités de leurs femmes. S'il en est peut-être qu'aucun raisonnement ne peut rendre à une vie normale, la plus grande partie céderaient aux conseils de la raison, et ne se compromettent par de folles dépenses que si elles sont abandonnées à leur nature de femme, à leur faiblesse, par un mari oublieux de son devoir.

Il y a pourtant quelques maris, — mais ceux-là ne sont pas *dans le mouvement*, — qui cherchent à empêcher leurs femmes de se lancer dans les excentricités et les tournoiements de la mode, de suivre le train du monde. Mais ces maladroits maris de la vieille école exagèrent alors la frugalité d'ornements et l'isolement, qui n'est plus la modestie ni la réserve. Ils font de leur maison une sorte de couvent ou de prison, infligent à la malheureuse une espèce de carcan et des mortifications perpétuelles. Un beau jour l'oiseau s'envole : qui les plaint ?

Que peut faire l'imprudent, le sot mari, quand il surprend sa femme en état de *distraction conjugale?* lorsqu'il découvre la source d'un luxe qu'il croyait dû à ses propres libéralités?

Il n'a même pas le moyen d'avoir recours au duel, car si tous les maris trompés devaient tuer les amants de leurs femmes, ils se verraient dans la nécessité de faire de véritables hécatombes, et l'adoucissement des mœurs d'aujourd'hui a si bien calmé la susceptibilité des hommes, que la plupart, incapables au reste de tenir une épée, fuient devant sa pointe, et font comme s'ils n'avaient rien vu, ou ferment violemment leur porte, comme l'Auvergnat, pour montrer qu'ils ne sont pas contents.

Que feraient-ils devant cette armée de protecteurs, quand leurs deux mains ne suffiraient plus à les souffleter tous ?

A moins que les prédestinés ne suivent la belle maxime de Corneille :

Que vouliez-vous qu'il fît contre trois ? — Qu'il mourût !

Et pourquoi ? Ce mari qui s'occupe si peu de son honneur ne tient-il pas à la vie ? Pendant que sa femme se prostitue pour entretenir sa maison sur un certain pied, n'entretient-il pas lui-même la prostitution, ne dépense-t-il pas avec les filles — *son luxe à lui* — l'autre moitié de la fortune ? Et ces deux époux, rivalisant de prodigalités et d'indulgence mutuelle, marchent les pieds dans la fange des vices qui rongent les classes les plus élevées et la tête dans la sphère des nécessités et des expédients honteux !

Aussi leur honneur ne les préoccupe pas ; au lieu d'arrêter leur femme sur les bords du précipice, ils l'y poussent et l'y retiennent, en fermant les yeux sur leurs mauvais instincts, pour avoir eux-mêmes le droit d'excuser leur dévergondage personnel.

Voilà la morale actuelle !

Le mari pousse ainsi moralement sa femme à l'adultère, et voilà comment une enfant pure, élevée pour le bien, se jette pour un chiffon ou par dépit dans les bras d'un protecteur ou d'un amant de cœur, qui escaladera peut-être la fenêtre au moment du danger, pour ne pas... *la* compromettre !

Certaines femmes, par un sentiment de couardise que la maternité devrait chasser, méprisent le rôle sublime et l'autorité dont la nature les a douées; elles perdent ainsi le prestige que doit leur donner l'enfantement. Aussi, la femme mariée, qui n'est ni jeune fille, ni mère, ni épouse, traverse-t-elle la vie comme un être isolé, n'imposant plus de respect que selon sa toilette, ses airs, parce qu'elle est une femme mise officiellement : ce n'est plus la femme poétique que la nature a créée, c'est un décor ambulant.

Trop de mères aujourd'hui ne connaissent plus le charme du premier sourire de leur enfant, le bonheur de recevoir sa première pensée, car elles l'abandonnent à son entrée dans le monde à des soins mercenaires, si toutefois, pour conserver pure leur beauté, pour éviter les traces sublimes de l'enfantement, elles n'ont pas supprimé par anticipation le fruit de « leur sacrifice à leur mari » ou de leur adultère.

Et ce n'est plus seulement à quelques femmes privilégiées que s'adressent ces reproches ; les petites bourgeoises, gardiennes jusqu'alors des vertus de la famille, se sont gangrenées à leur tour et n'on su prendre aux classes supérieures que leurs vices. « *Elles ont bien d'autres chats à fouetter* » plutôt que de « faire un marmot. » Le mari égoïste ne veut pas être troublé dans son repos, et trop de médecins complaisants sont les complices de ces femmes, qui ne disent plus, comme la Romaine, Cornélia : « Ma parure et ma beauté, ce sont mes enfants... »

On dit aujourd'hui que les enfants *abîment !*

23.

La femme ne voit dans le mariage que l'occasion d'échapper à ses parents et à leur tutelle. L'éducation anglaise, laissant aux jeunes filles une liberté d'action qui leur apprend à se respecter, tout en leur épargnant l'esclavage souvent pesant de la famille française, a la même supériorité que l'éducation de leurs fils sur celle des nôtres.

Aussi, la jeune fille française veut cesser d'être fille, mais ne veut pas être femme : *les enfants font peur* à cette frêle créature ; la maternité ennuie d'avance cette fille frivole, usée souvent par les vices contractés au dortoir. Aussi bien des épouses sont-elles assez éhontées pour avouer sans rougir, comme une chose toute naturelle, avec un air simple et naïf, qu'elles prennent des précautions pour ne pas avoir d'enfants ! Un enfant pour elles est *une maladresse !*

Et sans parler des avortements anticipés à l'aide d'un tiers, combien ne neutralisent pas, en recourant à une médicamentation, leur fécondité ! Que de *trucs* employés sur la couche nuptiale, avec la complicité du mari, pour prévenir un résultat ! Que d'imprudences calculées et criminelles, comme des efforts malheureux, un bal où l'on danse trop, certaines indigestions volontaires, qui provoquent des fausses couches, si les premières précautions n'ont pas été suffisantes !

Rien de tout cela n'est exagéré ; cela se passe tous les jours, *c'est reçu*, les femmes en parlent entre elles. Mais tous ces moyens sont autant d'avortements ; sauf de rares exceptions, les accidents sont cherchés.

A côté de tant d'avortements dissimulés, le nombre

des crimes de ce genre jugés par les tribunaux semble
bien restreint. Les femmes du monde, si raffinées dans
leurs moyens, sont impunies ; la loi ne frappe guère
que les moins criminelles, les filles·mères que la mi·
sère pousse au crime.

Ce que les débauchés font avec les filles pour chercher, par un moyen indirect ou anti-naturel, une satisfaction à leurs désirs, prend sur la couche nuptiale le
nom de *fraudes génésiques*; fraudes commises plus
encore pour éviter la fécondation de la femme que pour
chercher des sensations nouvelles.

Elles sont un élément fréquent de dissentiments dans
les ménages et de scandales judiciaires.

Ou bien la femme résiste avec horreur aux propositions de son mari, et alors demande la séparation
de corps ; ou bien, — hypothèse plus grave, —
dans l'acte incomplet de la génération, par exemple,
le mari peut accuser sa femme d'adultère. En effet, il
peut arriver que la fécondation ait lieu, quelques pré·
cautions qu'il ait prises ; furieux et convaincu de leur
efficacité, il se croit en droit d'accuser sa femme, qui
cependant est innocente, sinon au point de vue de la
morale, du moins aux yeux de la loi.

Le luxe rend la femme presque infanticide ! L'élégante, surprise par les signes indiscutables de la grossesse, position non pas intéressante, mais compromet-
tante à ses yeux, pleure et gémit hautement sur sa
malechance, puis un beau jour le sourire reparaît sur
ses lèvres ; tout est oublié : Madame est sauvée... Pour
un léger sacrifice d'argent, de 500 à 3,000 francs, dit-

on, et un peu de courage, cet être gênant a été... éli-
miné !

Beaucoup de femmes, et des plus choyées dans le
monde, sont notoirement souffrantes pour toute leur
vie à la suite d'une délivrance anticipée.

Mais aussi elles peuvent continuer à s'amuser, et pour
cela s'exposent sans crainte à l'article 347 du Code
pénal :

« Quiconque, par aliments, breuvages, médicaments,
violence, ou par tout autre moyen, aura procuré l'avortement d'une femme enceinte, soit qu'elle y ait consenti
ou non, sera puni de la réclusion. »

« La même peine sera portée contre la femme qui se
sera procuré l'avortement à elle-même, ou qui aura
consenti à faire usage des moyens à elle indiqués ou
administrés à cet effet, si l'avortement s'en est suivi. »

« Les médecins, chirurgiens et autres officiers de
santé, qui auraient indiqué les moyens, seront condam-
nés à la peine des travaux forcés à temps, dans le cas
où l'avortement aurait eu lieu. »

Il se peut que toutes les précautions destinées à
éviter les ennuis d'une grossesse soient inutiles, ou
que la femme n'ait pas le courage de sa lâcheté ou les
moyens de l'accomplir. L'enfant, si redouté, naît donc ;
tous les dangers ne font que commencer pour lui : la
mère ne veut pas le nourrir, *cela abîme !*

La femme qui, par coquetterie, ne nourrit pas son
enfant, devrait savoir qu'en envoyant son enfant en
nourrice elle commet presque un crime, car elle signe
son arrêt de mort à peu près certain !

Et pourtant, quel rôle plus sublime que celui de cette mère qui nous soutient à notre entrée dans la vie, qui nous guide comme un génie bienfaisant dans nos débuts sur cette terre, qui nous console de nos premiers chagrins, et qui seule, par une intuition divine, sent nos moindres besoins, seule sait guérir nos maux par un baiser !

Oui, l'enfant envoyé en nourrice est voué à une mort certaine. Sur 55,000 environ qui naissent à Paris, 20,000 sont envoyés directement en nourrice, 20,000 placés par la direction des nourrices, et, de ces malheureuses victimes, 51,78 0/0 sont vouées à la mort.

Sur 6,500 nourrissons placés par le bureau municipal et les hospices de Paris, il en meurt 36,65 0/0 ; sur 9,500 placés par les familes, 71 0/0. La mortalité frappe surtout les enfants des familles aisées. Ainsi, elle est sensiblement plus faible dans les quartiers où l'élevage au sein, soit par les mères, soit par les nourrices sur lieu, est la règle ordinaire. Ce fait est tellement avéré que, dans deux arrondissements limitrophes, le septième et le quinzième, situés dans des conditions hygiéniques semblables, la proportion des décès est ordinairement de 20 à 15 0/0 dans le premier de ces arrondissements, tandis qu'elle s'élève à 40 ou 50 0/0 dans l'autre, où les enfants sont élevés au biberon, ou bien sont sevrés prématurément lorsqu'ils sont allaités par leur mère.

Mais que fait tout cela à la mère qui ne vise qu'à se conserver elle-même pour rester *présentable*, et qui se sent encouragée par l'approbation tacite de son mari ?

« *Cela embêtera bien mon mari* ! » répondait une mère à laquelle un médecin ordonnait presque de re- prendre près d'elle un enfant qui se mourait en nour- rice ! Voilà comment sont traités les nombreux petits Parisiens, que les boutiquiers de la grande ville, tout entiers à leurs affaires ou à leurs plaisirs, envoient s'éteindre loin d'eux.

Les mères et les nourrices sont criminelles : l'une tue son enfant par paresse et coquetterie, l'autre par spécu- lation.

Comment dévoiler tous les *trucs* de l'industrie des nourrices ? soit qu'elles nourrissent deux enfants à la fois, soit qu'elles les allaitent malgré leur grossesse. Elles vont même jusqu'à cacher la mort d'un enfant pour toucher, quand même, le mois d'appointements.

Que n'aurait-on pas à dire de ces cruelles mercenai- res, qui exercent ce métier au dehors, laissant leurs nourrissons, seuls, périr étouffés, noyés, brûlés ! de celles qui sous-louent l'enfant à elles confié à des femmes non- inspectées, pour en chercher d'autres à Paris ; de celles qui donnent trop tôt de la nourriture artificielle au petit malheureux, et l'abandonnent sans jamais lui faire prendre l'air ! etc., etc.

Mais la nature prépare un châtiment à la femme qui détruit l'accord merveilleux qu'elle a établi entre les fonctions des mamelles et la conception. Elle est plus particulièrement sous le coup de maladies diverses, car on ne viole pas impunément les lois de l'organisme ; elle est plus exposée que d'autres à la péritonite, à la métrite, aux abcès de différentes sortes, à certaines maladies chroniques, aux cancers du sein et de l'utérus, etc.

Si son malheureux enfant, détesté avant d'avoir vu le jour, n'est pas au nombre des cent mille enfants qui meurent annuellement en nourrice, et résiste aux tentatives criminelles faites contre lui, il rentre enfin au foyer maternel. Il a peut-être déjà subi l'influence malsaine d'une éducation étrangère, car, pour la nature morale d'un enfant, il n'est pas indifférent d'avoir été nourri par une nourrice vicieuse : l'allaitement du premier âge est la continuation de la vie qui a commencé dans le sein de la mère. Que deviendra-t-il?.....

Si ses parents sont riches, il fera partie des pauvres déshérités qui sont délaissés, et que l'on voit errer seuls au milieu des autres enfants sur les promenades; il sera livré à de nombreux bourreaux, aux domestiques, aux précepteurs, ne connaîtra de ses parents que les gens du monde en représentation; seul, mal entretenu, et faisant une antithèse criarde avec le luxe qui l'environne; enterré le plus vite possible dans une pension où il restera enfermé les jours de congé, comme un paria, tandis que ses camarades iront embrasser leur mère et s'amuser, cet enfant deviendra méchant et prendra la société en haine. Son jeune cœur froissé, privé des caresses de sa mère, sentira l'exclusion injuste qui le frappe, et lorsque ses larmes auront cessé de couler, il entrera dans la vie sans illusions et plein d'amertume; il rougira peut-être de sa mère!

Car il comprendra.

D'où viennent toutes ces lâchetés, toutes ces hontes ?

De la couardise de la femme, de la complicité du mari, des mariages de luxe et de convenance.

— « Si tu crains de te marier avec un homme que tu n'aimes pas, disent les parents, *fais-le pour ta famille*. Ce n'est pas toujours agréable. Moi, j'ai pris un mari *par raison*, et je m'y suis *habituée*! Il faut en prendre son parti : c'est une bonne affaire, et puis, il est si vieux ! tu feras une jeune veuve charmante, etc.; etc. »

Si l'âge des conjoints était plus assorti, si les mariages entre jeunes gens étaient favorisés, à de rares exceptions près, ils tourneraient bien. La jeune fille pourrait aimer en mariage, ce qui n'est plus admis aujourd'hui, ce qui est même ridicule ! Les jeunes gens ne deviendraient pas bons à marier en se livrant à la débauche jusqu'à trente-cinq ou quarante ans, âge auquel ils arrivent pourris et impuissants à la couche nuptiale. Ils n'auraient peut-être pas une aussi belle position, mais ils seraient plus sains et d'esprit et de corps, et l'infécondité des mariages, dont nous reparlerons, n'existerait pas.

On ne verrait plus de ces vieux satyres initiant leurs jeunes femmes, dans de vaines tentatives pour faire acte de virilité, aux mystères d'un amour caduc, les préparant ainsi à l'adultère et aux amours les plus ignobles avec le premier venu, auquel elles avoueront que c'est leur mari qui leur a enseigné ces turpitudes !

D'un autre côté, que de malheureux maris épousent des *vertus* à toute épreuve, de ces filles déjà souillées par un séducteur, mais « qui se sont refait une virgi-

nité ! » que d'unions semblables sont machinées de longue main par des entremetteurs monomanes et d'aus-
tères confesseurs, amis de la maison, tous ces placeurs
de femmes avariées, qui ont reçu, il est vrai, les remèdes
du corps et ceux de la religion !

Aussi ne voit-on contracter que des mariages de convenance, bâclés en quinze jours, comme des affaires
qu'on veut enlever dans la crainte de les manquer.

Avant son accouplement, la jeune fille à marier n'a
même pas le temps de réfléchir et ne connaît pas
l'homme auquel on la rive. Le mari et le prêtre attendent, les invitations sont lancées, les frais sont faits :
il faut marcher jusqu'au bout. Ce n'est qu'après le mariage que les époux apprennent à se connaître ; le mari
et la femme s'aperçoivent, mais trop tard, que ce qu'on
appelle un beau mariage, n'est qu'une mauvaise affaire;
ils n'y trouvent même pas, l'homme une pucelle, la
femme un être viril. La haine et le dégoût viennent
vite. L'homme va chercher des distractions ailleurs,
peut-être une maîtresse mieux stylée ; la femme se met
en quête du plaisir que le mariage ne lui a pas fourni,
et cherche un amant plus vigoureux.

On en vient aux reproches, puis à la colère, et à une
sorte de séparation. De tels mariages, bien dignes de
ceux qui se traitent dans les agences matrimoniales, sentent la prostitution. La génération actuelle, oubliant
l'ancienne société que nos pères nous avaient léguée
presque honnête, n'est plus guère qu'une bande de souteneurs et de prostituées.

N'est-ce donc pas une *prostitution légale* que le ma-

24

riage de convenance, accepté presque seul aujourd'hui ? un souteneur, que ce décavé qui n'épouse que la dot ? une entremetteuse, que cette mère qui voue sa fille au malheur ? un protecteur, que ce vieillard qui se débarrasse de sa fille, pour *courir la gueuse et l'aiguillette,* souvent avec son gendre ?

Le nombre des séparations à l'amiable devient donc effrayant, car les gens qui n'ont pas craint le scandale de leur union redoutent celui de leur séparation !

A côté d'elles, les séparations judiciaires, quoique s'élevant à une certain chiffre, semblent peu nombreuses. En 1864, on en comptait 2,440 ; en 1865 : 2,571 ; en 1866 : 2,813 ; en 1867 : 2,819 ; en 1808 : 2,999 ; en 1869 : 3,056 ; en 1870 : 2,413 ; en 1871 : 1,711.

Elles sont le plus souvent demandées par la femme, et presque toujours basées sur une plainte de sévices ou d'injures graves, rarement sur l'adultère.

Un certain nombre de demandes se présentent après un à cinq ans de mariage, quand les époux commencent à être fatigués l'un de l'autre, et que le mari surtout, fatigué et blasé, veut faire commettre à sa femme une de ces ignominies que nous avons appelées *fraudes génésiques,* et dans lesquelles il cherche alors un excitant.

Les séparations deviennent ensuite plus fréquentes après dix et vingt ans d'attelage conjugal : on peut leur attribuer les mêmes causes.

L'amour du luxe est ainsi le motif des avortements,

de l'envoi en nourrice des enfants, des mariages de convenance et de raison, de l'égoïsme du mari, qui, pour ne pas amoindrir son patrimoine, devient le com‑ plice de sa femme dans l'accomplissement des *fraudes génésiques*; le luxe est donc la cause du phénomène redoutable de la *dépopulation*, qui se produit actuelle‑ ment en France.

Il résulte des tableaux qui ont été dressés pour les principaux Etats de l'Europe, que la France occupe le dernier rang au triple point de vue de la fécondité des mariages, du nombre des naissances et de l'excédant des naissances sur les décès.

En Prusse, 100 mariages donnent 460 enfants; en France, 300 seulement. En Prusse, sur 100 individus de la population totale, on trouve, pour les naissances annuelles, la proportion de 3,98; en France, 2,55. En Prusse, enfin, l'excédant annuel des naissances sur les décès, calculé pour 1,000,000 d'habitants, est de 13,300 individus; en France, il n'est que de 2,400.

Il résulte de ces chiffres que le doublement de la po‑ pulation exigera, en Prusse, 42 ans; dans la Grande‑ Bretagne, 52 ; en Russie, 68; en France, 170. Une des principales causes de ce résultat alarmant est *le manque de sincérité dans le mariage*; ce qui confirme ce que nous venons de dire d'une trop nombreuse catégorie de femmes indignes. Car ce n'est pas tant dans la crainte de voir diminuer leur fortune par le morcellement ex‑ cessif qu'elles agissent ainsi, que par égoïsme ou pa‑ resse et pour le luxe.

Aussi le nombre des naissances va‑t‑il en diminuant

tous les ans : en 1849, on en comptait 995,000 ; en 1851 : 992,000 ; en 1852 : 965,000 ; en 1853 : 936,000 ; en 1854 : 923,000 ; en 1855 : 890,000, soit environ 100,000 de moins qu'en 1849.

On pourrait ajouter à ces causes, chez les hommes : l'indifférence au mariage, l'abus des narcotiques, du tabac et des boissons alcooliques, les maladies vénériennes, causes qui agissent sur le système nerveux et sur la puissance génératrice ; du côté de la femme, nous trouvons l'imperfection physique et morale, et l'absence presque totale de la vie de famille.

Rendons-la assez forte pour la maternité, assez généreuse et modeste pour lui sacrifier une partie de sa beauté, et l'on aura trouvé le secret de la régénération sociale.

En approfondissant la question de l'*indifférence au mariage*, nous trouvons que, sur 1,000 personnes mariables annuellement, les unions sont :

En Angleterre, de 64
En Hongrie, 72
En Danemarck, 59
En France, 57
A Paris, 53 seulement.

Quant à la probabilité du mariage, nous trouvons que, sur 1,000 garçons,

En Angleterre, 120 se marient de 20 à 25 ans.
En France, 57
A Paris, 34 seulement.

Sur 1,000 filles,

En Angleterre, 130 se marient de 20 à 25 ans.
En France, 107
A Paris, 96 seulement.

Quant à la disproportion des âges, les garçons de 15 à 20 ans épousent des filles âgées de 2 à 3 ans de plus; ceux de 20 à 25 ans épousent des filles plus jeunes d'un an. Et les différences d'âge s'élèveraient en raison de l'âge plus avancé du mari; les garçons de 60 ans épousent des filles plus jeunes qu'eux de 20 ans.

Que les jeunes filles de moins de 20 ans épousent des hommes de plus de 25, eu égard à la différence des tempéraments, plus tard les âges arrivent à l'égalité. Mais, après 35 ans, elles épousent des maris plus jeunes qu'elles.

En comparant le nombre des naissances légitimes à celui des femmes mariées après 15 ans, on a trouvé que, pour 100 femmes,

L'Angleterre produit 21 enfants.
La Hollande, 20
La France, 12
Paris, 10 seulement.

Faisons la même comparaison entre les naissances légitimes et le nombre des femme mariées dans l'âge de la fécondité, de 15 à 45 ans :

La Belgique donne 33 enfants 0/0
La France, 21
Paris, 13 seulement.

24.

Ces chiffres sont concluants...

Les mondaines seules ne ruinent pas leur santé, leur fortune et leur honneur *par amour du luxe*.

Cette rage des jouissances s'est étendue comme une tache d'huile à toutes les autres *couches sociales* : elle dévore la bourgeoise, la boutiquière, l'ouvrière et jusqu'à la femme officielle.

C'est un des effets de la contagion, qui est aussi foudroyante au moral qu'au physique. Un grand nombre de vices se développent par le contact ou plutôt par les rapports de la vie commune, absolument comme le choléra, la peste, la rougeole, la syphilis, l'épilepsie, la danse de Saint-Guy, le tic, l'aboiement; citons encore les paniques des assemblées ou des armées, les monomanies religieuse, incendiaire, régicide, constatées à toutes les époques, et, de nos jours en particulier, la monomanie du duel et du suicide.

La modeste fortune, cette *aurea mediocritas* tant chantée par les poëtes et les philosophes, disparaît tous les jours dans le gouffre des dépenses insensées. Que n'a-t-on pas dit de l'ancienne aristocratie « qui s'était abâtardie, abêtie et que ses priviléges avaient corrompue? » Elle valait pourtant mieux encore que la bourgeoisie actuelle, qui n'a renversé l'ancienne société des privilégiés que pour s'en approprier les abus et parodier ce qu'elle avait détruit au nom des principes « les plus immortels. » Elle s'est avachie à son tour en un demi siècle, poussant à leurs degrés extrêmes les vices et les ridicules que l'ancienne aristocratie n'avait contractés qu'en dix siècles, mais sans en avoir les qualités : la fidélité et la noblesse, c'est-à-dire la grandeur d'âme.

Aujourd'hui, la fille ou la femme du petit rentier, du commerçant, de l'avoué, etc., coudoyant tout le jour des flots d'or et de soie, veut, elle aussi, produire son petit effet ; la simple robe de laine ne lui suffit plus, il lui faut la soie, le satin et le velours, tramé souvent, mais cela imite et joue la richesse ; ses diamants seront du strass, et les plus gros possible ; rien en elle ne sera vrai, par même son air de contentement personnel.

Cette sotte fera, il est vrai, tout ce qu'elle pourra par elle-même ; lavera ses gants, fera dégraisser et teindre ses robes ; elle produira cet assemblage biscornu et bizarre que l'on rencontre tous les jours sur les promenades, ces toilettes exotiques où tous les tissus et toutes les couleurs se rencontrent, ces choses éclatantes et de mauvais goût qui choquent l'œil, mais qui brillent.

La confection surtout, qui ruine le travail isolé, seul profitable et moral, de l'ouvrière, la tentera et la ruinera elle aussi. C'est si bon marché, si joli, mais si mauvais et si peu durable ! Madame carottera son mari, lui dira, qu'il soit ignorant ou complaisant, « que cela ne coûte presque rien. » Qui paiera la différence ? Son honneur. Un protecteur, un flâneur, un ami de la maison est là ; le fournisseur menace de scandale, on se donne : c'est si vite fait, — et cela coûte si peu aujourd'hui !

Ou bien la table soldera ces dépenses ; la bonne ménagère saura économiser sur la nourriture et la santé de sa famille, et son *benêt* de mari criera par-dessus les toits : « Ma femme est un ange ; tout ce qui lui passe par les mains double de valeur ; elle est superbe sans rien dépenser, et fait honneur à notre modeste fortune : elle a l'air d'une grande dame ! »

Hélas ! il s'apercevra un beau jour qu'ils étaient trois.

Un philosophe ne l'a-t-il pas justement dit : — « A Paris, *le mariage n'est qu'une règle de trois.* »

Si nous descendons plus bas encore l'échelle sociale, nous trouvons cette plaie du *luxe* aussi vivace que dans les classes aisées ; elle y produit des désordres plus profonds encore, car si l'ouvrière qui souffre et gagne à peine de quoi vivre est encore rongée par le désir de paraître, où ira-t-elle ?

Avec beaucoup de fortune, on brille et on se ruine ; avec la médiocrité, on se ruine plus vite encore, mais au moins jouit-on un instant du bonheur de briller.... jusqu'au quart d'heure de Rabelais ! L'ouvrière, elle, ne peut ainsi que voler ou se prostituer.

Quelles ne sont pas les tentations de ces malheureuses, tout le jour en rapport avec des gens qui jettent l'or par les fenêtres, affichant insolemment leurs dépenses, pour qui tout semble gai et doré ?

Ne devrait-on pas mettre une certaine retenue dans la façon de se ruiner, sans paraître braver la misère et lui jeter un défi ? Car la vue de l'or grise, bouleverse les goûts et les appétits des pauvres. C'est surtout son éclat qui est dangereux, plus encore que les folles dépenses qu'il solde et qui, en somme, font vivre l'ouvrier : l'or devrait avoir sa pudeur.

Ne voit-on pas l'envie ronger l'ouvrière, qui dévore

des yeux toutes les belles toilettes et le chatoiement de
la soie ! Elle a des désirs irrésistibles, ne fût-ce que de
la toucher; elle reste des heures entières le front collé
aux devantures des bijoutiers, et de ces magasins dont
le luxe insolent est la confirmation de celui de ses
clientes.

Cette envie frénétique de toucher la soie est si réelle,
qu'un ancien calicot ne pouvait, de son aveu, la voir
sans faire le mouvement instinctif du commis qui
déploie une pièce d'étoffe, et se précipiter sur elle pour
la froisser; une robe de soie lui faisait plus bouillonner
le sang que la plus jolie femme; le monde galant le
nommait l'*Homme aux toilettes.*

L'ouvrière, elle aussi, veut donc briller; la soie et
l'or la fascinent, elle veut *faire la dame*; le petit tablier
et le bonnet coquet ont fait leur temps, car elle achète
au Temple des chiffons dont elle s'affuble; elle se
vend pour une robe ou un chapeau, et se passe de
manger pour s'orner d'un ruban de plus.

Elle se livre avec une facilité incroyable, pour une
bagatelle, un ruban, un bijou faux. Nous pourrions
citer tel passage, vraie caserne d'ouvrières. Celle qui a
un amant fournit une de ses amies à son camarade; la
fillette vient, se couche, le tout aussi naturellement
qu'une prostituée de métier. Il y a de tout là-dedans,
excepté de la propreté et de la moralité. — Certaines
maisons meublées logent des fillettes de 15 ans et
moins qui, grâce à leur nature précoce, se font passer
pour avoir 20 ou 21 ans; on y rencontre beaucoup de
patrons mariés qui ont séduit et entretiennent une de

leurs apprenties moyennant le prix de sa chambre.

Dans une maison garnie au centre de Paris, se trouvaient, porte à porte, une gamine de 15 ans, vendue par ses parents à un homme marié, « pour qu'il *s'amuse* avec elle, » disaient-ils ; une fille de 17 ans, maîtresse aussi d'un homme marié ; une femme mariée de 18 ans, dont le mari avait séduit la mère, et qui avait rejoint un amant avec le consentement de ce mari ; tout cela mangeant ensemble, couchant ensemble, avec des hommes quelconques, tous dans la même chambre, travaillant quelquefois, et entretenues sur le pied de 40 ou 50 francs par mois. Mais elles avaient quelques mètres de ruban en plus !

L'*amour du luxe* est si vif, que les femmes de la campagne même se défigurent pour s'orner d'un ruban que leur offre un colporteur en échange de leurs cheveux ou de leur plus belle dent. Depuis vingt ans surtout, la corruption s'est répandue dans le peuple avec une incroyable rapidité ; le besoin de paraître a enflammé les passions. La fille du peuple, qui s'était ignorée jusqu'alors, paraît rougir d'elle-même ; ce n'est pas l'amour, ni le cri de la nature, c'est une vanité folle et la contagion de l'exemple.

De l'atelier de l'artisan, de la chaumière, toute une nation de filles vient se donner rendez-vous sur les boulevards de Paris. Le *luxe* a créé la *cocotte*, couverte de soie et de velours ; elle a commencé par un fichu, elle pose aujourd'hui, cachant à peine son origine, sous la brillante livrée du vice.

Le bal officiel est le gouffre où vont s'enfoncer toutes les économies du fonctionnaire; c'est pour y aller que se commettent toutes les vilenies dont sont capables les femmes avides de courir le monde. Il faut, avant de manger, aller au bal; l'invitation est là, c'est presque un ordre. La femme se prostitue, mais elle sera belle, remarquée peut-être; elle tiendra son rang, et ses voisines enrageront!

C'est aux réceptions officielles qu'on peut à son aise étudier dans toute sa laideur cette maladie croissante de l'amour du luxe. On y peut voir, à côté de l'éclat écrasant de quelques toilettes, le combat livré par la misère à l'idolâtrie de la représentation, le luxe du petit fonctionnaire et de sa femme; c'est là que, sous des toilettes impossibles et quelquefois ingénieuses, on devine tout ce dont une femme est capable pour satisfaire un désir, tout son courage pour arriver à paraître; c'est là que se révèlent les sacrifices et les hontes acceptés pour rivaliser d'élégance et de clinquant!

C'est un spectacle sinistre, car la pauvreté y est jointe au ridicule; dans un visage souriant comme celui d'une danseuse de l'Opéra, on voit des yeux étincelants de rage et de désespoir, des regards aussi acérés que la pointe d'une épée, des coups de langue violents comme des coups de lance; on sent le vide, on devine des estomacs à peine satisfaits : on comprend alors la fureur avec laquelle les buffets sont pris d'assaut.

Le spectacle d'un buffet conquis par les affamées officielles est bien la chose la plus honteuse et la plus étrange du monde.

Nous avons vu un maréchal de France, commandant en province, être obligé, à ses grandes réceptions, de mettre ses officiers d'ordonnance de planton à la porte du buffet, pour y faire le métier des municipaux à la souscription de l'emprunt, ne laisser entrer que des fournées de quinze ou vingt personnes à la fois; les tourniquets auraient été nécessaires.

Nous avons vu de frêles femmes, toutes fripées de la lutte qu'elles venaient de soutenir pour ne pas perdre leur place dans la queue, engloutir des monceaux de jambon, de foie gras, de bonbons dont quelques-uns s'égaraient dans leurs poches, et se hâter d'en profiter, car on n'y entrait pas deux fois !

Ces malheureuses n'avaient sans doute pas mangé à leur faim pendant longtemps, pour acheter ce plaisir et leurs toilettes; on ne peut expliquer qu'ainsi leur voracité.

La faim, un appétit longtemps comprimé, le besoin même, peuvent seuls enlever à ce point tout respect de soi-même. Ceci est du reste l'histoire de tous les buffets.

Promenez-vous le dimanche sur les boulevards, chose peu agréable du reste, et vous verrez, là aussi, la passion du luxe poussée jusqu'à la souffrance.

Les gens du dimanche ! On ne voit plus guère de ces bons ouvriers ou boutiquiers, bien naturels, avec ce franc rire que donne le repos et l'aise dans les vêtements. Hommes et femmes, tout est apprêté; les enfants même sont déguisés et n'osent bouger, de peur de se salir.

Là encore, nous retrouvons les toilettes bizarres, les figures maquillées, les souliers trop justes! Ces pauvres gens, gênés dans leurs entournures, osent à peine remuer; cela influe sur leur caractère; aussi la bonne jalousie suit-elle son cours; ils sont tous hargneux médisants, passent leur temps à calculer la valeur des toilettes du voisin (là, du moins, ils sont dans leur élément) et dénigrent tout ce qu'ils n'ont pas.

Tout ce monde souffre, sue, envie, en un mot est en proie à tous les sentiments, sauf à celui du repos.

Il n'y a plus de domestiques aujourd'hui, mais des *gens de maison;* cette race, véritable fléau, devient de plus en plus arrogante et ambitieuse; le goût du luxe lui fait oublier sa servilité volontaire.

Affublés du rebut de la garde-robe de leurs maîtres, les servantes et les larbins cherchent à prendre un peu de leur vernis; ils ont du monde, se disent : Monsieur, Madame, et prouvent souvent plus de dignité que ceux qui les paient; ils ont leurs bals, leurs réceptions : font-ils des économies?

Il n'en faut pas douter, l'*ouvrier* fait aujourd'hui *son monsieur;* pour lui, c'est l'égalité; il a pris du riche tous les vices et les ridicules, depuis l'affreux *tuyau de poêle* jusqu'à la redingote, pour abandonner l'honorable blouse, si méprisée aujourd'hui par lui.

C'est encore un des résultats de la confection, qui veut le luxe pour tous et fait croire qu'en donnant à l'ouvrier un vêtement de mauvais drap et mal fait, elle lui procure le bien-être. Elle a réussi seulement à faire

25

d'affreux magots, et ces crevés du peuple, vulgairement appelés *goujons*, ces « pâles voyous » à l'accroche-cœur traditionnel et typique, aux bottes vernies, qui fument des *centimetados*, qui idolâtrent la casquette de soie collée sur l'oreille, et surveillent les hommes *chics* qui vont avec leur femme.

Mais ce qui a fait et fera encore plus le malheur de l'ouvrier, c'est le marchand de vins, le *mannezinguel*

« Ne méprisez pas les boutiques de marchand de vins, s'écriait un journal folâtre, ce sont les salons du peuple! Dès le seuil, une atmosphère de fièvre vous saisit à la gorge; cela sent la pipe, le vin aigre, la sueur du radicalisme; on est réuni, on cause, on se plaint, on envie, on se monte la tête en lisant tel ou tel journal qui tient boutique de colère et de révolte. De ces tables, où il y a des petits verres, des chopes et des bouteilles, il ne peut sortir que des théories imbéciles et dangereuses. »

Là se rencontrent des hommes de toutes les classes : de mauvais ouvriers, gagnant péniblement leur vie, et ne craignant pas cependant de dépenser en quelques heures le salaire de toute une quinzaine à s'amuser, ne se préoccupant pas le moins du monde si, pendant qu'ils se vautrent dans l'ivresse, leur femme et leurs enfants ne meurent pas de faim et de froid ; — puis des déclassés, des *déraillés* de la vie, toujours en lutte ouverte contre la société, ne rêvant que troubles, agitation, révolutions. Ils n'ont pas su faire leurs propres affaires et se croient aptes à faire celles du pays.

C'est dans ces salons, à son cercle, que l'homme du

peuple s'initie en huit jours aux choses publiques,
guidé par un commis-voyageur en révolutions, qu'il
devient homme politique et s'écrie à un moment donné :

« *Si j'étais le gouvernement !* »

Ce n'est plus un homme, c'est un *gogo*, un *jobard*,
qui paie de sa peau cet autre luxe de ses frères et amis,
de ses protecteurs, les généraux avocats ou pharmaciens, les francs-fileurs, etc. : *le luxe de la parole.* C'est
là qu'il s'initie aux agissements ouverts ou occultes
de l'Internationale ; il croit les apôtres des grèves qui
défendent à l'ouvrier isolé de travailler pour nourrir sa
femme et ses enfants.

Chose étrange, les ouvriers de luxe, qui gagnent les
meilleurs salaires, se laissent entraîner plus facilement
que tous les autres par les utopies socialistes. Ces malheureux sont les victimes de cette contagion morale
dont nous parlions tout à l'heure. Pendant la Commune, dans les réunions publiques, on a vu les derniers des artisans, les plus sots des bourgeois, excités
par l'exemple des orateurs de carrefours, pris subite-
ment d'une véritable folie discourante, escalader la tri-
bune et rivaliser avec eux de violence et d'insanité.

Pris à part, individuellement, l'ouvrier parisien est
en général bon enfant, capable d'entendre raison et
d'écouter un bon conseil. Enfermez-le entre les murs
dégoûtants d'un cabaret, avec quelques frères et amis,
vous ne trouverez bientôt plus qu'une brute, un fou
méchant et malfaisant, sanguinaire même. « Quand les
hommes sont rassemblés, dit Montaigne, leurs têtes
s'estrécissent. »

Assez naïf et gobe-mouche, s'il se voit flatté, pour croire les *malins* qui se chargent de l'endoctriner, de préparer les révolutions et les grèves, il est toujours sûr de rencontrer un de ces apôtres de la bonne cause devant chaque comptoir; au lieu de parler des ouvriers parvenus par le travail, du mineur Stephenson, inventant la machine à coudre, du mécanicien Cail, devenu le premier industriel de France, on y exalte les droits, les malheurs et la sublimité du peuple; on y parle de tout, sauf de travail et de bonne conduite.

C'est chez le marchand de vins que, le 18 mars, nos soldats ont appris à lever la crosse en l'air, à fraterniser avec le peuple et à ne pas tirer sur leurs frères; c'est chez lui que les chefs des radicaux envoient leurs délégués, les commis voyageurs de la République une et indivisible, ou la mort! que se rencontrent tous les *lascars*, les professeurs de barricades, les vengeurs, les jacobins, les puritains, libérâtres, septembristes, et autres exploiteurs ou escroqueurs de la crédulité et de la souveraineté du peuple : tous ces *boit sans soif* ou *lampe à mort*, malins et *crève la peur* qui embauchent les *crève la faim*, niais, exaltés et abrutis par l'ivresse; c'est là qu'ils préparent le peuple à descendre de ses ruelles et de ses taudis jusque dans ses comices, pour boire le vin de réquisition, piller les caisses publiques, brûler et assassiner, sans jamais travailler : peuple d'ailleurs composé de quelques complices et de dupes choisis parmi les travailleurs qui ne travaillent pas.

Mais, pour boire, l'ouvrier trouvera toujours de l'argent. C'est là son vrai fléau : absorber du petit bleu frelaté, des eaux-de-vie frelatées, de l'absinthe et de la menthe verte.

Le temps passé au cabaret fait perdre au *travailleur*, — ne lisez pas : à l'ouvrier, — une somme de travail équivalente au moins à la dépense qu'il y fait, sans compter toutes les économies ou la paie qu'il y laisse.

Le nombre incroyable des débits n'est-il pas pour beaucoup dans l'abus habituel que l'on fait aujourd'hui des alcools? La tentation n'entraîne-t-elle pas l'ouvrier? Quand il quitte son travail, ne trouve-t-il pas à sa sortie et sur tout son parcours au moins quinze à vingt marchands de vins ou liquoristes chez lesquels il rencontre des camarades déjà *éméchés*? On lui paie, il paie, et, de fil en aiguille, son salaire disparaît, il rentre ivre et sa malheureuse femme est battue par-dessus le marché.

Voilà comment les pauvres ouvriers n'arrivent pas à vivre de leur travail. Leurs maladroits défenseurs, au lieu de leur expliquer comment ils ne peuvent vivre de leur travail, feraient mieux de leur apprendre à en vivre, et à oublier le cabaret, le lundi et ses suites, *leur luxe* enfin.

Le vrai chômage n'est pas celui de la morte-saison, mais du temps volontairement perdu, de la paresse, l'argent volé au ménage, la valeur des forces perdues ou inutilisées.

Les moyennes des salaires, d'après un tarif de la Ville que nous avons sous les yeux, sont : pour les terrassiers, en hiver, 3 fr. 20, en été, 4 fr. ; les puisatiers, 6 fr. 90 ; les tailleurs de pierres, 5 fr. ; les maçons, de 4 à 6 fr. ;

les peintres, 5 fr. 50; les plombiers, de 4 à 6 fr.; les serruriers, de 3 fr. 50 à 6 fr. 50; les charpentiers, 6 fr. en été et 4 fr. 80 en hiver; les couvreurs, de 4 fr. 25 à 6 fr. 25; les asphaltiers, de 3 fr. 50 à 5 fr.; les marbriers, de 3 fr. 75 à 6 fr. 50, etc, etc. Et ce ne sont pas les chiffres les plus élevés.

Avec cela, cependant, un homme peut vivre, certes! Comment vivent donc les employés à 100 francs par mois, et qui ont ont en plus de l'ouvrier des frais de tenue et de représentation! L'ouvrier, lui, gagne souvent 10 et 12 francs par jour.

Mais la femme, les enfants!

La femme! voulez-vous savoir ce qu'elle fait trop souvent? Elle ne fait rien et trouve le moyen de secouer son enfant toute la journée; elle fait *sa dame*, comme le mari fait *son monsieur*, et, croyez-le, dans un trop grand nombre d'intérieurs d'ouvriers, la femme n'a même pas l'amour-propre de faire le ménage, ni de raccommoder les hardes de son mari et de ses enfants.

Les enfants! Ici, par exemple, on retrouve la simplicité de la nature, et les ouvrières comme les femmes du peuple ont sur les gens riches ou aisés l'avantage de ne pas connaître et chercher les moyens d'éviter et d'é-liminer les enfants.— « Que voulez-vous, disait un ou-vrier auquel on demandait pourquoi il avait tant d'en-fants, il faut bien chercher une petite distraction quand on rentre après l'ouvrage! » — Mais si l'homme tra-vaillait régulièrement, rapportait son salaire intégral, si sa femme gagnait tant soit peu, tout irait bien, à moins d'une de ces fécondités extraordinaires que Na-poléon Ier récompensait.

Les bons ouvriers ne roulent pas sur l'or, c'est bien vrai, actuellement surtout, mais ils sont proprement mis; ils ne braillent pas et sont plutôt timides ; mais ils mangent à leur faim, ils ont la jouissance que donne le sentiment du devoir accompli, ils gardent leur capital, la santé, et ne portent pas envie aux autres. Leurs besoins sont surtout limités au ménage ; ils repoussent les besoins factices que les *gouapeurs* se sont créés hors de leur intérieur.

Il serait temps enfin de ne plus s'apitoyer sur la position que se fait l'ouvrier, de ne plus le traiter de martyr, en le persuadant de son malheur, de l'injustice du sort, lui qui sait si bien employer deux heures pour un travail qui n'en demande qu'une et crier qu'il est exploité par le patron, le *bourgeois*.

Jetez seulement un *coup* d'œil sur certains ateliers ou chantiers. La moitié des ouvriers sont *sublimes*.

Savez-vous ce que c'est qu'un *sublime*, dans le langage de l'ouvrier ? Le *sublime* est le *travailleur* qui fait de 200 à 215 jours au plus dans une année, se *saoule* une fois par semaine, déménage quand il le peut *a la cloche de bois*. S'il est marié, il paie son boulanger parce qu'il n'y a pas moyen de *le lever*; son *mastroquet*, jamais ! *Faire un pouf* est sa gloire ; *couler son patron*, un devoir; c'est lui qui enseigne aux apprentis à *tirer une loupe*.

Les lieux où l'on peut boire, à Paris, ont atteint un chiffre effrayant : 24,981, dont 1,515 cafés, 14,058 marchands de vins ou liquoristes, 3,506 gargotes, pour l'intérieur; 488 cafés, 3,605 marchands de vins et 1,809 gargotes, pour la banlieue !

On consomme chaque année environ 3,000,000 d'hec-
tolitres d'alcool ; à Paris, un homme absorbe environ
30 litres d'eau-de-vie par an, et 3 litres de vin par jour.

Ces 24,081 cabarets ou auberges sont des lieux où
l'on vend la folie en bouteille ; la statistique prouve
que l'abus des alcools mène droit à l'aliénation men-
tale surtout. En 1871, sur les aliénés de l'Asile Sainte-
Anne, il y avait 50 0/0 d'alcoolisés. Sur 82 cas de pa-
ralysie, 28 sont dus à l'ivrognerie. Enfin, sur 30 cas
d'ivrognerie relevés dans un mois de 1872, 3 ont causé
des crimes, 4 des morts accidentelles, 1 un cas de
combustion spontanée, 4 des congestions cérébrales,
1 cas de folie subite, 4 suicides, 2 fractures, 1 chute
dans la Seine, 1 mécanicien laissant son train en détresse !

« Mais nous travaillons, disent les ouvriers, il faut
chercher des forces en buvant. » C'est une profonde
erreur : il est prouvé que les boissons alcooliques ne
procurent que des excitations momentanées, aux dépens
du corps lui-même ; on dépense d'un seul coup la force
qui doit se répartir et qu'on ne devrait employer que le
lendemain ; l'équilibre est rompu.

Les ouvriers ont l'habitude de prendre à jeun, le matin, soit du vin blanc, soit du vermouth, soit de l'eau-
de-vie, de l'absinthe, sous prétexte de *tuer le ver* et de
s'ouvrir l'appétit : Qu'ils sachent donc bien qu'ils se
l'ouvrent *avec une fausse clef !*

Dès qu'un homme s'est adonné à l'alcool pendant un
certain temps, il éprouve une série d'accidents auxquels
il ne saurait se soustraire. L'un des premiers malaises
est une soif inextinguible qui le pousse à boire dès son

réveil. Les digestions deviennent difficiles, des vomissements ont lieu ; une sorte de pituite très-caractéristique le fatigue ; les fibres du cœur subissent la dégénérescence graisseuse, et dès lors cet organe devient friable et susceptible de se rompre par suite des palpitations violentes auxquelles l'alcoolisé est exposé.

Il survient aussi fréquemment de véritables paralysies, soit partielles, soit générales. Les muscles s'atrophient ou passent à l'état graisseux ; les os, devenus friables, se fracturent avec une extrème facilité, malgré le vieux proverbe : *Il y a un dieu pour les ivrognes,* qui accrédite l'opinion qu'en tombant les buveurs ne se font presque jamais de mal.

La circulation dans le cerveau est excessivement riche et active ; aussi, sous l'influence de l'alcool, une rupture pourra avoir lieu, et il surviendra alors *une hémorrhagie cérébrale* ou *apoplexie*. On reconnaît dans l'individu affecté de *delirium tremens* un ivrogne qui a abusé du vin et de l'eau-de-vie depuis longtemps.

La meilleure preuve que les alcooliques mènent à la folie et à l'hallucination, c'est que les débitants, les cabaretiers, les cafetiers, les marchands de vins, les voyageurs et courtiers en liquides, les aubergistes, etc., qui sont souvent obligés de boire avec leurs clients, présentent beaucoup de cas de ce genre. L'halluciné voit tantôt des figures grimaçantes, des têtes d'hommes ou d'animaux qui se détachent des murs de sa chambre et s'avancent eu augmentant de volume vers son lit ; tantôt une nuée de personnages qui courent les uns après les autres, semblent descendre du plafond et envahissent toute la pièce. Dans certains cas, les fan-

tômes sont armés et menaçants, et alors le pauvre halluciné se met en garde contre eux. La figure altérée,
le corps baigné de sueur, il engage une lutte terrible
et désespérée avec les agresseurs.

L'abus de l'alcool mène à l'abrutissement, *à la perte
du sens moral, à la débauche.* Considérez quelques-
uns de ces hommes, jeunes ou même d'un âge mûr, à
la sortie des cafés ou des cabarets. Voyez leurs allures,
écoutez leur conversation, et vous saurez bientôt où
ils vont passer le reste de leur soirée. Excités par les
spiritueux, et parfois aussi par les gestes indécents,
provocateurs, les poses agaçantes et les chansons obscènes des chanteuses que l'on engage dans les établissements spéciaux dont nous avons parlé, ils courent, en
sortant de ces antres de corruption, se vautrer dans la
fange et l'orgie et chercher, dans des amours trop faciles, à calmer leurs sens et leur imagination.

En général, les buveurs qui sont en état d'ivresse
presque permanente entachent leur progéniture de
maladies incurables; leurs enfants, chétifs, languis-
sants, étiolés, sont voués pour la plupart à mourir dès
leur bas âge; ils succombent souvent aux maladies du
cerveau, des voies respiratoires et du tube digestif.

Il n'est pas extrêmement rare de rencontrer des enfants d'ivrognes qui ont atteint l'âge adulte, mais, assez
communément, ils sont idiots, crétins ou imbéciles;
ils héritent du goût de leurs parents pour l'ivrognerie
et la débauche.

Ils sont souvent frappés d'impuissance, et l'on doit
aux ivrognes ce *frai* ignoble qui dépérit ou qui produit
l'effroyable *voyou* de Paris; des comptoirs procèdent

ces êtres chétifs qui composent la population ouvrière.

Si l'homme se grise par plaisir ou par habitude, le désespoir seul, en général, y pousse la femme; car le mari qui dépense à boire tout son salaire, qui bat sa femme quand elle guette le jour de la paye pour l'empêcher de boire, qui fait de sa vie un long martyre, de sa maternité un supplice, la conduit au désespoir et à l'abrutissement; la misère et la souffrance éteignent son esprit et son intelligence, elle devient machine et boit aussi.

Nous ne pouvons cacher que l'on rencontre malheureusement dans toutes les classes de la société des femmes adonnées à l'ivrognerie; mais, comme toujours, la femme, dans ce vice, va tout de suite à l'exagération.

Une jeune mère de famille, très-intelligente, mais fort excentrique et appartenant au meilleur monde, portait souvent des vêtements d'homme, fumait beaucoup, montait à cheval, faisait des armes, allait à la chasse, etc., etc. Vivant beaucoup dans la société des hommes, elle en avait pris les allures les plus déplorables et les plus grossières. Habituée à boire, elle s'enivra d'abord avec le vin de Champagne; plus tard elle s'adressa au rhum, au kirsch et même à l'absinthe!... enfin, elle en arriva à demander à la *benzine!* des jouissances que les autres boissons ne pouvaient plus lui procurer.

Une femme de quarante-trois ans environ, moins distinguée sous tous les rapports que cette dernière, s'enivrait avec de l'*éther sulfurique*, dont elle absorbait environ quatre-vingt-dix grammes chaque fois.

Une troisième, adonnée à l'abus des alcools, quoique fort jeune encore, et ayant eu déjà un violent accès de *delirium tremens*, avait recours pour s'enivrer à un *mélange de lie de vin et d'alcool camphré.*

Enfin, une quatrième, de trente-cinq à trente-six ans environ, avait coutume de prendre tous les soirs un sorbet au marasquin et au kirsch; elle absorbait ensuite une quantité de petits verres de rhum, jusqu'à ce qu'elle tombât ivre-morte dans son salon... alors ses domestiques la mettaient au lit. Un violent chagrin et des conseils éclairés l'ont fait renoncer à ces habitudes dégoûtantes, et aujourd'hui cette femme n'a plus que le souvenir et sans doute le remords de sa conduite passée.

Ces faits portent tous sur des femmes de la classe aisée éprouvées par des peines ou des chagrins de plusieurs sortes; ils constituent assurément de très-rares exceptions; c'est plutôt dans la classe la plus infime, chez les prostituées et chez les malheureuses créatures qui ont descendu le dernier degré de l'échelle sociale, que l'on rencontre ce vice honteux.

Partout où il fleurit, il fait les mêmes ravages; ce *luxe* repoussant du pauvre est la plaie la plus terrible qui ronge les rangs inférieurs de la société, et, pourtant, ni lois, ni conseils n'ont encore réussi à en restreindre le développement.

ÉPILOGUE.

Nous avons parcouru toutes les étapes fournies par cette terrible maladie sociale que nous avons appelée le DÉCLASSEMENT, étudié les ravages qu'elle cause par le monde interlope qu'elle a enfanté, sorte de société irrégulière vivant dans la société. Nous avons conclu que le mal est général et qu'il peut se rapporter exclusivement au désir effréné des jouissances, à la soif de paraître et de briller, à ce que nous avons caractérisé d'un mot : le LUXE.

Nul ne veut rester à la place qui lui a été faite, et, pour en sortir, ne se résout à prendre les moyens qui toujours ont été en honneur : *le travail et la persévérance.*

Les caractères ont disparu, les esprits se sont rétrécis, et les intelligences affaissées ; les âmes ont rabaissé leur vol vers la matière et jusqu'à *l'ordure*, devenue le goût général.

Nous sommes arrivés à une France dégénérée, composée d'hommes en révolte instinctive contre tout frein et toute hiérarchie, en proie à la convoitise exclusive du plaisir.

Le plaisir nous a amollis et efféminés, et quand a sonné l'heure des suprêmes efforts, nous nous sommes trouvés la honte au front, sans courage, sans grandeur, et, avant tout, sans persévérance.

Les exceptions glorieuses que nous avons contemplées n'ont fait que mieux dessiner l'impuissance générale.

Les avertissements n'ont pas manqué : la défaite, la ruine, les orgies de la foule ivre de vengeance et de cruauté ont jeté des lueurs sinistres sur cette décadence.

Est-elle irrémédiable ?... Nous avons entendu souvent poser la question par des cœurs ulcérés ou découragés ; c'était sans doute pour se dispenser de la lutte.

Les nations sont guérissables, ne l'oublions pas ; Dieu leur a donné le moyen de se racheter, par la souffrance, le sacrifice et le travail.

Il est temps encore pour la France de reprendre cette

grande tradition d'honneur; tout l'y convie; et, par l'heureuse disposition de son tempérament, elle dépassera, si elle veut, les autres peuples dans la voie de la régénération.

Relevons-nous; *élevons-nous*, disons-le plus justement, car l'éducation surtout nous manque, et seule nous remettra à notre place en nous faisant pratiquer cette loi de rédemption qui vient d'être énoncée.

Elevons l'enfance en lui enseignant l'amour de la famille et le respect de l'autorité; l'adolescence, en lui inspirant la soif du travail, l'énergie du caractère, en faisant de tout enfant *un homme* avant d'en faire un bachelier ou un fonctionnaire; élevons la jeunesse, en lui apprenant à occuper sérieusement sa vie, à consacrer son temps aux affaires, à l'étude, au pays; élevons même l'homme mûr, plus dépourvu peut-être que tous les autres âges: qu'il sache comprendre qu'ayant charge d'âmes, il doit laisser de côté tout égoïsme.

Ainsi se simplifieront la politique et le gouvernement de la société.

Pour Dieu! élevons surtout la femme; apprenons-lui la beauté de sa destinée et le charme de son sexe; qu'elle sache s'y renfermer pour le plus grand bonheur des siens, pour son plus réel plaisir à elle-même, et pour la gloire de son pays.

Quand la femme française occupera dignement sa place, la France sera sauvée et prospère!

Puisse cette heure bénie ne point trop se faire attendre!

FIN.

Paris. — Typ. Walder, rue de l'Abbaye, 22.

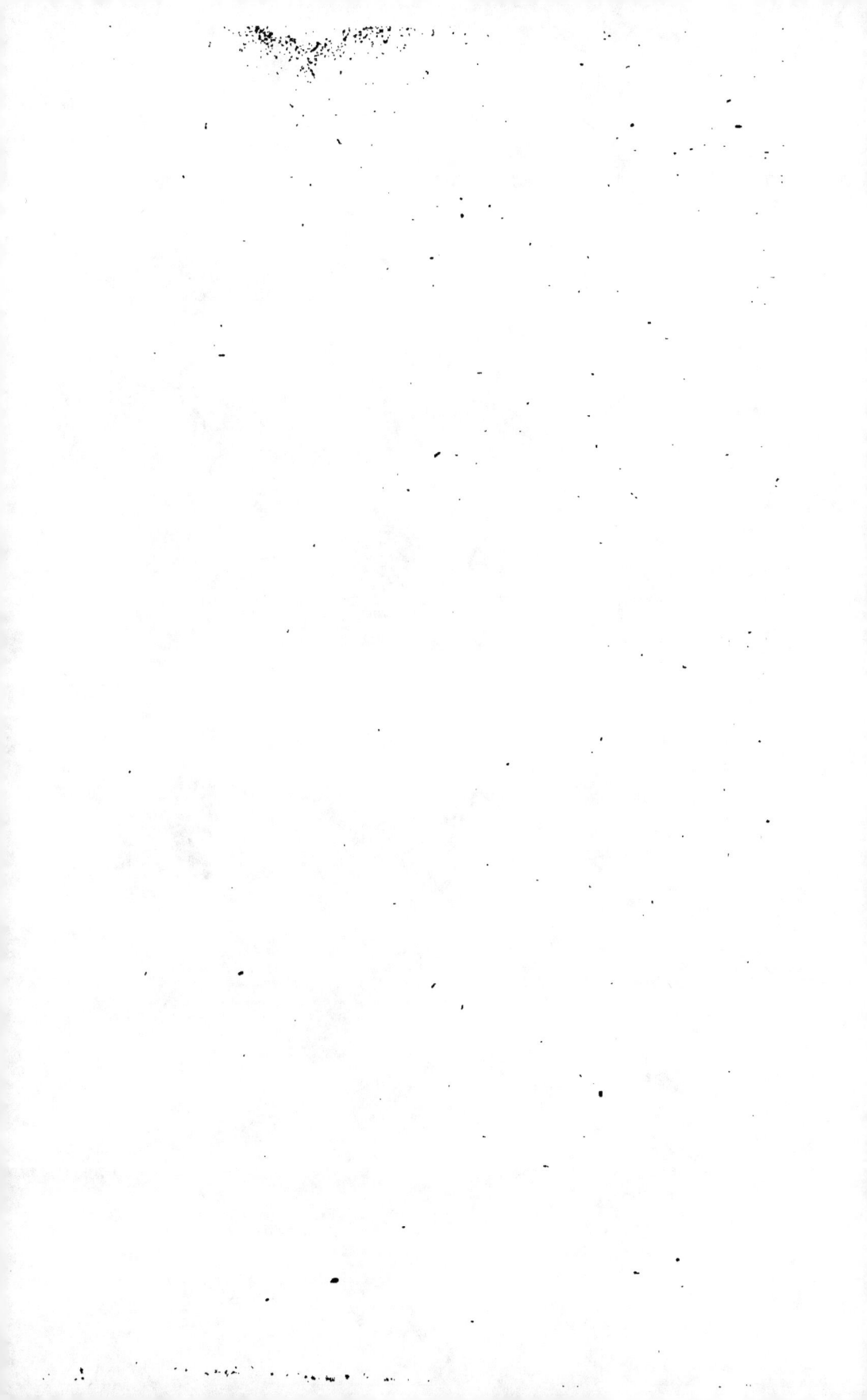

www.ingramcontent.com/pod-product-compliance
Lightning Source LLC
Chambersburg PA
CBHW070734270326
41927CB00010B/1989